ILSE STAFF

Wissenschaftsförderung im Gesamtstaat

Wissenschaftsförderung im Gesamtstaat

Von

Privatdozentin Dr. Ilse Staff

DUNCKER & HUMBLOT / BERLIN

Auf Empfehlung der Rechtswissenschaftlichen Fakultät
der Johann Wolfgang Goethe-Universität Frankfurt am Main
gedruckt mit Unterstützung der Deutschen Forschungsgemeinschaft

Gedruckt 1971 bei Berliner Buchdruckerei Union GmbH., Berlin 61
Printed in Germany

ISBN 3 428 02362 5

Für Ernst Schütte

Inhaltsverzeichnis

TEIL III

Die verfassungsrechtlichen Möglichkeiten der Wissenschaftsförderung nach Verabschiedung des Finanzreformgesetzes vom 12. Mai 1969 und des zweiundzwanzigsten Gesetzes zur Änderung des Grundgesetzes vom 12. Mai 1969

Verzeichnis der Abkürzungen

AöR	=	Archiv des öffentlichen Rechts
a.F.	=	alte Fassung
BayVBl	=	Bayerische Verwaltungsblätter
BGBl	=	Bundesgesetzblatt
BK	=	Bonner Kommentar zum Grundgesetz
BÖwF	=	Bewilligungsbedingungen des Bundesministers für wissenschaftliche Forschung für die Gewährung von Zuwendungen des Bundes nach § 64 a RHO zur Förderung der wissenschaftlichen Forschung an Einrichtungen der öffentlichen Hand und an gemeinnützigen Einrichtungen
BT-Drucksache	=	Bundestagsdrucksache
BVerfG	=	Bundesverfassungsgericht
BVerfGE	=	Bundesverfassungsgerichtsentscheidung
BVerwG	=	Bundesverwaltungsgericht
BVerwGE	=	Bundesverwaltungsgerichtsentscheidung
DÖV	=	Die öffentliche Verwaltung
DVBl	=	Deutsches Verwaltungsblatt
DRZ	=	Deutsche Rechts-Zeitschrift
DUZ	=	Deutsche Universitätszeitung
FGO	=	Finanzgerichtsordnung vom 6. 10. 1965, BGBl. I, S. 1477
FinArch, n.F.	=	Finanzarchiv, neue Folge
GG	=	Grundgesetz
GVBl	=	Gesetz- und Verordnungsblatt
GWB	=	Gesetz gegen Wettbewerbsbeschränkungen in der Fassung vom 3. 1. 1966, BGBl. I, S. 37
HChE	=	Entwurf des Verfassungskonvents von Herrenchiemsee
HDStR	=	Handwörterbuch der Staatswissenschaft, hrsg. von Gerhard Anschütz und Richard Thoma
IHG	=	Investitionshilfegesetz vom 7. 1. 1952, BGBl. I, S. 7
JöR	=	Jahrbuch des öffentlichen Rechts
JöR, n.F.	=	Jahrbuch des öffentlichen Rechts, neue Folge
JZ	=	Juristenzeitung
MDR	=	Monatsschrift für Deutsches Recht
Min.Bl.Fin.	=	Ministerialblatt des Bundesministers für Finanzen
NJW	=	Neue Juristische Wochenschrift
RGBl	=	Reichsgesetzblatt
RHO	=	Reichshaushaltsordnung vom 31. 12. 1922, RGBl. 1923, S. 17
VGH	=	Verwaltungsgerichtshof
VerwArch	=	Verwaltungsarchiv

VRspr.	=	Verwaltungs-Rechtsprechung in Deutschland. Sammlung oberstrichterlicher Entscheidungen aus dem Verfassungs- und Verwaltungsrecht, München und Berlin, 1949 ff.
VVDStRL	=	Veröffentlichungen der Deutschen Staatsrechtslehrer, Berlin 1924 ff.
VwGO	=	Verwaltungsgerichtsordnung vom 21. Januar 1960, BGBl. I, S. 17
WRV	=	Weimarer Reichsverfassung (Verfassung des Deutschen Reiches vom 11. 8. 1919)

Die Literaturangaben sind im Text zum Teil mit Kurztiteln zitiert. Der vollständige Titel steht im Literaturverzeichnis.

Einleitung

Wissenschaft und Forschung gewinnen für die staatliche Entwicklung eine zunehmende Bedeutung. Der Lebensstandard eines Volkes wie auch die Rolle des Staates im internationalen Gefüge sind weitgehend von den Ergebnissen der wissenschaftlichen Forschung abhängig. Man denke an die Bedeutung der chemischen Forschung für die Medizin, die Pharmazie, die Landwirtschaft und die Textilindustrie, an die Rolle der Kernphysik für die Energiegewinnung, die Auswirkungen physikalischer Forschungen auf das Satelliten- und Fernmeldesystem oder den wichtigen Beitrag, den die Meeresforschung für die Welternährung und die Erschließung von Bodenschätzen leistet. Der elektronischen Datenverarbeitung kommt in der Volkswirtschaft immer mehr eine Schlüsselstellung zu. Computer werden z. B. für die vollautomatische Steuerung ganzer Produktionsabläufe verwendet. Die staatliche Forschungsförderung ist im höchsten Maße Förderung des Staatswesens selbst. Sie ist im modernen Industriestaat unabdingbare Voraussetzung wirksamer Politik.

In der Bundesrepublik Deutschland werden für die verschiedensten Forschungszweige Milliardenbeträge aufgebracht, und zwar sowohl für die Beteiligung an internationalen Forschungsorganisationen, für die innerstaatliche Großforschung, die sog. „big science", und für die allgemeine Wissenschaftsförderung, d. h. die Förderung der wissenschaftlichen Hochschulen. Thema der vorliegenden Untersuchung ist die allgemeine Wissenschaftsförderung, die aus zwei Gründen von besonderem Interesse ist: einmal, weil die wissenschaftlichen Hochschulen dringend der staatlichen Förderung bedürfen, um größere und leistungsfähigere Forschungsinstitute einrichten zu können, damit neben der bedeutenden außeruniversitären Forschung eine wirksame Hochschulforschung gewährleistet wird. Zum zweiten, weil bei der staatlichen allgemeinen Wissenschaftsförderung Verfassungsrecht und Verfassungswirklichkeit bis zum Erlaß des Finanzreformgesetzes vom 12. Mai 1969 und des zweiundzwanzigsten Gesetzes zur Änderung des Grundgesetzes vom 12. Mai 1969 besonders kraß voneinander abgewichen sind und auch jetzt nur mühsam in ein einigermaßen stimmiges Gleichgewicht gebracht werden können. Obwohl die ausschließliche Zuständigkeit für die Ausübung von Forschung in den wissenschaftlichen Hochschulen bisher bei den Ländern lag und der Bund bis zur Einführung der neuen Bundeskompetenzen für den Bereich der Forschung am

12. Mai 1969 gem. Art. 74 Ziff. 13 GG lediglich eine konkurrierende Kompetenz hinsichtlich der Förderung der Forschung hatte, von der er keinen Gebrauch gemacht hat, haben sich Bund und Länder gleichermaßen an der Ausstattung der wissenschaftlichen Hochschulen mit Finanz- und Sachmitteln beteiligt. Es kann nicht geleugnet werden, daß die zunehmenden Bedürfnisse der wissenschaftlichen Hochschulen, denen angesichts der Vielzahl staatlicher Aufgaben naturgemäß nur beschränkte Finanzmittel gegenüberstehen, eine umfassende Gesamtplanung der Forschungsförderung und eine Beteiligung des Bundes an ihrer Finanzierung notwendig machen.

Bereits bei den Beratungen des Parlamentarischen Rates war sich der Verfassungskonvent darüber einig, daß in der Zukunft der Bereich der wissenschaftlichen Forschung „nicht Landessache allein" sein könne. Das war der Grund, Art. 74 Ziff. 13 in das Grundgesetz aufzunehmen. Damit steht dem Bund eine materielle Ordnungsfunktion zu, die ihm, nähme er sie wahr, eine Aufgabenverantwortung und damit auch eine Ausgabenverantwortung für die Forschungsförderung gäbe, wodurch gleichzeitig die Verantwortungsbereiche von Bund und Ländern für die wissenschaftliche Forschung abgegrenzt würden. Der Bund hat sich jedoch dieser materiellen Ordnungsfunktion nicht bedient. Alleinige Grundlage der von ihm betriebenen Forschungsförderung war bis zum Mai 1969 der Haushaltsplan. Diese Praxis hat die Finanzkraft des Bundes und nicht — wie es in der Verfassung vorgesehen ist — den durch Gesetz abgesteckten Zuständigkeitsbereich des Bundes zum Maßstab der Aufgabenverantwortung des Bundes gemacht. Auf die Gefahren eines derartigen Vorgehens wurde bereits in der Weimarer Republik, in der gleichfalls mit Hilfe von Haushaltsmitteln des Reiches die Zuständigkeitsverteilung der Verfassung häufig unterlaufen wurde, hingewiesen, insbesondere durch die berühmte Denkschrift der Bayerischen Staatsregierung über die fortschreitende Aushöhlung der Eigenstaatlichkeit der Länder unter der Weimarer Verfassung.

Interessant und überaus bezeichnend für den Föderalismus in der Bundesrepublik sind die Maßnahmen, mit denen versucht werden soll, das Ausmaß der Tätigkeit des Bundes in der Verfassungswirklichkeit mit den Normen der Verfassung in Einklang zu bringen. Nicht die gem. Art. 74 Ziff. 13 GG bestehende konkurrierende Gesetzgebungskompetenz des Bundes ist durch Erlaß eines Forschungsförderungsgesetzes ausgenutzt worden, sondern das Grundgesetz ist durch das Finanzreformgesetz vom 12. Mai 1969 und das zweiundzwanzigste Gesetz zur Änderung des Grundgesetzes vom 12. Mai 1969 geändert worden. Dadurch hat sich im Bereich von Wissenschaft und Forschung folgende Verfassungslage ergeben: Der Bund hat wie bisher gem. Art. 74 Ziff. 13 GG eine konkurrierende Kompetenz für die

Forschungsförderung, so daß die Kompetenz für die Ausübung von Forschung in den wissenschaftlichen Hochschulen grundsätzlich bei den Ländern liegt. Durch das zweiundzwanzigste Gesetz zur Änderung des Grundgesetzes ist Art. 74 Ziff. 13 GG dahingehend erweitert worden, daß dem Bund zusätzlich eine konkurrierende Kompetenz zur Regelung der Ausbildungsbeihilfen zusteht. Ferner ist Art. 75 GG ergänzt worden: Gem. Art. 1 des zweiundzwanzigsten Gesetzes zur Änderung des Grundgesetzes ist Art. 75 GG eine Ziff. 1 a) hinzugefügt worden, nach der der Bund die Rahmenkompetenz für die allgemeinen Grundsätze des Hochschulwesens hat.

Folgende Änderungen des Grundgesetzes haben sich durch das Finanzreformgesetz ergeben: Gem. Art. 91 a Abs. 1 Ziff. 1 GG hat der Bund das Recht der Mitwirkung beim „Ausbau und Neubau von wissenschaftlichen Hochschulen einschließlich der Hochschulkliniken“, wenn diese Aufgabe „für die Gesamtheit bedeutsam“ ist „und die Mitwirkung des Bundes zur Verbesserung der Lebensverhältnisse erforderlich ist“. Dieser Bereich gehört somit zu den sog. „Gemeinschaftsaufgaben“ von Bund und Ländern, die durch das Finanzreformgesetz eingeführt worden sind und die gem. Art. 91 a Abs. 2 GG durch zustimmungspflichtiges Bundesgesetz näher bestimmt werden sollen, wobei vor allem die allgemeinen Grundsätze für die Erfüllung der Gemeinschaftsaufgabe aufzustellen sind. Inzwischen ist ein solches Bundesgesetz für die Gemeinschaftsaufgabe „Ausbau und Neubau von wissenschaftlichen Hochschulen“ bereits ergangen: das sog. Hochschulbauförderungsgesetz vom 9. September 1969, BGBl. 1969 Teil I, S. 1556. Als weitere Verfassungsänderung ist durch Einfügung von Art. 91 b GG festgelegt, daß Bund und Länder auf Grund von Vereinbarungen bei der Bildungsplanung und bei der Förderung von Einrichtungen und Vorhaben der wissenschaftlichen Forschung von überregionaler Bedeutung zusammenwirken können.

Für das Thema dieser Arbeit, die allgemeine Wissenschaftsförderung im Gesamtstaat, sind die Ergänzungen des Grundgesetzes durch das zweiundzwanzigste Gesetz zur Änderung des Grundgesetzes vom 12. Mai 1969 nur zum Teil von unmittelbarer Bedeutung. Die Art. 74 Ziff. 13 GG eingefügte konkurrierende Kompetenz des Bundes zur Regelung der Ausbildungsbeihilfen betrifft die Förderung des allgemeinen Bildungswesens, die sich höchstens mittelbar auf die Wissenschafts- und Forschungsentwicklung auswirkt. Anders steht es mit der in Art. 75 GG neu aufgenommenen Rahmenkompetenz des Bundes für die allgemeinen Grundsätze des Hochschulwesens. Sie bezieht sich auf die Neuordnung der Hochschulverfassungen, d. h. einmal auf die Lehre und damit auf das Bildungswesen, zum anderen aber auch unmittelbar auf die an den wissenschaftlichen Hochschulen betriebene

Forschung. Die Hochschulverfassungen spielen eine entscheidende Rolle für eine effektive wissenschaftliche Arbeit, die weitaus von der Struktur der Forschungsinstitute, der möglichen Zusammenarbeit verschiedener Forschergruppen, dem mehr oder minder ausgedehnten Mitspracherecht der an der Forschung Beteiligten und nicht zuletzt auch von der zweckmäßigen Verteilung der der jeweiligen Hochschule zugewiesenen Forschungsmittel abhängig ist. Um unmittelbare Förderung von Wissenschaft und Forschung geht es bei den durch das Finanzreformgesetz eingefügten Art. 91 a Abs. 1 Ziff. 1 und Art. 91 b GG. Der Ausbau und Neubau von wissenschaftlichen Hochschulen umfaßt die Zurverfügungstellung der für die Forschung notwendigen Institute, der Apparaturen, der Bibliotheken, d. h. aller für die wissenschaftliche Forschung unerläßlichen Mittel. Daß sich Art. 91 b, außer auf die Bildungsplanung, auf die allgemeine Wissenschaftsförderung bezieht, ergibt sich bereits aus seinem Wortlaut.

Auffallend und von besonderer Bedeutung ist die Tatsache, daß sowohl in Art. 91 a Abs. 1 Ziff. 1 GG wie auch in Art. 91 b GG auf die gemeinschaftliche Verantwortung von Bund und Ländern im Bereich der Wissenschaftsförderung abgestellt wird; die in beiden Artikeln geregelten Materien werden sogar ausdrücklich als „Gemeinschaftsaufgaben" bezeichnet.

Aufgabe der vorliegenden Arbeit soll es zunächst sein, die Verfassungsmäßigkeit der staatlichen allgemeinen Wissenschaftsförderung *vor* Erlaß des Finanzreformgesetzes vom 12. Mai 1969 und des zweiundzwanzigsten Gesetzes zur Änderung des Grundgesetzes vom 12. Mai 1969 zu untersuchen. Das ist nicht nur von Interesse, weil Bund und Länder bereits im Zeitraum vor Mai 1969 gemeinsam Milliardenbeträge für die allgemeine Wissenschaftsförderung aufgebracht haben, so daß sich die Frage nach der Verfassungsmäßigkeit der Förderungsmaßnahmen ohne weiteres stellen muß. Es ist vielmehr auch von besonderem Belang im Hinblick auf die Tatsache, daß bereits unmittelbar nach Schaffung der neuen Bundeskompetenzen im Mai 1969 die Diskussion begann, inwieweit im Interesse der Forschung, insbesondere der Hochschulforschung, eine weitere Ausdehnung der Kompetenzen des Bundes notwendig sei. Sollte sich herausstellen, daß die Rahmenkompetenz des Bundes für die allgemeinen Grundsätze des Hochschulwesens (Art. 75 Abs. 1 Ziff. 1 a GG), die Mitwirkungsbefugnis des Bundes bei der Gemeinschaftsaufgabe „Ausbau und Neubau von wissenschaftlichen Hochschulen einschließlich der Hochschulkliniken" (Art. 91 a Abs. 1 Ziff. 1 GG) und die Kompetenz des Bundes, auf Grund von Vereinbarungen mit den Ländern bei der Bildungsplanung und bei der Förderung von Einrichtungen und Vorhaben der wissenschaftlichen Forschung von überregionaler Bedeutung mitzuwirken (Art. 91 b GG) für eine wirksame Forschungsförderung in der Bundesrepublik nicht ausreichen, so stellen sich folgende Fragen:

1. Wäre es zulässig, daß der Bund — so wie es vor der Einführung der Bundeskompetenzen im Mai 1969 der Fall war — ohne zusätzliche Kompetenzen eine umfassende Forschungsförderung vornähme?

2. Gäbe es, falls eine gesetzesfreie Forschungsförderung verfassungswidrig wäre, *nur* die Möglichkeit, durch eine erneute Grundgesetzänderung zusätzliche Bundeskompetenzen zu schaffen oder böte sich nicht die bereits seit Bestehen des Grundgesetzes vorhandene Bundeskompetenz gem. Art. 74 Ziff. 13 GG zur Wahrnehmung an?

3. Wäre letzteres der Fall, d. h. könnte ein Forschungsförderungsgesetz des Bundes gem. Art. 74 Ziff. 13 GG dem Bund eine zureichende Grundlage für eine umfassende Forschungsförderung bieten, so ergäbe sich die weitere Frage, ob nicht ein derartiges Forschungsförderungsgesetz des Bundes den Erlaß des Finanzreformgesetzes vom 12. Mai 1969 und des zweiundzwanzigsten Gesetzes zur Änderung des Grundgesetzes vom 12. Mai 1969 — soweit sich beide auf die Forschungsförderung beziehen — überflüssig erscheinen ließen, was gleichzeitig das Eingeständnis bedeutete, daß die langwierigen Beratungen und Verhandlungen um die Einführung neuer Bundeskompetenzen im Wissenschaftsbereich durch die Ausnutzung der seit 1949 bestehenden Bundeskompetenz gem. Art. 74 Ziff. 13 GG hätte vermieden werden können.

Ein weitere Aspekt der Wissenschaftsförderung im Gesamtstaat und damit der vorliegenden Arbeit ist die Tatsache, daß die Notwendigkeit einer verstärkten staatlichen Forschungsförderung im modernen Industriestaat spezielle gesellschaftspolitische Auswirkungen hat. Die Wissenschaft hat in der modernen Gesellschaft eine Rolle erlangt, die Jürgen Habermas[1] folgendermaßen charakterisiert: „Die moderne Wissenschaft übernimmt in diesem Zusammenhang eine eigentümliche Funktion. Im Unterschied zu den philosophischen Wissenschaften älteren Typs entfalten sich die modernen Erfahrungswissenschaften seit den Tagen Galileis in einem methodologischen Bezugssystem, das den transzendentalen Gesichtspunkt möglicher technischer Verfügung spiegelt. Die modernen Wissenschaften erzeugen deshalb ein Wissen, das seiner *Form* (nicht der subjektiven Absicht) nach technisch verwertbares Wissen ist, obwohl sich im allgemeinen die Anwendungschancen erst nachträglich ergeben. Eine Interdependenz von Wissenschaften und Technik bestand bis ins späte 19. Jahrhundert nicht. Die moderne Wissenschaft hat bis dahin nicht zur Beschleunigung der technischen Entwicklung, also auch nicht zu dem Rationalisierungsdruck von unten, beigetragen."

---

[1] *Jürgen Habermas*, Technik und Wissenschaft als „Ideologie", S. 72.

Daß die wissenschaftliche Forschung weitgehend von der Zurverfügungstellung der notwendigen Sachmittel durch den Staat abhängig ist, birgt eine Gefahrenquelle in sich, die nicht zu unterschätzen ist. Je bedeutsamer die wissenschaftliche Forschung für das Staatswesen ist, je weitgehender wird der Staat versuchen, die Prioritäten bei der Forschungsförderung so zu setzen, wie es seinen politischen Vorstellungen entspricht. Die heutige Forschung ist von einer Vielzahl komplizierter Apparaturen, von Reaktoren, Blasenkammern, Hochenergiebeschleunigern u. ä. abhängig, deren Anschaffung ein enormes Ausmaß an Finanzkraft voraussetzt. Es ist ein entscheidender Unterschied, ob der Staat vorrangig physikalische Institute mit Mitteln ausstattet, die an der Fortentwicklung neuer Waffensysteme arbeiten oder ob er primär die atomare Energiegewinnung fördert. In der Weltraumforschung kann die Akzentsetzung staatlicher Förderung auf der Raketenentwicklung oder aber auch auf der Verbesserung der Fernmeldesysteme liegen. Die Meeresforschung kann mit Apparaturen ausgestattet werden, mit denen die Verbesserung der Welternährung erreicht werden soll oder die der Tiefsee-Technologie dienen. Die Abhängigkeit der wissenschaftlichen Forschung in den wissenschaftlichen Hochschulen von staatlichen Mitteln bringt die Gefahr einer staatlichen Lenkung von Wissenschaft und Forschung mit sich, die in der derzeitigen Verfassungswirklichkeit dadurch aufzufangen versucht wird, daß in einem außerstaatlichen Gremium, dem Wissenschaftsrat, durch Wissenschaftler die fachlichen Gesichtspunkte für die staatliche Forschungsförderung zur Geltung gebracht werden. Ob diese, gleichsam verschleierte Form eines Mitspracherechts der Wissenschaftler bei der staatlichen Forschungsförderung ausreicht, ob nicht vielmehr ein institutionalisiertes Mitbestimungsrecht notwendig und aus der Verfassung ableitbar ist, ist eine der Fragen, die in der vorliegenden Arbeit zu überdenken sind.

Die Arbeit wurde bereits im Januar 1969 abgeschlossen. Sie versuchte den Nachweis zu führen, daß der Erlaß eines Forschungsförderungsgesetzes durch den Bund gem. Art. 74 Ziff. 13 GG notwendig, aber auch zureichend sei, um dem längst praktizierten Zusammenwirken von Bund und Ländern im Bereich der Forschungsförderung eine legale Grundlage zu geben und ein weiteres, im Interesse der Forschung unerläßliches Zusammenwirken zu ermöglichen. Der Erlaß des Finanzreformgesetzes vom 12. Mai 1969 und des zweiundzwanzigsten Gesetzes zur Änderung des Grundgesetzes vom gleichen Datum haben eine Überarbeitung des Manuskripts notwendig gemacht, die im August 1969 beendet wurde. Danach erschienene Literatur wurde, soweit möglich, noch eingearbeitet.

TEIL I

Überblick über Art und Ausmaß staatlicher Wissenschaftsförderung in der Bundesrepublik Deutschland

A. Die Notwendigkeit verstärkter Wissenschaftsförderung im modernen Industriestaat

Die rechtliche Problematik der Wissenschaftsförderung im Gesamtstaat, insbesondere die Notwendigkeit eines ausgewogenen Verhältnisses der Kompetenzen von Bund und Ländern im Bereich von Wissenschaft und Forschung wird erst angesichts der sprunghaften Steigerung der Bedeutung der wissenschaftlichen Forschung für die Gesamtpolitik der Bundesrepublik sichtbar. Im modernen Industriestaat hat die Forschungsförderung einen gesamtpolitischen Aspekt: in dem Maße, in dem der Lebensstandard und die soziale Ordnung der Staatsbürger von der Produktivität der Wissenschaft und Forschung abhängen, wächst dem Staat eine neue Dimension seiner Aufgaben zu. Man denke z. B. daran, daß die Produktion vieler Industriezweige — und gerade der bedeutendsten — von den jeweils modernsten Ergebnissen der Forschung lebt. In wesentlichen ökonomischen Bereichen ist die Produktion von heute die Umsetzung der Forschungsergebnisse der letzten 10 Jahre; die chemische und die Elektroindustrie bieten dafür besonders instruktive Beispiele.

In den letzten zehn Jahren sind die Gesamtaufwendungen von Bund und Ländern für Wissenschaft und Forschung wie folgt erhöht worden[1] (in Millionen DM):

1959: 1 787	(Bund: 487;	Länder: 1 300)
1965: 5 042	(Bund: 1 263;	Länder: 3 779)
1968: 6 779	(Bund: 2 284;	Länder: 4 495)

In dieser Zeit ist also der Bundesanteil an den Gesamtausgaben von 27 % im Jahre 1959 auf 33 % im Jahre 1968 gestiegen.

Die Ausgaben der öffentlichen Haushalte für Hochschulen haben sich seit 1961 folgendermaßen entwickelt: 1961: 1 703 Mill. DM; 1965: 3 587 Mill. DM; 1967: 4 203 Mill. DM.

[1] Kulturpolitik der Länder, Ständige Konf. der Kultusminister: 1961—1962 (1963), S. 244; 1967—1968 (1969), S. 370.

Umgerechnet auf den Anteil je Student ergibt sich eine Steigerung von 6 040 DM im Jahre 1961 auf 10 500 DM im Jahre 1967. An Personalausgaben (ohne Versorgung) wurden 1961 679 Mill. DM, 1967 1 783 Mill. DM aufgebracht. Die Ausgaben der Vermögensbewegung (Neu- und Wiederaufbau; Neuanschaffung von beweglichem Vermögen; Grunderwerb und sonstige Investitionsförderungsmaßnahmen) stiegen von 471 Mill. DM (1961) auf 1 292 Mill. DM (1967)[2].

Da die Länder außerstande waren, die gesteigerten Ausgaben für die staatliche Wissenschaftsförderung allein zu tragen, wurde die Wissenschaftsförderung, und zwar auch gerade die Förderung der wissenschaftlichen Hochschulen, allmählich zur Hauptaufgabe des Bundeswissenschaftsministeriums. Der Weg dahin ist in mancher Hinsicht ein Merkmal der tief veränderten Situation im Verhältnis von Staat und moderner Forschung. Für die Anfänge eines um die Förderung der wissenschaftlichen Forschung bemühten Bundesministeriums ist die Tatsache bezeichnend, daß trotz Art. 74 Ziff. 13 GG zunächst gar nicht die Notwendigkeit einer allgemeinen Wissenschaftsförderung durch den Bund der Anlaß zur Errichtung des Bundeswissenschaftsministeriums war; vielmehr sollten nur spezielle Aufgaben durch den Bund wahrgenommen werden, z. B. die Aufgaben gem. Art. 73 Ziff. 9 GG und gem. Art. 74 Ziff. 11 GG.

Spezielle Zuständigkeiten des Bundes für die sogenannte Großforschung standen außer Zweifel. 1955 wurde deshalb als oberste Bundesstelle für die Förderung der Erforschung und Nutzung der Kernenergie für friedliche Zwecke ein neues Ministerium mit einem entsprechendem Namen gegründet: Bundesministerium für Atomfragen. Ihm wurde Anfang 1962 auch die Förderung der Weltraumforschung, der Raumflugforschung und der Raumflugtechnik übertragen, samt und sonders also Projekte der sogenannten big sciences. Es war deshalb folgerichtig, im Dezember 1962 das ursprünglich „Ministerium für Atomfragen“ benannte Ministerium zum „Bundesministerium für wissenschaftliche Forschung“ umzuorganisieren, — zu einem Zeitpunkt also, in dem immer mehr das Ausmaß der Forschung für die Entwicklung der Bundesrepublik und die Notwendigkeit einer speziellen Forschungsförderung durch den Bund deutlich wurde. Von einer solchen Notwendigkeit konnte man bei der Konzeption des Grundgesetzes im Parlamentarischen Rat noch keine Vorstellung haben.

Die Entwicklung der wissenschaftlichen Forschung ist seitdem sprunghaft angestiegen und wird, wie der Wissenschaftsrat[3] betont, aber auch

---

[2] Bericht zur Bildungspolitik, Deutscher Bundestag, 6. Wahlperiode, Drucksache VI/925 v. 8. 6. 1970, S. 56.

[3] Empf. d. Wissenschaftsrates zum Ausbau der wiss. Hochschulen bis 1970, S. 168.

jede Analyse der Entwicklung der Industriestaaten der Welt ergibt, weiter ansteigen. Die enorme Steigerung der entsprechenden Haushaltsansätze des Bundesministeriums für wissenschaftliche Forschung ist ein Indiz dieser Entwicklung, zugleich ein Indiz der mehr und mehr anwachsenden wissenschaftlichen und politischen Interessen des Bundes. Die Wissenschaftsausgaben des Bundesministeriums für wissenschaftliche Forschung betrugen 1963 638,9 Mill. DM. Der ordentliche Haushalt für das Jahr 1969 (Einzelplan 31) schloß mit 2 141 227 200 DM ab. Bedeutsamer noch ist das innere Schwergewicht des Haushalts von 1969. Im Kapitel 3102 stehen „Bewilligungen für die allgemeine wissenschaftliche Forschung" in Höhe von 970 767 400 DM zur Verfügung. Kapitel 3103 (Kernforschung und Kerntechnik) weist 709 503 000 DM aus. Die „Bewilligungen für die Weltraumforschung und die Luftfahrtforschung" (Kapitel 3104) betragen 351 231 400 DM, für Datenverarbeitung und neue Technologien (Kapitel 3105) 90 765 900 DM.

Das moderne Wirkungsgeflecht von Wissenschaft, Wirtschaft und Staat im Bereich der Forschung macht es unmöglich, eine vollständige Darstellung der gegenwärtigen und künftig geplanten Forschungsförderung durch den Bund zu geben. Obgleich sich die vorliegende Arbeit nur mit der allgemeinen Wissenschaftsförderung befaßt, soll aber doch im folgenden eine knappe Skizze der Leistungen des Bundes entworfen werden. Erst im Vergleich damit gewinnt die hochschuleigene Forschung ihren Ort und Rang für die Wissenschaftsförderung im Gesamtstaat. Der Überblick ergibt u. a., daß die Forschungsförderung des Bundes im Bereich von „big sciences" auf der Basis innerstaatlicher Organisationen einerseits und der Beteiligung des Bundes an internationalen Forschungseinrichtungen andererseits die Tendenz zunehmender Integration aufweist. Dem liegt ein wissenschaftlicher und ökonomischer Sachzwang zugrunde: jede Autarkie scheitert an den weltweiten Aufgaben und Problemen der Großforschung, aber auch an der Tatsache, daß die personalen und finanziellen Möglichkeiten der Einzelstaaten nicht ausreichen.

B. Tätigwerden des Bundes im innerstaatlichen Forschungsbereich

I. Allgemeine Forschungsförderung des Bundes auf Grund von Vereinbarungen zwischen Bund und Ländern

Für die Betätigung des Bundes in der nationalen Forschungsförderung sind die folgenden Verwaltungsabkommen von besonderer Bedeutung.

1. Verwaltungsabkommen zwischen Bund und Ländern über die Errichtung eines Wissenschaftsrates vom 5. September 1957[4]

Der Wissenschaftsrat hat die Aufgabe, einen Gesamtplan für die Förderung der Wissenschaften zu erarbeiten und dabei die Pläne des Bundes und der Länder aufeinander abzustimmen. Ferner stellt er jährlich ein Dringlichkeitsprogramm auf und gibt Empfehlungen für die Verwendung derjenigen Mittel, die in den Haushaltsplänen des Bundes und der Länder für die Förderung der Wissenschaft verfügbar sind. Der Wissenschaftsrat hat keine exekutiven Befugnisse und keine eigenen Etatmittel zur Förderung der Wissenschaften. Hinsichtlich der Verbindlichkeit der Empfehlungen des Wissenschaftsrates heißt es in Ziff. 3 Abs. 1 des Verwaltungsabkommens: „Die Bundesregierung und die Landesregierungen werden die Empfehlungen des Wissenschaftsrates bei der Aufstellung ihrer Haushaltspläne im Rahmen der haushaltsmäßigen Möglichkeiten berücksichtigen."

Der Wissenschaftsrat besteht aus 39 Mitgliedern, die durch ihre Tätigkeit der Wissenschaft und ihrer Förderung nahestehen. 22 Mitglieder beruft der Bundespräsident, und zwar 16 auf gemeinsamen Vorschlag der Deutschen Forschungsgemeinschaft, der Max-Planck-Gesellschaft und der Westdeutschen Rektorenkonferenz und sechs auf gemeinsamen Vorschlag der Bundesregierung und der Landesregierungen. Diese 22 Mitglieder werden auf drei Jahre berufen. 17 Mitglieder werden von den Regierungen des Bundes und der Länder entsandt, und zwar entsendet die Bundesregierung sechs Staatssekretäre, die Landesregierungen entsenden je ein Mitglied. Die Beschlüsse der Vollversammlung des Wissenschaftsrates werden von der Wissenschaftlichen Kommission unter fachlichen und wissenschaftlichen Gesichtspunkten und von der Verwaltungskommission unter verwaltungsmäßigen und finanziellen Gesichtspunkten vorbereitet. Der Wissenschaftlichen Kommission gehören die vom Bundespräsidenten berufenen Mitglieder, der Verwaltungskommission die von den Regierungen entsandten Mitglieder an, wobei der Vorsitzende einer Kommission und zwei weitere von der Kommission bestimmte Mitglieder an den Sitzungen der anderen Kommissionen mit beratender Stimme teilnehmen. Die Vollversammlung und die Kommissionen fassen ihre Beschlüsse mit einer Mehrheit von zwei Dritteln der abgegebenen Stimmen. Die sechs von der Bundesregierung entsandten Mitglieder führen insgesamt elf Stimmen, die nur einheitlich abgegeben werden können; im übrigen hat jedes Mitglied eine Stimme. Seit seiner Gründung hat der Wissenschaftsrat eine große Anzahl Empfehlungen veröffentlicht, insbesondere über den Ausbau und die Entwicklung von Forschungseinrichtungen innerhalb und außer-

[4] Bereits zweimal verlängert, zuletzt durch das Abkommen vom 20. 8./2. 1. 1963.

halb der wissenschaftlichen Hochschulen, über die Reform des Hochschulstudiums sowie über den Ausbau der wissenschaftlichen Hochschulen bis 1970 und neuerdings auch über Art und Ausbau des medizinischen Studiums. Für das Rechnungsjahr 1968 erfordert der Haushaltsplan der Geschäftsstelle des Wissenschaftsrates in Köln einen Zuschußbedarf von 994 800 DM, der von Bund und Ländern je zur Hälfte zu tragen ist.

2. Verwaltungsabkommen zwischen Bund und Ländern zur Förderung von Wissenschaft und Forschung vom 4. Juni 1964

Im Verwaltungsabkommen zwischen Bund und Ländern vom 4. Juni 1964 haben die Vertragschließenden vereinbart, ihre gemeinsamen Bemühungen um den weiteren Ausbau der wissenschaftlichen Hochschulen fortzusetzen, wobei die Empfehlungen des Wissenschaftsrates berücksichtigt werden sollen. Gem. Ziff. I des Abkommens haben Bund und Länder Vorsorge zu treffen, „für diesen Zweck in der Zeit von 1964 bis 1966 vorbehaltlich der Beschlußfassung der gesetzgebenden Körperschaften jährlich je 250 Mill. DM, insgesamt jährlich 500 Mill. DM bereitzustellen". Außerdem haben Bund und Länder gem. Ziff. II des Verwaltungsabkommens für die Dauer der Laufzeit des Königsteiner Abkommens den jährlichen allgemeinen Zuschußbedarf der Deutschen Forschungsgemeinschaft und der Max-Planck-Gesellschaft einschließlich der erforderlichen Baumaßnahmen je zur Hälfte zu tragen. Über den vom Bund und Ländern gemeinsam aufzubringenden Zuschußbetrag entscheidet ein Verwaltungsausschuß. Für Entscheidungen ist eine Mehrheit von zwei Dritteln der Stimmen erforderlich. Im Schlußprotokoll des Verwaltungsabkommens ist ausdrücklich festgehalten, daß die Länder über den gemeinsam aufzubringenden Betrag hinaus weitere Ausgaben für den Ausbau der wissenschaftlichen Hochschulen zu tragen haben, ihre Gesamtleistung also die des Bundes übersteigen soll.

Für die Finanzierung der Deutschen Forschungsgemeinschaft und der Max-Planck-Gesellschaft wurde das Verwaltungsabkommen vom 4. Juni 1964 zum ersten Mal für das Jahr 1965 wirksam.

Die deutsche Forschungsgemeinschaft ist eine Selbstverwaltungsorganisation der deutschen Wissenschaft. Ihr gehören alle in der Westdeutschen Rektorenkonferenz zusammengeschlossenen wissenschaftlichen Hochschulen, die Akademien der Wissenschaften, die Max-Planck-Gesellschaft, der Deutsche Verband technisch-wissenschaftlicher Vereine, die Gesellschaft Deutscher Naturforscher und Ärzte, die Physikalisch-Technische Bundesanstalt, die Fraunhofer Gesellschaft zur Förderung der angewandten Forschung und die Arbeitsgemeinschaft

Industrieller Forschungsvereinigungen (Otto v. Guericke-Gesellschaft) als Mitglieder an. Rechtlich ist sie ein eingetragener Verein privaten Rechts. In der Satzung der Deutschen Forschungsgemeinschaft ist ihre Aufgabe folgendermaßen bestimmt: „Die Deutsche Forschungsgemeinschaft dient der Wissenschaft in allen ihren Zweigen durch die finanzielle Unterstützung von Forschungsaufgaben und durch die Förderung der Zusammenarbeit unter den Forschern. Sie berät Parlamente und Behörden in wissenschaftlichen Fragen und pflegt die Verbindungen der Forschung zur Wirtschaft und zur ausländischen Wissenschaft. Der Förderung und Ausbildung des wissenschaftlichen Nachwuchses gilt ihre besondere Aufmerksamkeit."

Die Mittel für die Deutsche Forschungsgemeinschaft stellen überwiegend Bund und Länder zur Verfügung. Geringere Einnahmen fließen der Deutschen Forschungsgemeinschaft vom Stifterverband für die deutsche Wissenschaft zu. Im Jahre 1962 und 1963 sind außerdem von der Fritz Thyssen Stiftung und der Stiftung Volkswagenwerk Mittel bewilligt worden. Auch die Erträge einer Privatstiftung für zwei Stipendien sind noch zu erwähnen[5].

Die Einnahmen und Bewilligungen der Deutschen Forschungsgemeinschaft in den Rechnungsjahren 1962 bis 1967 ergeben sich aus der Übersicht 1 und 2 in: Die Deutsche Forschungsgemeinschaft, Aufgaben und Finanzierung, III, 1969—1971[6]. Einige Beispiele für die Steigerung der Leistungen von Bund und Ländern: Im Jahre 1965 wurden von den Ländern 58 000 000 DM, vom Bund 59 285 355 DM zur Verfügung gestellt; im Jahre 1966 zahlten die Länder 67 511 500 DM, der Bund 70 135 000 DM. Die Bewilligungen, die die Deutsche Forschungsgemeinschaft erteilt hat, haben sich von 1962 bis 1966 verdoppelt. 1962 wurden insgesamt 98 987 398 DM, 1966 189 288 841 DM bewilligt, davon 1966 allein 52 862 506 DM im Schwerpunktverfahren, 25 633 380 DM für elektronische Rechenanlagen und andere Großgeräte und 1 945 875 DM für Forschergruppen. Im Bundeshaushaltsplan 1969 sind für den Zuschuß an die Deutsche Forschungsgemeinschaft 127 125 000 DM vorgesehen, dazu 16 Mill. DM für Großrechenanlagen (50 %iger Anteil des Bundes!).

Die Max-Planck-Gesellschaft ist wie die Deutsche Forschungsgemeinschaft eine Selbstverwaltungsorganisation der deutschen Wissenschaft. Auch sie ist ein eingetragener Verein des privaten Rechts. Nach der Satzung der Max-Planck-Gesellschaft vom 26. Februar 1948 in der ab 18. Mai 1960 gültigen Fassung ist ihr Zweck, die Wissenschaft zu fördern, und zwar insbesondere durch Unterhaltung von Forschungs-

[5] Deutsche Forschungsgemeinschaft, Aufgaben und Finanzierung, III, 1969—1971, S. 14.
[6] S. 53.

instituten und Forschungsstellen. Die Institute der Max-Planck-Gesellschaft gehören nach § 1 Abs. 2 der Satzung weder dem Staat noch der Wirtschaft an und betreiben die wissenschaftliche Forschung in voller Freiheit und Unabhängigkeit. Die Max-Planck-Gesellschaft trägt zur Zeit die wissenschaftliche, organisatorische und finanzielle Verantwortung für 47 Institute, davon 44 eigentliche Max-Planck-Institute und drei „betreute" Institute (Dokumentationswesen, Bildungsforschung, Plasmaphysik) mit insgesamt etwa 1 100 ständigen wissenschaftlichen Mitarbeitern[7]. Die Mehrzahl der Institute betreibt naturwissenschaftliche Grundlagenforschung, einige Institute dienen der angewandten Forschung; außerdem hat die Max-Planck-Gesellschaft auch geisteswissenschaftliche Institute in ihren Verband aufgenommen (so z. B. das Institut für Europäische Rechtsgeschichte in Frankfurt/Main, das Institut für ausländisches und internationales Patent-, Urheber- und Wettbewerbsrecht in Freiburg und das Institut für ausländisches und internationales Patent-, Urheber- und Wettbewerbsrecht in München).

Die Max-Planck-Institute sind in eminentem Maße forschungsintensive Betriebe. Sie dienen nur indirekt der Lehre; die Professoren an Max-Planck-Instituten stehen jedenfalls nicht in gleichen Lehr- und Prüfungsverpflichtungen wie die Professoren der wissenschaftlichen Hochschulen. Die Institute der Max-Planck-Gesellschaft übernehmen auch solche Forschungsaufgaben, die große oder spezielle Einrichtungen erfordern, die den wissenschaftlichen Hochschulen im allgemeinen nicht zur Verfügung stehen. Insofern stellen sie in vieler Hinsicht eine Ergänzung der Hochschulforschung dar. Ein großer Vorzug der Institute der Max-Planck-Gesellschaft liegt darin, daß sich ihre Aufgabenstellung jeweils nach den realen Bedürfnissen der Wissenschaft richten kann, ohne darauf Rücksicht nehmen zu müssen, daß — wie in den Hochschulinstituten — im Interesse der Lehre jede Fachrichtung vertreten sein muß. Adolf Butenandt hat in seinem Vortrag über „Probleme der Wissenschaftspolitik in Gegenwart und Zukunft"[8] darauf hingewiesen, daß die Max-Planck-Gesellschaft sich bemüht, im Hinblick auf neue Forschungsgebiete die notwendige Beweglichkeit zu erhalten. So ist es ein Prinzip der Gesellschaft, daß jeweils durch die wissenschaftlichen Gremien überprüft wird, ob die Fortführung des Instituts mit der alten Aufgabe angesichts der Weiterentwicklung der Wissenschaft noch notwendig und zweckmäßig ist. In der Zeit des Bestehens der Max-Planck-Gesellschaft sind 81 Institute gegründet worden; davon sind 31 wieder aufgelöst bzw. in ihrer Aufgabenstellung grundlegend verändert worden. Von 146 gegründeten selbständigen Abteilungen wurden 91 nach Erfüllung ihrer Aufgabe nicht fortgeführt.

---

7 Vgl. die Empfehlungen des Wissenschaftsrates zum Ausbau der wissenschaftlichen Einrichtungen, Teil III, Forschungseinrichtungen, Bd. 1, S. 32.

8 S. 3.

Die Autonomie der Max-Planck-Gesellschaft ist seit ihrer Gründung[9] (1911) nicht angetastet worden. Als eingetragener Verein privaten Rechts unterliegt sie keiner Staatsaufsicht. Allerdings ist das ursprüngliche Bestreben der Max-Planck-Gesellschaft, sich nur von privater Seite finanzieren zu lassen, nicht mehr aktuell. Abgesehen von privaten Mitgliedsbeiträgen und Spenden, wird die Max-Planck-Gesellschaft auf Grund des Verwaltungsabkommens zwischen Bund und Ländern vom 4. Juni 1964 gemeinsam von Bund und Ländern finanziert. Der Gesamthaushalt der Max-Planck-Gesellschaft belief sich im Jahre 1965 auf 198,1 Millionen DM[10]. Der Zuschußbedarf der Gesellschaft, der von Bund und Ländern je zur Hälfte getragen wird, betrug 1965 144,6 Millionen DM, 1966 169 Millionen DM, 1967 190,5 Millionen DM[11]. Der 50 %ige Anteil des Bundes am Zuschuß für die Max-Planck-Gesellschaft im Rechnungsjahr 1969 ist im Bundeshaushalt für 1969[12] mit 131 751 300 DM festgesetzt.

3. Das Verwaltungsabkommen zwischen Bund und Ländern zur Förderung von Wissenschaft und Forschung vom 8. Februar 1968

Das Verwaltungsabkommen vom 8. Februar 1968 enthält im wesentlichen die gleichen Vereinbarungen wie das Verwaltungsabkommen vom 4. Juni 1964 und stellt eine Fortführung der 1964 getroffenen Vereinbarungen dar. Gem. Ziff. I des Verwaltungsabkommens vom 8. Februar 1968 werden Bund und Länder „Vorsorge treffen — vorbehaltlich der Zustimmung der gesetzgebenden Körperschaften — die für den Ausbau der Hochschulen in den Jahren 1967 bis 1969 erforderlichen Mittel bereitzustellen, der Bund in den Jahren 1967 530 Millionen DM, 1968 630 Millionen DM, 1969 700 Millionen DM“. Ein wesentlicher Unterschied zu dem Verwaltungsabkommen vom 4. Juni 1964 liegt darin, daß gem. Ziff. I, 1 des Verwaltungsabkommens vom 8. Februar 1968 die Empfehlungen des Wissenschaftrates (Jahresempfehlungen und mehrjährige Planungen) „als Grundlage“ für den Ausbau der wissenschaftlichen Hochschulen dienen. Für die einzelnen Bauvorhaben sollen die Bundeszuschüsse und die Ländermittel gleich hoch sein, wobei die Kosten für den Grunderwerb des einzelnen Bauvorhabens auf die Länderleistungen angerechnet werden. Gem. Ziff. II Abs. I des Abkommens tragen Bund und Länder — so wie nach dem Verwaltungsabkommen vom 4. Juni 1964 — für die Dauer der Laufzeit des Königsteiner Abkommens den jährlichen allgemeinen Zuschußbedarf der Deutschen Forschungsgemeinschaft und der Max-Planck-Gesellschaft

---

[9] Damals als „Kaiser Wilhelm-Gesellschaft“.
[10] Bundesbericht Forschung II, S. 117.
[11] Bundesbericht Forschung II, S. 117.
[12] Einzelplan 3102—685 52 u. 893 52.

einschließlich der erforderlichen Baumaßnahmen je zur Hälfte. Der Verwaltungsausschuß, der nach dem Verwaltungsabkommen vom 4. Juni 1964 für die Prüfung und Feststellung des jährlich von Bund und Ländern gemeinsam aufzubringenden Zuschußbetrages gebildet ist, bleibt in der gleichen Form bestehen. Im Schlußprotokoll des Abkommens ist u. a. ausdrücklich vermerkt, daß das Abkommen „unter dem Vorbehalt der Neuregelung der finanziellen Beziehungen von Bund und Ländern auf Grund der Empfehlungen der zu diesem Zweck eingesetzten Gutachter-Kommission“ geschlossen wird.

II. Förderung der Großforschung

1. Kernforschung

Im Bundesbericht Forschung II[13] wird der wissenschaftsgeschichtlich wichtige Sachverhalt hervorgehoben, die traditionellen Stätten der deutschen Kernforschung seien die Hochschulen und die Institute der Max-Planck-Gesellschaft. Auch künftig wird hier die Kernforschung ihren Platz und ihren wissenschaftlichen Rang behalten. Die Großforschungszentren der Kernphysik, denen in der Hauptsache die Förderung des Bundes gilt, sind aber eigenständiger Natur, auch wenn der einzelne Forscher sehr oft gewissermaßen in Personalunion mit einer wissenschaftlichen Hochschule oder der Max-Planck-Gesellschaft steht.

Ein hochbedeutsames Forschungszentrum ist die „Gesellschaft für Kernforschung mbH (GFK)“ in Karlsruhe. 75 % ihrer Geschäftsanteile sind im Besitz des Bundes, 25 % im Besitz des Landes Baden-Württemberg. Nach dem Konsortialvertrag vom 2. 12. 1963 wird der Zuschußbedarf für den Betrieb der Gesellschaft — einschließlich des Zuschußbedarfs für den Betrieb des Mehrzweckforschungsreaktors (MZFR) — vom Bund und dem Lande Baden-Württemberg gedeckt. Das Land trägt 25 % der Kosten, jedoch jährlich höchstens 15 Mill. DM, während der Bund die übrigen Zuschüsse leistet. Der Bundeshaushalt 1969 weist in mehreren Titeln des Kap. 3103 für Betriebskosten und Investitionen rd. 140 Mill. DM aus. Das Investitionsvolumen wurde auf 800 Mill. DM veranschlagt und ist weitgehend realisiert. Die Investition weiterer 320 Mill. DM ist geplant. Das Forschungszentrum beschäftigte im Jahre 1938 3 200 Mitarbeiter, ein Drittel davon sind Wissenschaftler.

Nach § 2 der Satzung der Gesellschaft hat diese die Aufgabe der „Gewinnung, Sammlung und Auswertung wissenschaftlicher und technischer Erkenntnisse und Erfahrungen“ für die friedliche Entwicklung und Nutzbarmachung der Kernenergie im Interesse der Allgemeinheit

---

[13] Bundesbericht Forschung II, S. 130.

sowie die Förderung der praktischen Weiterbildung wissenschaftlichen und technischen Nachwuchses. Diesem Zweck dienen Institute für Physik, Technik, Material- und Festkörperforschung, Chemie, Biologie und Isotopentechnik.

Neben dem Kernforschungszentrum Karlsruhe und in wissenschaftlicher Verbindung mit ihm ist die „Kernforschungsanlage Jülich GmbH" die größte zentrale Kernforschungsstätte in der Bundesrepublik. Sie umfaßt 13 wissenschaftliche Institute, zwei Forschungsreaktoren, Anlagen für die Behandlung hochaktiver Stoffe (heiße Zellen) und andere wissenschaftliche Gemeinschaftseinrichtungen. Nach dem Konsortialvertrag vom 5. 12. 1967 werden die Investitions- und Betriebsaufwendungen der Gesellschaft vom Bund und dem Land Nordrhein-Westfalen je zur Hälfte getragen. Der Haushaltsplan des Bundes weist für 1969 an direkten Leistungen rd. 64 Mill. DM aus. Das Land Nordrhein-Westfalen, bisher alleiniger Träger der Forschungsanlage, investierte bis 1967 440 Mill. DM und brachte für den laufenden Betrieb 300 Mill. DM auf. Der Bund schoß 260 Mill. DM zu. Die Kernforschungsanlage beschäftigt 3 800 Mitarbeiter. Jülich ist ein besonders markantes Beispiel dafür, daß Projekte der Großforschung die Kraft und die Möglichkeiten auch eines finanzstarken Bundeslandes übersteigen.

Es liegt in der Natur der Sache, daß Kernforschungsstätten in Planung und Forschungsvollzug aufeinander angewiesen sind. In Karlsruhe stehen die Arbeiten über Brutreaktoren mit dem Uran-Plutonium-Zyklus im Vordergrund; dabei handelt es sich vor allem um Prozesse mit schnellen Neutronen. In Jülich dagegen liegt der Schwerpunkt auf dem Thorium-Uran-Zyklus, wobei in erster Linie Prozesse mit thermischen Neutronen untersucht werden[14].

Als Beispiel der Finanzierung einer Großforschungsanlage sei ferner die Stiftung „Deutsches Elektronen-Synchroton (Desy)" in Hamburg genannt. Die selbständige, rechtsfähige Stiftung wurde durch Vertrag zwischen dem Bund und der Stadt Hamburg vom 18. 12. 1959 gegründet. Nach Art. 2 des Staatsvertrages wurden die Kosten für die Errichtung der Forschungsanlage zu 85 % vom Bund, zu 15 % von der Stadt Hamburg getragen. Art. 3 des Vertrages geht davon aus, daß die laufenden Kosten für den Betrieb der Anlage vom Bund und den Ländern zu je 50 % getragen werden. Dabei entfallen von dem Landesanteil 21 % als Interessenquote auf die Stadt Hamburg. Interessant für die rapide Entwicklung der Großforschung ist die 1959 noch einigermaßen stimmige Prämisse des Art. 3 Abs. 5 des Staatsvertrages, daß die Betriebskosten den Betrag von 10 Mill. DM im Jahr nicht übersteigen werden. 1965 rechnete die Kultusministerkonferenz bereits mit 30 Mill.

---

[14] Taschenbuch für Atomfragen, 1968, S. 15.

DM Betriebskosten. Diese Summe sollte die endgültige Kostengrenze darstellen. Doch schon für das Rechnungsjahr 1966 veranschlagte ein vom Wissenschaftlichen Rat des „Desy" gebilligter Haushaltsplan einen Zuschußbedarf von 37,5 Mill. DM. Ohne diese außerordentliche Steigerung der finanziellen Mittel hätte das Hamburger Großforschungsinstitut seine Forschungen auf dem Gebiet der Atomkerne und der Elementarteilchenphysik mittels eines Hochenergiebeschleunigers nicht durchführen können.

Eine Großforschungsanlage eigener Prägung ist auch das „Institut für Plasmaphysik GmbH" in München-Garching. Angrenzend an das Gelände der Reaktorstation der TH München nimmt der differenzierte Gebäudekomplex eine Fläche von 27 000 m² in Anspruch. Das Institut besteht aus 3 Experimentellen Abteilungen und je einer Abteilung für Technik und Theorie. Die Satzung des Instituts (vom 28. 6. 1960) erteilt den Auftrag, das Gebiet der Plasmaphysik zu erforschen. Es geht besonders um die Erforschung der „Voraussetzungen für die energieliefernde, gesteuerte thermonukleare Kernfusion"[15].

Hauptgesellschafter ist die Max-Planck-Gesellschaft; z. Z. werden Verhandlungen über einen neuen Status des Instituts geführt. Bis zum 31. 12. 1967 stand das Institut in vertraglichen Bindungen mit der Europäischen Atomgemeinschaft (Euratom); über die Verlängerung des Vertrages wird verhandelt. Der Bund und die Länder sind je zur Hälfte an den Kosten des Instituts beteiligt; im Bundeshaushaltsplan 1969 ist ein Betriebszuschuß in Höhe von 7 564 400 DM ausgewiesen, ferner Investitionen von rd. 10 Mill. DM.

Finanziell beteiligt ist der Bund auch an dem „Hahn-Meitner-Institut für Kernforschung (HMI)" in Berlin. Das im Jahre 1957 gegründete Institut ist eine unselbständige öffentlich-rechtliche Anstalt des Landes Berlin. Es widmet sich in enger Zusammenarbeit mit der Freien Universität und der Technischen Universität Berlin der Lehre und Forschung auf dem Gebiet der Kernwissenschaften und ihrer Grenzgebiete. Im „Sektor Mathematik" werden programmgesteuerte Rechenanlagen und Probleme der Automation erforscht.

Nach einer am 29. 10. 1962 abgeschlossenen Verwaltungsvereinbarung zwischen dem Bund und dem Senat von Berlin haben gem. § 1 der Verwaltungsvereinbarung in der Fassung vom 11. 4. und 31. 5. 1965 der Bund und die Stadt Berlin den Zuschußbedarf für die fortdauernden Ausgaben des Instituts je zur Hälfte aufzubringen. Im Haushaltsplan des Bundes von 1969 (Kap. 3103, Tit. 65250) ist ein Betriebszuschuß von 5 316 100 DM ausgewiesen; für Investitionen stehen 8 788 000 DM zur Verfügung.

---

[15] Bundeshaushaltsplan 1969, S. 2914.

Summarisch sei noch verwiesen auf die Leistungen des Bundes für:
die „Gesellschaft für Strahlenforschung mbH“ in München, der die Erforschung neuer Möglichkeiten der Anwendung von Radioisotopen ionisierender Strahlen in Medizin, Biologie und Naturwissenschaften obliegt (Bundeszuschuß 6,8 Mill. DM);

die „Gesellschaft für Kernenergieverwertung in Schiffbau und Schifffahrt mbH (GKSS)“ in Hamburg (Bundeszuschuß 10 Mill. DM);

die „Gesellschaft für Kernverfahrenstechnik mbH (GKT)“ in Jülich, deren einziger Gesellschafter der Bund ist. Zweck der Gesellschaft ist, Forschungen auf dem Gebiet der Isotopentrennung durchzuführen (Bundeszuschuß 5,8 Mill. DM).

Im ganzen ergibt sich das höchst eindrucksvolle Bild einer breiten, sehr intensiven Beteiligung des Bundes an den verschiedensten Einrichtungen und Projekten der Kernforschung.

2. Datenverarbeitung

Der elektronischen Datenverarbeitung kommt eine steigende Bedeutung zu. Datenverarbeitungs-Anlagen werden immer mehr für das Verkehrs- und Nachrichtenwesen sowie für die vollautomatische Steuerung ganzer Produktionsabläufe verwendet. Im Bundesbericht Forschung II[16] wird darauf hingewiesen, daß z. B. der Export von Maschinen und Anlagegütern schon in naher Zukunft davon abhängig gemacht werden wird, daß die dazugehörigen Datenverarbeitungs-Anlagen mitgeliefert werden können.

Ein unentbehrliches Hilfsmittel sind elektronische Datenverarbeitungs-Anlagen in der modernen naturwissenschaftlichen Forschung wie auch in den Geistes- und Sozialwissenschaften. Die Kernforschungsstätten z. B. kommen nur mittels moderner Datenverarbeitungs-Anlagen zu optimalen Leistungen. Ferner kann die elektronische Datenverarbeitung eine entscheidende Rolle bei der Erfüllung staatlicher Aufgaben spielen. Zum Beispiel gibt es in Dänemark bereits seit 1959 eine Datenverarbeitungszentrale, die auf Initiative des damaligen dänischen Finanzministers gemeinsam vom dänischen Staat, von Städten und kommunalen Verbänden gegründet ist. Sie hat die Aufgabe, für die gesamte dänische Verwaltung und Wirtschaft an einer zentralen Stelle ein integriertes Informationssystem zu schaffen.

In der Bundesrepublik gehört die elektronische Datenverarbeitung zu den Schwerpunktprogrammen der Deutschen Forschungsgemeinschaft. Über sie wird der Bereich der Datenverarbeitung auch vornehmlich vom

---

[16] Bundesbericht Forschung II, S. 151.

Bund gefördert. Die Deutsche Forschungsgemeinschaft begann 1953 mit der Ausstattung von Hochschulen und anderen Instituten mit elektronischen Rechenanlagen. Für den Spitzenbedarf wurde ein Großrechenzentrum, das Deutsche Rechenzentrum in Darmstadt, geschaffen, dessen apparative Ausstattung die Deutsche Forschungsgemeinschaft finanziert, während die Baukosten der Bund trug und die laufenden Kosten gem. des Königsteiner Abkommens verrechnet werden. Ein großer Teil der wissenschaftlichen Hochschulen wurde von der Deutschen Forschungsgemeinschaft mit elektronischen Digitalrechnern ausgestattet[17]. Inzwischen ist der Bedarf an Rechenanlagen weiter gestiegen[18]. Die Deutsche Forschungsgemeinschaft hat z. B. als neuen Schwerpunkt der Datenverarbeitung auch die Linguistik aufgenommen; auf diesem Gebiet ist in besonderer Weise die Zusammenarbeit verschiedener Disziplinen mit unterschiedlichen Methoden notwendig. Ferner hat sich herausgestellt, daß durch das Ansteigen des Bedarfs an elektronischen Rechenanlagen die Kapazität der Hochschulrechenzentren, die überwiegend mit Rechnern mittlerer Größe ausgestattet wurden, nicht mehr ausreicht. Da es kostenmäßig nicht möglich ist, die Hochschulrechenzentren in absehbarer Zeit mit Großrechenanlagen auszustatten (ein Großrechner kostet 10 bis 14 Millionen DM), ist von der Kommission für Rechenanlagen der Deutschen Forschungsgemeinschaft ein „Programm für die Errichtung von Großrechenzentren" entwickelt worden, das die Schaffung von sechs bis acht regionalen Rechenzentren mit einem Finanzaufwand von etwa 100 Millionen DM im Laufe von fünf Jahren (ab 1968) vorsieht. Diese regionalen Rechenzentren sollen in „Ballungszentren des Bedarfs"[19] installiert werden und damit dem erheblich gestiegenen Bedarf dienen. Dieses Programm der Deutschen Forschungsgemeinschaft wurde vom Verwaltungsausschuß von Bund und Ländern gem. Ziff. II des Verwaltungsabkommens vom 4. Juni 1964 grundsätzlich gebilligt. Für dieses Sonderprogramm sah der Bundeshaushaltsplan für 1968 7 Mill. DM vor. Der Ansatz wurde für das Haushaltsjahr 1969 auf 16 Mill. DM erhöht, mit der Ermächtigung, weitere Verpflichtungen bis zur Höhe von 24,5 Mill. DM für künftige Rechnungsjahre einzugehen.

Abgesehen von der Errichtung dieser regionalen Großrechenzentren sieht das Programm der Deutschen Forschungsgemeinschaft[20] die Neu-

---

17 Eine Aufstellung der von der Deutschen Forschungsgemeinschaft zur Verfügung gestellten elektronischen Digitalrechnern, Stand: 1. 7. 1967, findet sich in: Deutsche Forschungsgemeinschaft, Aufgaben und Finanzierung, S. 105, Übersicht 13.

18 Vgl. dazu Deutsche Forschungsgemeinschaft, Aufgaben und Finanzierung III, 1969—1971, S. 104 und S. 108.

19 Deutsche Forschungsgemeinschaft, Aufgaben und Finanzierung III, 1969 bis 1971, S. 108.

20 Deutsche Forschungsgemeinschaft, Aufgaben und Finanzierung III, 1969 bis 1971, S. 109.

ausstattung von Hochschulen, die ältere Geräte besitzen und die Erweiterung der apparativen Ausstattung des Deutschen Rechenzentrums in Darmstadt für die Jahre 1969, 1970 und 1971 vor; es setzt dafür einen Betrag von 19 Mill. DM an[21]. Diese Aufwendungen werden von der Deutschen Forschungsgemeinschaft aufgebracht werden müssen, deren allgemeiner Zuschußbedarf nach Ziff. II des Verwaltungsabkommens zwischen Bund und Ländern zur Förderung von Wissenschaft und Forschung vom 8. 2. 1968 von Bund und Ländern je zur Hälfte getragen wird.

Darüber hinaus stehen im Bundeshaushalt 1969, Einzelplan 3105 (Tit. 68301) dem Bundesminister für wissenschaftliche Forschung für die Förderung der Forschung und Entwicklung auf dem Gebiet der Datenverarbeitung für öffentliche Aufgaben 58 Mill. DM zur Verfügung. Wie dringlich diese Forschungsförderung auch unter politischem Aspekt beurteilt wird, geht aus einem Haushaltsvermerk hervor, der den Bundesminister für wissenschaftliche Forschung ermächtigt, im Einvernehmen mit dem Finanzminister „über den Haushaltsansatz hinaus weitere Verpflichtungen bis zur Höhe von 45 Mill. DM für künftige Rechnungsjahre“ einzugehen.

3. Weltraumforschung und Entwicklung von Raumfahrzeugträgern; Meeresforschung

Diese Bereiche der Großforschung sind von der Natur der Sache und dem Stand der internationalen Forschung her auf übernationale Zusammenarbeit angelegt. Dies gilt vor allem für die Weltraumforschung und die Entwicklung von Raumfahrzeugträgern. Im mittelfristigen Programm zur Förderung der Weltraumforschung (S. 2) werden als ausschlaggebende Gründe für die Notwendigkeit internationaler Zusammenarbeit auf dem Gebiet der Weltraumforschung angegeben: Die Aufwendigkeit größerer Weltraumprojekte, das durch die geographische Lage bedingte Fehlen eigener geeigneter Startmöglichkeiten in der Bundesrepublik, der aus politischen und finanziellen Erwägungen bedingte Verzicht auf die Entwicklung eigener Trägerraketen, die auf nationaler Basis unzureichende Forschungs- und Entwicklungskapazität, die Notwendigkeit, alle technischen Erfahrungen der Raumflugtechnik zu nutzen, das Fehlen eines weltweiten Netzes von Bodenstationen und der fast durchweg internationale Charakter von Nutzsatellitensystemen.

Das nationale Programm der Bundesrepublik bevorzugt deshalb in der extraterrestrischen Forschung im wesentlichen die Grundlagen-

---

[21] Vgl. dazu die Kalkulation des Finanzbedarfs für die Jahre 1969—1971, in: Deutsche Forschungsgemeinschaft, Aufgaben und Finanzierung III, 1969 bis 1971, S. 115.

forschung, aber auch bestimmte wissenschaftliche Experimente für Forschungssatelliten, Höhenforschungsraketen und Raumsonden sind mit den wissenschaftlichen und finanziellen Mitteln der Bundesrepublik möglich. In der Raumflugtechnik werden innerhalb der Bundesrepublik Systemstudien über Träger- und Raumflugsysteme und technologische Studien und Komponentenentwicklungen auf dem Gebiet der Elektronik, der Antriebe und Energieversorgung und der Werkstoffe betrieben.

Das Bundesministerium für wissenschaftliche Forschung wird bei der Förderung der Weltraumforschung mit den Teilgebieten Weltraumkunde, Raumflugforschung und Raumflugtechnik von der Gesellschaft für Weltraumforschung mbH unterstützt. Diese Gesellschaft bereitet nach Richtlinien des Ministeriums Forschungs-, Entwicklungs-, Fertigungs- und Zuwendungsverträge mit Industriefirmen vor und wickelt sie auch ab. Im Entwurf des Bundeshaushalts für das Rechnungsjahr 1969 sind als Zuschuß zur Unterhaltung der Gesellschaft für Weltraumforschung 8 355 000 DM vorgesehen (Einzelplan 3104—685).

Auf dem Gebiet der Raumflugforschung wird insbesondere die „Deutsche Forschungs- und Versuchsanstalt für Luft- und Raumfahrt e.V." in Bonn tätig. Zu dieser Gesellschaft haben sich im Juli 1968 drei bisher eigenständige Versuchs- und Forschungsanstalten zusammengeschlossen. Der Bund deckt überwiegend den Finanzbedarf (rd. 40 Mill. DM), aber auch die Länder, deren Interessen berührt sind, leisten Zuschüsse. Mehr Mittel erforderten insbesondere der Betrieb des deutschen Bodenstationssystems und das deutsche Satelliten-Kontrollzentrum.

Die Forschungsinteressen des Bundes im Bereich der Weltraumforschung und der Luftfahrtforschung haben noch in folgenden Positionen des Haushalts 1969 ihren Niederschlag gefunden:

Förderung von Studien auf den Gebieten der Raumflugforschung und -technologie sowie von Vorarbeiten für Träger- und Raumflugsystemen	12,5 Mill. DM;
Förderung der Raumflugtechnologie auf den Gebieten der Elektronik und Ausrüstung	15,0 Mill. DM;
Förderung der Raumflugtechnologie auf den Gebieten der Antriebs- und Energieversorgungssysteme	10,0 Mill. DM;
Förderung der Raumflugtechnologie auf den Gebieten der Werkstoffe und Bauweisen	4,0 Mill. DM.

Auch die Meeresforschung hat in den letzten Jahren den Charakter und den Umfang einer Großforschungsrichtung gewonnen, besonders in den USA. Es geht dabei außer um die marine Technologie vor allem um Forschungsprogramme, die die Gewinnung zusätzlicher Nahrungsmittel und Rohstoffe aus dem Meer oder dem Meeresboden zum Ziel haben. Welche Bedeutung man in den Industriestaaten der Meeresforschung zumißt, beweist das finanzielle Volumen zur Förderung dieser Richtung der Großforschung: die USA bringen dafür jährlich ca. 200 Mill. Dollar auf; Frankreich stellt 100 Mill. Francs, Großbritannien 12 Millionen Pfund zur Verfügung. In der Bundesrepublik werden z. Z. von den Ländern, der Deutschen Forschungsgemeinschaft und einigen Bundesressorts insgesamt 28 Mill. DM jährlich für die Meeresforschung ausgegeben. Im Jahre 1969 konnte der Bundesminister für wissenschaftliche Forschung über 6,2 Mill. DM mit der Möglichkeit des Vorgriffs für weitere 3 Mill. DM verfügen.

III. Internationale Zusammenarbeit in der Großforschung

Der Bund ist Mitglied oder Partner fast aller bedeutsamen Organisationen, die sich — im Weltmaßstab — die Förderung der modernen Naturwissenschaften und der Technik angelegen sein lassen, zugleich mit dem Ziel, die Forschungsergebnisse auch für einen höheren Lebensstandard der Menschen und eine bessere politische Ordnung zwischen den Völkern zu nutzen. Zur Verdeutlichung dessen mag der folgende Sachbericht dienen, der auf den Grad der internationalen Integration der Forschung hinweisen soll.

Im internationalen Bereich hat die Beteiligung der Bundesrepublik an Organisationen und Projekten der Atomforschung ein besonderes Gewicht, z. B. an der „Internationalen Atomenergieorganisation (IAEO)"; der „Europäischen Atomgemeinschaft (Euratom)", der „Europäischen Organisation für Kernforschung (CERN)". Aber auch an der Weltraumforschung nimmt die Bundesrepublik mit steigenden Leistungen teil.

Die Internationale Atomenergie-Organisation in Wien (IAEO) hat zur Rechtsgrundlage die Satzung vom 26. 10. 1956, die am 29. 7. 1957 für die Bundesrepublik in Kraft getreten ist. Der Organisation gehören 98 Staaten an; in der Generalkonferenz ist jeder Mitgliedstaat durch einen Delegierten vertreten. „Ziel der Organisation ist es, in der ganzen Welt den Beitrag der Atomenergie zum Frieden, zur Gesundheit und zum Wohlstand zu beschleunigen und zu steigern. In der Praxis sind die drei folgenden Schwerpunkte entstanden: 1. Förderung von Kernforschung, Atomtechnik und Atomwirtschaft einschließlich der entsprechenden rechtlichen und verwaltungsmäßigen Schutzmaßnahmen; 2 Hilfe für Entwicklungsländer und 3. Sicherungskontrolle zur Verhütung militärischer Verwendung von Atomenergie[22]."

[22] Taschenbuch für Atomfragen 1968, S. 424.

Die IAEO verfügte von 1958 bis 1966 über 86 Mill. Dollar; der Großteil der Mittel ist Entwicklungsländern zugutegekommen. Das Regular-Budget für 1969 betrug rd. 10 Mill. Dollar, dem General-Fond standen 2 Mill. Dollar zur Verfügung. Für den Anteil der Bundesrepublik von 6,37 % wurden 1969 3 667 200 DM im Einzelplan 31 ausgebracht (Kap. 03, Tit. 68605).

In der 1957 gegründeten Organisation der „Europäischen Atomgemeinschaft (Euratom)" durchdringen sich wissenschaftliche Forschung und Politik in besonderer Weise. Euratom besteht aus den 6 Mitgliedern der Europäischen Wirtschaftsgemeinschaft (EWG) und ist mit deren politischen und ökonomischen Interessen eng verbunden. Mit Vertrag vom 8. 4. 1965 haben alle drei Europäischen Gemeinschaften (EWG, Euratom und EGKS = Europäische Gemeinschaft für Kohle und Stahl) einen gemeinsamen Rat und eine gemeinsame Kommission eingesetzt. Das Europäische Parlament ist schon seit 1958 für die drei Europäischen Gemeinschaften zuständig.

Der Vertrag vom 8. 4. 1965, in Kraft seit dem 1. 7. 1967, hat unter forschungspolitischem Aspekt zum Ziel, die nukleare Forschung und Praxis in die EWG einzuordnen und die atomaren Interessen der Mitgliedstaaten auszugleichen.

Die neue politische Organisation der Europäischen Gemeinschaften und deren Tendenzen hatten vornehmlich infolge der restriktiven Politik Frankreichs in der EWG die Folge, daß langfristige Forschungsprogramme der Europäischen Atomgemeinschaft in den Rückstand gerieten. Die Integration der drei Gemeinschaften wird aber auch dazu führen, daß Sonderstatus und bestimmte Vorrechte der Euratom abgebaut werden. Die politischen Instanzen sind sich aber darüber im klaren, daß die Lösung der Forschungsaufgaben der Euratom besonders für die EWG von größter Bedeutung ist.

Die Forschungsprogramme der Euratom schlagen zwei Wege ein. In eigenen Einrichtungen (z. B. gemeinsame Kernforschungsstelle mit Beteiligung an der Entwicklung zahlreicher Reaktoren) wird Forschung betrieben, zum anderen aber durch Forschungsaufträge (jährlich mehr als 100!) an eigenständige Forschungsinstitute und Universitäten die Atomforschung gefördert. Das Leitmotiv dieser Forschungen ist die industrielle Anwendung der Atomenergie.

Euratom verfügte 1967 über einen Haushalt von 134 Mill. Rechnungseinheiten (RE = 4 DM). Der 30 %ige deutsche Beitrag betrug 38,5 Mill. RE (= 154 Mill. DM). Per 31. 10. 1967 sind im Forschungs- und Investitionshaushalt 2 695 Personalstellen, im Verwaltungshaushalt 767 Stellen ausgebracht.

Die „Europäische Organisation für Kernforschung (CERN)" in Genf wurde durch die internationale Konvention vom 1. 7. 1953 gegründet; sie ist am 29. 9. 1954 in Kraft getreten. Ihr gehören 12 Staaten an. Die Organisation bietet der Atomforschung besondere apparative Möglichkeiten. CERN verfügt über ein 600-MeV-Synchrozykloton (seit 1957 in Betrieb; Kostenaufwand 5,58 Mill. Dollar), ferner über ein 28-GeV-Protonen-Synchroton (PS) (seit 1959 in Betrieb; Kostenaufwand 27,9 Mill. Dollar). Sogenannte Speicherringe sind (bis 1971) im Bau; sie sollen eine Energie von 1 700 GeV liefern, die Kosten wurden 1965 mit 330 Mill. sfr veranschlagt. Diese außerordentliche apparative und technische Ausstattung soll der Grundlagenforschung auf dem Gebiet der Elementarteilchen der Materie der Hochenergiephysik neue Möglichkeiten geben. Die Bundesrepublik und Frankreich haben zusammen mit CERN 1967 einen Vertrag geschlossen, der die Errichtung einer 20-cbm-Wasserstoffblasenkammer vorsieht (die Baukosten wurden 1966 mit 84 Mill. sfr. errechnet). Aber noch weit größere Forschungseinrichtungen stehen zur Debatte. Das „European Committee for Future Accelerators (ECFA)" hat, von 60 europäischen Hochenergie-Physikern beraten, den Bau eines 300-GeV-Protonen-Synchrotons empfohlen. Das Riesengerät, dessen Kostenvoranschlag 1967 1,6 Mrd. DM betrug, benötigt eine Bauzeit von 8 Jahren. Es wird für Betriebsmittel und 5 000 Bedienstete einen jährlichen Kostenaufwand von 300—400 Mill. DM erfordern. Angesichts solcher gigantischer Projekte wissenschaftlicher Forschung erhält der Leitgedanke des Bundes-Forschungsberichts I, unsere Zeit werde durch wissenschaftlich-technische Entwicklungen geprägt, einen hohen Grad von Realitätsbezug.

Die gegenwärtigen Forschungsprogramme der Europäischen Organisation für Kernforschung werden nach Richtlinien des „Rates", des obersten Organs der CERN, gestaltet; der Rat verabschiedet auch den Haushalt und entscheidet über den Stellenplan. Ein Generaldirektor ist das oberste Vollzugsorgan der Organisation.

Der deutsche Anteil an dem Grund- und Ergänzungsprogramm einschließlich der vorbereitenden Studien für das obengenannte Großgerät (die Vorstudien erforderten von 1966—1968 15,5 Mill. sfr) betrug im Haushaltsplan 1969 69 111 600 DM (E.-Pl. 3103, Tit. 68601).

In der Reihe der großen übernationalen Kernforschungsorganisationen spielen ferner die „Europäische Kernenergie-Agentur der OECD (ENEA)" und die „Europäische Atomenergie-Gesellschaft (EAES)" eine nicht unbedeutende Rolle.

Bei der Darstellung des Standes der Weltraumforschung, wie sie von deutschen Institutionen getragen wird, war schon der Hinweis geboten, daß die Großforschung dieser Richtung wie keine andere auf internationale Zusammenarbeit angewiesen sei. Die oben[23] aufgeführten Haushaltsmittel spielen auch für die internationale Zusammenarbeit in der Weltraumforschung eine erhebliche Rolle.

Die Bundesrepublik ist zusammen mit 9 anderen europäischen Staaten Mitglied der „Europäischen Weltraumorganisation (ESRO)". Die Organisation wurde am 14. 6. 1962 gegründet; mit Bundesgesetz vom 23. 12. 1963[24] hat die Bundesrepublik zugestimmt. Die ESRO hat die Aufgabe, die Zusammenarbeit der europäischen Staaten auf dem Gebiet der Weltraumforschung und -technik zu fördern. Es geht vor allem darum, die sehr kostspieligen Forschungsprogramme und Techniken miteinander abzustimmen. Die Beitragsleistungen der Mitgliedstaaten wurden für die Jahre 1969—1971 auf 688 Mill. DM festgesetzt. Im E-Plan 3104 (Tit. 68601) wurden für 1969 51 646 000 DM bereitgestellt.

Die Zusammenarbeit Europas mit den Vereinigten Staaten in der Weltraumforschung soll erweitert werden. In Aussicht genommen ist insbesondere die Erforschung des interplanetarischen Raumes und der Sonne. Zusammen mit der amerikanischen Weltraumbehörde NASA soll die „Sonnensonde 1" entwickelt werden. Ihr wissenschaftliches Ziel ist „die Erforschung des solaren Plasmas und der interplanetarischen Materie bis zu einer Annäherung an die Sonne auf wenigstens 45 Mill. km"[25]. An diesem Forschungsprojekt wird sich die Bundesrepblik mit 175 Mill. DM beteiligen.

Außerordentlich engagiert hat sich die Bundesrepublik auch in der Erforschung und Entwicklung von Raumfahrzeugen. Im Jahre 1968 wurden dafür 102,6 Mill. DM, 1969 91,1 Mill. DM aufgebracht[26]. Diese enormen Mittel wurden der „Europäischen Organisation für die Entwicklung und den Bau von Raumfahrzeugträgern" zur Verfügung gestellt. Die Bundesregierung ist Mitglied dieser Organisation auf der Basis eines Übereinkommens zwischen zehn europäischen Staaten vom 29. 3. 1962[27].

Bedeutsam ist ferner die internationale Zusammenarbeit auf dem Gebiet der Fernmeldesatellitentechnik. Am 20. August 1964 wurden in Washington zwei Übereinkommen zur „vorläufigen Regelung für ein weltweites kommerzielles Satelliten-Fernmeldesystem" geschlossen, die bisher außer der Bundesrepublik Deutschland noch 60 Staaten unterzeichnet haben[28]. Die europäischen Partner der Washingtoner Übereinkommen haben sich zu einer „vorläufigen Organisation für

---

[23] S. 29.
[24] BGBl. II, S. 785.
[25] Bundeshaushaltsplan 1969, Erläuterungen S. 2953.
[26] Bundeshaushaltsplan 1969, Kap. 3104, Tit. 686 05.
[27] Zustimmendes Bundesgesetz vom 23. 12. 1963, BGBl. II, S. 783.
[28] Vgl. die Bekanntmachung BGBl. II 1965, S. 1498.

Fernmeldeverbindungen mittels Satelliten (CETS)" zusammengeschlossen. Ziel der CETS ist es, zunächst nach einem nationalen, von jedem Mitgliedstaat selbst finanzierten, später nach einem gemeinsamen europäischen Programm die technischen Voraussetzungen dafür zu schaffen, daß die Industrien dieser Länder durch Lieferung von Bauteilen oder vollständigen Satelliten-Ausrüstungen zu der Errichtung des Fernmeldesatelliten-Systems beitragen können, was wiederum als Paradigma enger Verknüpfung moderner Großforschung mit ökonomischen Interessen gelten kann.

Die vorstehende Skizze mag einen Eindruck von Umfang und Methoden der weltweiten Aufgaben und Probleme moderner Forschung geben. Sie zeigt zudem den außerordentlichen Anstieg des Finanzaufwandes, der zu neuen Relationen zwischen Wissenschaft und Forschung einerseits, Wirtschaft und Politik andererseits führt. Vor allem soll der Bericht über die Betätigungsbereiche der Bundesrepublik in der Forschung den Blick auf einen für die vorliegende Arbeit ungemein wichtigen Aspekt richten: Die Notwendigkeit, die allgemeine Wissenschaftsförderung so zu gestalten, daß eine adäquate Beteiligung der Bundesrepublik an sozial und politisch bedeutungsvollen Forschungsprojekten weiter möglich wird. Wie das rechtliche Ordnungsgefüge aussieht bzw. aussehen sollte, das als Grundlage für eine effektive Wissenschaftsförderung geeignet erscheint, ist im folgenden zu untersuchen.

TEIL II

Die verfassungsrechtliche Situation in der Wissenschaftsförderung bis zur Verabschiedung des Finanzreformgesetzes vom 12. Mai 1969 und des zweiundzwanzigsten Gesetzes zur Änderung des Grundgesetzes vom 12. Mai 1969

Erstes Kapitel

Die Gesetzgebungskompetenzen im Bereich von Wissenschaft und Forschung

Der Bereich von Wissenschaft und Forschung innerhalb der wissenschaftlichen Hochschulen sowie in den Forschungseinrichtungen außerhalb der Hochschulen gehört nach der Zuständigkeitsverteilung des Grundgesetzes grundsätzlich zur Zuständigkeit der Länder. Er steht den Ländern kraft eigenen, nicht vom Bund abgeleiteten Rechts zu[1]. Gem. Art. 30 GG ist die Ausübung der staatlichen Befugnisse und die Erfüllung der staatlichen Aufgaben Sache der Länder, „soweit dieses Grundgesetz keine andere Regelung trifft oder zuläßt". Eine „andere Regelung"

---

1 BVerfGE vom 23.10.1951, Bd. 1, S. 14 (34): „Die Länder sind als Glieder des Bundes Staaten mit eigener — wenn auch gegenständlich beschränkter — nicht vom Bund abgeleiteter, sondern von ihm anerkannter staatlicher Hoheitsmacht"; BVerfGE vom 28.2.1961, BVerfGE Bd. 12, S. 205 (255); BVerwGE vom 5.11.1965, Bd. 22, S. 299 (306); *Anschütz*, Das System der rechtlichen Beziehungen zwischen Reich und Ländern, S. 295; *Haenel*, Studien zum Deutschen Staatsrecht, Bd. I, S. 65; *Jellinek*, Allg. Staatslehre, S. 488 und S. 749; *Nawiasky*, Der Bundesstaat als Rechtsbegriff, S. 239; *Walter Schmidt*, Das Verhältnis von Bund und Ländern im demokratischen Bundesstaat des Grundgesetzes, AöR Bd. 87, S. 258; *Maunz*, Deutsches Staatsrecht, S. 188; *Scheuner*, Struktur und Aufgabe des Bundesstaats in der Gegenwart, S. 644; *Füßlein*, Der überregionale Verwaltungsakt, S. 35; *Zinn*, Der Bund und die Länder, AöR 75, S. 291 (296); *Herzog*, Bundes- und Landesstaatsgewalt im demokratischen Bundesstaat; *Pfeiffer*, Selbstkoordinierung und Gemeinschaftseinrichtungen der Länder, NJW 1962, S. 565; *Schäfer*, Wie steht es um unsere bundesstaatliche Ordnung, NJW 1961, S. 1281 (1284); *Maunz* in Maunz-Dürig, Art. 30, Rdnr. 9; *Hamann*, Das Grundgesetz, Art. 30, B 2; *Dennewitz* in BK, Art. 30, II, 1; a. A. *Haegert*, Organe der Länder auf Bundesebene?, NJW 1961, S. 1137; *Werner Weber*, Spannungen und Kräfte im westdeutschen Verfassungssystem, S. 17.

traf das Grundgesetz bis zu den Änderungen des Grundgesetzes am 12. Mai 1969 nur für bestimmte Ausschnitte des kulturellen Bereichs: Der Bund hat gem. Art. 73 Ziff. 9 GG die ausschließliche Gesetzgebungskompetenz auf dem Gebiet des gewerblichen Rechtsschutzes und des Urheber- und Verlagsrechts. Die konkurrierende Gesetzgebung steht ihm gem. Art. 74 Ziff. 11 a auf dem Gebiet der Kernenergie zu. Ferner kann der Bund gem. Art. 75 Ziff. 2 GG Rahmenvorschriften über die allgemeinen Rechtsverhältnisse der Presse und des Films erlassen. Für die Zuständigkeiten im kulturellen Bereich kann außerdem Art. 74 Ziff. 11 GG von Bedeutung sein, der dem Bund die konkurrierende Gesetzgebung für das Recht der Wirtschaft (Bergbau, Industrie, Energiewirtschaft, Handwerk, Gewerbe, Handel, Bank und Börsenwesen, privatrechtliches Versicherungswesen) zuerkennt. Die umstrittendste und problematischste Gesetzgebungskompetenz des Bundes im kulturellen Sektor ist Art. 74 Ziff. 13 GG: der Bund hat die konkurrierende Gesetzgebungszuständigkeit für die *Förderung* der wissenschaftlichen Forschung, also nicht für die wissenschaftliche Forschung schlechthin. Art. 74 Ziff. 13 GG ist für den Bereich von Wissenschaft und Forschung von besonderer Erheblichkeit, weil Stand und Entwicklung der wissenschaftlichen Forschung im Gesamtstaat entscheidend durch das Ausmaß staatlicher Förderung beeinflußt werden. Da Art. 74 Ziff. 13 GG — abgesehen von der Einfügung einer konkurrierenden Kompetenz für die Regelung der Ausbildungsbeihilfen — durch die Änderungen des Grundgesetzes vom 12. Mai 1969 unverändert geblieben ist, ist seine Bedeutung auch heute noch deshalb besonders groß, weil seine recht umfassende Formulierung: Förderung der wissenschaftlichen Forschung, die Frage aufwirft, inwieweit die nunmehr durch Art. 91 a Abs. 1 Ziff. 1 und Art. 91 b neu geschaffenen Bundeskompetenzen im Bereich von Wissenschaft und Forschung nicht bereits von Art. 74 Ziff. 13 GG ohnehin umfaßt werden. Inhalt und Umfang der Zuständigkeit des Bundes gem. Art. 74 Ziff. 13 GG sind daher näher zu bestimmen.

Für die Fassung von Art. 74 Ziff. 13 GG „die Förderung der wissenschaftlichen Forschung" war ein im Parlamentarischen Rat vom Vorsitzenden Dr. Schmid verlesener Brief der Professoren Heisenberg, Regener, Reich und Zenneck vom 15. 12. 1948 von besonderem Einfluß. In diesem Brief, den eine ungemein klare Voraussicht kommender Entwicklungen charakterisiert, heißt es:[2]: „Mit Interesse und Befriedigung haben die Unterzeichneten gehört, daß in der Verfassung eines kommenden Deutschen Bundes die Freiheit der Forschung rechtlich verankert werden soll. In diesem Zusammenhang glauben die Unter-

---

[2] Parlamentarischer Rat, Verhandlungen des Hauptausschusses, Bonn 1948/49, Sten. Ber., S. 362.

zeichneten, noch auf einige wichtige Gesichtspunkte hinweisen zu sollen. — Die Entwicklung der wissenschaftlichen Forschung ist heute mehr denn je eine Existenzfrage des deutschen Volkes in seiner Gesamtheit. Der Wiederaufbau der Wirtschaft, Probleme der Technik, der Medizin, der Ernährung führen an unzähligen Stellen auf wissenschaftliche Fragestellungen.

Die Freiheit und die freie Entfaltung der Forschung werden nur möglich sein, wenn die Forschung sich wie bisher wirtschaftlich und politisch unabhängig über alle Ländergrenzen hinweg entwickeln kann. Wegen der unlösbaren Verkettung vieler Forschungsaufgaben mit den wirtschaftlichen Fragestellungen kann alle Gesetzgebung, die sich auf die wissenschaftliche Forschung bezieht — im Gegensatz zu den Problemen von Erziehung und Kultur — notwendigerweise nur Sache des Bundes sein. Das einzelne Land kann die Finanzierung und die Verantwortung für die seit vielen Jahrzehnten über die Ländergrenzen hinweg verwobene deutsche wissenschaftliche Forschung nicht tragen. Man muß mit Beängstigung sehen, wohin bereits in den letzten Jahren der Versuch solcher Handhabung dieses lebensnotwendigen Gebiets geführt hat. Die Forschung als Lebensgrundlage aller modernen Gemeinwesen verlangt vielmehr unmittelbar Anschluß an das Gebiet der Wirtschaft und in mancherlei Hinsicht auch das der Außenpolitik, die beide Bundesangelegenheiten sein werden.

Die Unterzeichneten bitten, das angeschnittene Problem mit dem einer Existenzfrage zukommenden Ernst zu erörtern."

In den Beratungen des Parlamentarischen Rats herrschte Übereinstimmung, daß „bei der heutigen Sachlage die Förderung der wissenschaftlichen Forschung nicht mehr Landessache allein" sein könne[3]. Strittig war lediglich, ob in die Formulierung des Art. 74 Ziff. 13 GG[4] die Zuständigkeit des Bundes für die Organisation *und* die Förderung der wissenschaftlichen Forschung oder nur für die Förderung der wissenschaftlichen Forschung aufgenommen werden sollte. Abgeordneter Wagner hatte für die SPD beantragt, als Ziff. 13 folgenden Text zu beschließen: „die Organisation und die Förderung der wissenschaftlichen Forschung[5]." Wagner führte aus: „Wir glauben, daß es in Zukunft für die einzelnen Länder ganz unmöglich sein wird, den Ansprüchen zu genügen, die auf diesem Gebiet auftreten werden, und daß nur der Bund in der Lage sein wird, diese Frage erfolgreich anzupacken und zu lösen[6]." Daß die Zuständigkeit des Bundes sich auch auf die über die

---

[3] Abg. Dr. *Laforet*, Sten. Ber., S. 363.
[4] Damals Art. 36 Ziff. 13.
[5] Sten. Ber., S. 361.
[6] Sten. Ber., S. 361.

Ländergrenzen hinausgehende organisatorische Aufgabe der Forschungsförderung erstrecken sollte, wurde von allen Abgeordneten grundsätzlich bejaht. Die besonders vom Abgeordneten Höpker-Aschoff (FDP) aufgeworfene Frage, ob dem Bund das Recht gegeben werden solle, Bundesinstitute und Bundesuniversitäten zu schaffen, wurde nicht zu Ende diskutiert. Man einigte sich vielmehr auf die Formulierung: „Die Förderung der wissenschaftlichen Forschung" und stellte vor der Abstimmung das Einverständnis darüber fest, daß „Förderung der wissenschaftlichen Forschung ... auch darin liegen (kann), daß man für diese Forschung bestimmte Organisationen schafft"[7].

Nach den Beratungen des Parlamentarischen Rats ergibt sich für die Auslegung von Art. 74 Ziff. 13 GG: der Bund hat — soweit ihm nicht besondere Zuständigkeiten zustehen — nicht das Recht, Forschung selbst zu betreiben[8], er kann jedoch die wissenschaftliche Forschung sowohl finanziell als auch durch organisatorische Maßnahmen fördern[9].

Kipps Ansicht[10], in den Debatten des Parlamentarischen Rates sei offen geblieben, ob der Bund für die Forschung bestimmte Organisationen schaffen dürfe, ist nur insoweit zutreffend, als im Parlamentarischen Rat die Erörterung darüber abgebrochen wurde, ob der Bund Bundesinstitute und Bundesuniversitäten unterhalten dürfe. Dagegen wurde, wie oben ausgeführt, ausdrücklich bei der Abstimmung festgestellt, daß zur *Förderung* der Forschung vom Bund bestimmte Organisationen geschaffen werden können[11]. Unhaltbar ist Kipps Feststellung[12], der

---

7 Vors. Dr. *Schmid*, Sten. Ber., S. 403.

8 Einer solchen Auslegung steht — abgesehen von den Diskussionsbeiträgen im Parlamentarischen Rat — bereits die Formulierung „Förderung" der wissenschaftlichen Forschung entgegen, vgl. dazu *Maunz* in Maunz-Dürig, Grundgesetz, Art. 74, Rdnr. 85.

9 Vgl. *Herrfahrdt* in Bk, II, 2 zu Art. 74, Ziff. 13: Förderung der wissenschaftlichen Forschung, nicht nur durch Geld, sondern auch durch Schaffung der nötigen Organisationen; *Klein*, in Mangoldt-Klein, Anm. XXVI, 2 b zu Art. 74: „Der Begriff ‚Förderung' umfaßt sowohl finanzielle als auch organisatorische Maßnahmen"; *Hamann*, Das Grundgesetz, B 24: „Förderung umfaßt finanzielle Beihilfen wie auch organisatorische Maßnahmen ..."; *Giese-Schunck*, GG, Erl. II 13 zu Art. 74: „organisatorisch und finanziell"; *Nawiasky-Lechner*, Kommentar, Ergänzungsband, S. 72: „insoweit ist dem Bund eine Kompetenz kulturpolitischer Art verliehen, wobei namentlich organisatorische Vorschriften in Frage kommen"; *Seifert-Geeb*, Bundesrecht, Erl. zu Art. 74 Nr. 13, I A 10, S. 145: „Diese Bestimmung gibt dem Bund nicht nur eine Gesetzgebungszuständigkeit und räumt ihm nicht nur die Möglichkeit ein, finanzielle Mittel bereitzustellen, sondern berechtigt ihn auch zur Schaffung der für diese Forschung bestimmten Organisationen"; *Maunz* in Maunz-Dürig, Rdnr. 84 zu Art. 74: „Förderung kann sowohl in finanziellen wie organisatorischen oder planerischen Maßnahmen bestehen."

10 *Kipp*, DÖV 1956, S. 555 (559/60).

11 Zum gleichen Ergebnis kommt Kipp, S. 563. indem er grundsätzlich eine Zuständigkeit des Bundes für überregionale Forschungsaufgaben annimmt.

12 *Kipp*, a.a.O., S. 563.

Bund könne gestützt auf Art. 74 Ziff. 13 GG auch die wissenschaftliche Lehre finanziell fördern, ja, er müsse es gegebenenfalls sogar. Für eine derartige Auslegung von Art. 74 Ziff. 13 GG gibt es keinen Anhaltspunkt. Abzulehnen ist ferner die Auffassung Köttgens[13], bei der Formulierung des Art. 74 Ziff. 13 GG sei primär an Verwaltungs- und Wirtschaftsinteressen gedacht; „Forschung" sei „zumindest nicht nur im Sinne von Art. 5 GG zu verstehen". Der Wortlaut von Art. 74 Ziff. 13 GG wie auch die Beratungen im Parlamentarischen Rat geben keinen Anlaß anzunehmen, die Förderung der Forschung durch den Bund solle vorrangig Verwaltungs- und Wirtschaftsinteressen dienen.

Die vorliegende Untersuchung befaßt sich vornehmlich mit der allgemeinen staatlichen Wissenschaftsförderung, d. h. mit der Förderung der wissenschaftlichen Forschung, die in den wissenschaftlichen Hochschulen erfolgt. Hier ergibt sich eine Frage, die auf folgender Überlegung beruht: Gem. Art. 30 GG ist die Ausübung der staatlichen Aufgaben Sache der Länder, soweit das Grundgesetz keine andere Regelung trifft oder zuläßt. Das Grundgesetz trifft hinsichtlich der wissenschaftlichen Forschung eine besondere Regelung nur in Art. 74 Ziff. 13 GG, d. h. die Förderung der wissenschaftlichen Forschung untersteht der konkurrierenden Gesetzgebungskompetenz des Bundes, woraus zu schließen wäre, daß die Gesetzgebungskompetenz für den Bereich der Forschung, d. h. für die Ausübung, das Betreiben der Forschung zur ausschließlichen Kompetenz der Länder gehört. Da aber die Länder als solche nicht selbst Forschung betreiben können, sondern durch die Unterhaltung der Landesuniversitäten die Ausübung der Forschung in den Universitätsinstituten ermöglichen, könnte man zu der Folgerung kommen, die Länder seien nicht für die Ausübung, sondern für die Förderung der Forschung zuständig. Daraus ergäbe sich zwangsläufig, daß die Kompetenz der Länder für den Bereich der Forschung nicht eine ausschließliche, sondern eine konkurrierende sei, da die Förderung der wissenschaftlichen Forschung ausdrücklich im Katalog der konkurrierenden Gesetzgebungskompetenzen des Bundes benannt ist.

Eine derartige Folgerung wäre jedoch ein Fehlschluß. Es liegt zwar auf der Hand, daß faktisch die unmittelbare Forschung in den wissenschaftlichen Hochschulen nicht von den Bundesländern, auch nicht von den wissenschaftlichen Hochschulen, sondern allein durch Forscher oder Forschergruppen betrieben wird. Dennoch umfaßt die Kompetenz der Bundesländer nicht nur die „Förderung der wissenschaftlichen Forschung", wie es in Art. 74 Ziff. 13 GG formuliert ist, sondern die Forschung als solche. Diese Zuständigkeit der Länder für den Bereich der Forschung an den wissenschaftlichen Hochschulen ergibt sich aus

---

13 *Köttgen,* Freiheit der Wissenschaft und Selbstverwaltung der Universität in: Die Grundrechte, Bd. II, S. 316.

folgendem: Die wissenschaftlichen Hochschulen sind traditionsgemäß für die Forschung und Lehre verantwortlich, was in den neueren Hochschulgesetzen ausdrücklich gesetzlich normiert ist[14]. Sie haben entweder die Rechtsform von rechtsfähigen öffentlichen Anstalten, durch die ein öffentlich-rechtlicher Verwaltungskomplex erfüllt wird oder sie sind — was nach den neueren Hochschulgesetzen meistens der Fall ist — Körperschaften des öffentlichen Rechts, die öffentliche Verwaltung auf der Grundlage kooperativer Selbstverwaltung wahrnehmen, zur Erfüllung der ihnen obliegenden Aufgaben mit hoheitlichen Mitteln ausgestattet und der staatlichen Aufsicht unterstellt sind. Die wissenschaftlichen Hochschulen erfüllen daher Aufgaben der öffentlichen Hand, und zwar des jeweiligen Bundeslandes; sie unterstehen grundsätzlich der Regelungsbefugnis des Landes; ihre Beamten, Angestellten und Arbeiter stehen in einem öffentlich-rechtlichen Dienstverhältnis zu dem Bundesland, in dessen Gebiet sich die Hochschule befindet. Die Angehörigen des Lehrkörpers sind zwar in ihrer Eigenschaft als Mitglieder der Hochschulkorporation *als solche* staatlichen Weisungen nicht unterstellt, was sich aus dem in Art. 5 Abs. 3 GG gewährleisteten Grundrecht der Freiheit der Wissenschaft und Lehre ergibt. Daraus folgt aber nicht ein Ausschluß der Zuständigkeit der Länder im Bereich der Forschung; es wird vielmehr nur — soweit es um die Freiheit von Forschung und Lehre geht — ein weisungsfreier Raum geschaffen, der seine Grenzen an der Rechtsaufsicht des Landes findet. Da die Länder sowohl die rechtliche als auch die finanzielle Verantwortung für die wissenschaftlichen Hochschulen haben, unterstehen sie und damit auch ihr Aufgabenbereich: die Forschung und Lehre — in den Grenzen von Art. 5 Abs. 3 GG — der Zuständigkeit der Länder. Die Kompetenz der Länder bezieht sich daher nicht nur auf die Förderung der wissenschaftlichen Forschung, sondern auf die Forschung als solche. Die Richtigkeit dieser Deduktion ergibt sich im übrigen aus der Tatsache, daß in Art. 74 Ziff. 13 GG von der *Förderung der wissenschaftlichen Forschung* gesprochen wird. Hätte der Gesetzgeber eine konkurrierende Gesetzgebungskompetenz des Bundes für den Bereich der Forschung innerhalb der wissenschaftlichen Hochschulen begründen wollen, so hätte es nahegelegen, die Formulierung: „Förderung der wissenschaftlichen Forschung und Lehre" zu wählen, da traditionsgemäß Forschung und Lehre die speziellen — nach vorwiegender Auffassung[15] — untrennbaren Aufgaben der Hochschulen sind. Außerdem zeigen die Beratungen im Parlamentarischen Rat, daß die wissenschaftliche Forschung als solche, zumindest soweit sie an den wissenschaftlichen Hochschulen betrieben

---

[14] Vgl. z. B. § 2 Abs. I des Hess. Hochschulgesetzes v. 16. 5. 1966, GVBl., S. 121: „Die Hochschulen dienen der Forschung und Lehre."

[15] Vgl. Empfehlungen des Wissenschaftsrates zur Neuordnung des Studiums, S. 8/9.

wird, in der ausschließlichen Zuständigkeit der Länder bleiben sollte. Eine konkurrierende Gesetzgebungskompetenz des Bundes gem. Art. 74 Ziff. 13 GG besteht daher im Bereich der Forschung nicht für das Betreiben, das Ausüben von Forschung, sondern nur für die Förderung der Forschung.

Art. 74 Ziff. 13 GG untersteht als Bereich der konkurrierenden Gesetzgebung den Voraussetzungen des Art. 72 Abs. 2 GG, d. h. der Bund hat ein Gesetzgebungsrecht nur insoweit, als ein Bedürfnis nach bundesgesetzlicher Regelung gem. Art. 72 Abs. 2 Ziff. 2 GG anzunehmen ist. Daß auf kulturellem Gebiet ein Landesgesetz die Interessen anderer Länder oder der Gesamtheit beeinträchtigen könnte, ist praktisch ausgeschlossen.

In Frage könnte jedoch Art. 72 Abs. 2 Ziff. 1 GG kommen, d. h. ein Bedürfnis nach bundesgesetzlicher Regelung könnte bejaht werden, weil bestimmte Bereiche der Forschung „durch die Gesetzgebung einzelner Länder nicht wirksam geregelt werden" können. Mit der Formulierung „wirksam geregelt" ist nicht die rechtliche Wirksamkeit gemeint, da bei Bereichen der konkurrierenden Gesetzgebung grundsätzlich vorausgesetzt wird, daß sie durch Landesgesetz rechtswirksam zu regeln sind. „Wirksam" i. S. von Art. 72 Abs. 2 Ziff. 2 GG heißt vielmehr: faktisch wirksam[16]. Faktisch wirksam wäre ein Landesgesetz, wenn es Ausbau und Förderung der Forschungseinrichtungen innerhalb und außerhalb der wissenschaftlichen Hochschulen in zureichendem Maße regelte.

Daß jedes Bundesland die für die Forschung notwendigen Mittel aufbringen kann, hat sich selbst in dem beschränkten Bereich der inneruniversitären Forschung als schwierig erwiesen. Das bezeugen bereits die verschiedenen Abkommen der Länder im kulturellen Bereich, unter denen die folgenden für den Bereich der Forschungsförderung eine besondere Bedeutung erlangt haben:

1. Das Staatsabkommen der Länder der Bundesrepublik Deutschland über die Finanzierung wissenschaftlicher Forschungseinrichtungen vom 24. 3. 1949, das sog. Königsteiner Abkommen (1. Verlängerung des Staatsabkommens mit Wirkung vom 1. 4. 1954; 2. Verlängerung des Staatsabkommens mit Wirkung vom 1. 4. 1959; 3. Verlängerung des Staatsabkommens mit Wirkung vom 1. 4. 1964)[17].
2. Das Abkommen der Länder über die Finanzierung neuer wissenschaftlicher Hochschulen vom 4. Juni 1964.

---

[16] *Maunz* in Maunz-Dürig, Art. 72, Rdnr. 21; *Klein* in Mangoldt-Klein, Anm. IV b zu Art. 72.

[17] Eine Aufstellung der Forschungseinrichtungen, die nach dem Königsteiner Staatsabkommen von den Ländern gemeinsam finanziert werden, findet sich in *Elmar Freund*, Forschung — der dritte Faktor, S. 88/89.

Beide Staatsabkommen sind — wie ihre Eingangsformeln beweisen — in erster Linie geschaffen, um die materiellen Voraussetzungen für eine wirksame Förderung von Wissenschaft und Forschung zu garantieren. Die Tatsache, daß offenbar die einzelnen Länder finanziell nicht in der Lage sind, allein die in ihrem Landesbereich befindlichen Forschungseinrichtungen in zureichendem Maße zu fördern, beweist allerdings noch nicht, daß der Bereich von Wissenschaft und Forschung „durch die Gesetzgebung einzelner Länder nicht wirksam geregelt werden kann". Wollte man die Finanzkraft der einzelnen Länder als Kriterium für die Voraussetzungen von Art. 72 Abs. 2 Ziff. 1 GG ansehen, so müßte für finanzschwache Länder bei einer großen Anzahl von Gesetzgebungsbereichen das Bedürfnis nach bundesgesetzlicher Regelung bejaht werden. Daß das nicht der Sinn von Art. 72 Abs. 2 Ziff. 1 GG ist, ergibt sich aus Art. 107 Abs. 2 GG, nach dem für finanzschwache Länder durch Bundesgesetz ein finanzieller Ausgleich zwischen leistungsfähigen und leistungsschwachen Ländern sicherzustellen ist, bzw. durch Gewährung von Bundesmitteln eine Deckung des Finanzbedarfs eines leistungsschwachen Landes durch Bundesmittel erreicht werden kann.

Die genannten Länderabkommen enthalten aber nicht nur ein gemeinsames Finanzierungsprogramm der einzelnen Bundesländer, sondern sehen gleichzeitig eine Planung der Maßnahmen für die Förderung von Wissenschaft und Forschung vor. In § 5 der Durchführungsbestimmungen zum Staatsabkommen der Länder der Bundesrepublik Deutschland über die Finanzierung wissenschaftlicher Forschungseinrichtungen heißt es:

1. Der Verwaltungsausschuß hat insbesondere folgende Aufgaben:
   a) Den Entwurf des jährlichen Gesamthaushaltsplanes aufzustellen und die von den Forschungseinrichtungen vorgelegten Rechnungen zu prüfen;
   b) die Vorschläge zur Erweiterung, Einschränkung oder Ausschaltung von Forschungseinrichtungen oder zur Übernahme neuer Forschungseinrichtungen auszuarbeiten;
   c) Maßnahmen zu beraten und vorzuschlagen, um das wissenschaftliche Forschungswesen zu rationalisieren und wirtschaftlich zu gestalten.
2. Der Verwaltungsausschuß kann zur Durchführung seiner Aufgaben Unterausschüsse einsetzen oder Sachverständige hinzuziehen.

Eine ähnliche Regelung ist im Abkommen über die Finanzierung neuer wissenschaftlicher Hochschulen vom 4. Juni 1964 getroffen. In Art. 2 wird dem Verwaltungsrat, der aus je einem Vertreter der Kultus- und der Finanzminister bzw. -senatoren der Länder besteht, ausdrücklich die Aufgabe zuerteilt, über die Zuweisung der von den Ländern zu erbringenden Mittel für die einzelnen Projekte der wissenschaftlichen Forschung und Lehre zu bestimmen. Beide Abkommen betreffen daher nicht nur die Finanzierung, sondern gleichzeitig die Planung und Durchführung der Forschungsprojekte.

Fraglich erscheint, ob derartige Abkommen zwischen allen oder auch einzelnen Bundesländern, soweit durch sie eine Gesetzesmaterie zureichend behandelt wird, als wirksame Regelung „durch die Gesetzgebung einzelner Länder" i. S. von Art. 72 Abs. 2 Ziff. 1 GG anzusehen sind.

Das setzt zunächst voraus, daß die im kulturellen Bereich abgeschlossenen Staatsverträge und Verwaltungsabkommen der Länder verfassungsrechtlich zulässig sind. Auf die verfassungsrechtliche Zulässigkeit der Bund-Länder-Abkommen im kulturellen Bereich braucht im Rahmen der Prüfung der Voraussetzungen von Art. 72 Abs. 2 Ziff. 1 GG nicht eingegangen zu werden; sie ist an späterer Stelle zu untersuchen.

Da sich die vorliegende Untersuchung allein auf den Fragenkreis erstreckt, inwieweit sich die Zuständigkeit für den Bereich der *Forschung* zwischen Bund und Ländern verteilt, ist lediglich die Verfassungsmäßigkeit der Länderabkommen zu untersuchen, die sich auf diesen Bereich beziehen: das sog. Königsteiner Abkommen und das Abkommen über die Finanzierung neuer wissenschaftlicher Hochschulen vom 4. Juni 1964[18].

Das Grundgesetz enthält keine ausdrücklichen Bestimmungen über die Zulässigkeit von Vereinbarungen der Bundesländer. Ursprünglich war vom Parlamentarischen Rat eine grundgesetzliche Regelung der Ländervereinbarungen vorgesehen. Art. 40 des HChE lautete: „Die Länder können über Gegenstände, die in ihren Aufgabenbereich fallen, Vereinbarungen mit anderen deutschen Ländern treffen[19]." Dazu war im darstellenden Teil ausgeführt: „Im Kapitel der Staatsverträge unterscheidet der Konvent zwischen den innerdeutschen Vereinbarungen

[18] Außer dem Königsteiner Abkommen und dem Abkommen der Länder über die Finanzierung neuer wissenschaftlicher Hochschulen vom 4. Juni 1964, die speziell den Bereich der Wissenschaft und Forschung betreffen, sind folgende Länder-Abkommen auf kulturellem Gebiet von Bedeutung: Das Abkommen über das Sekretariat der Ständigen Konferenz der Kultusminister der Länder in der Bundesrepublik vom 20. 6. 1959; das Abkommen über die Errichtung und Unterhaltung der Geschäftsstelle des Deutschen Bildungsrates vom 30. 6. 1966; das Abkommen zwischen den Ländern der Bundesrepublik zur Vereinheitlichung auf dem Gebiet des Schulwesens vom 18. 2. 1955 (Düsseldorfer Abkommen) und die Neufassung des Abkommens zwischen den Ländern der Bundesrepublik zur Vereinheitlichung auf dem Gebiete des Schulwesens vom 28. 10. 1964 (Hamburger Abkommen).

[19] JöR, n. F.: Bd. 1, S. 343.

der Länder einerseits und ihren Verträgen mit auswärtigen Mächten andererseits. Es bestehen keine Bedenken gegen innerdeutsche Vereinbarungen zwischen den Ländern. Falls ein Bedürfnis für einheitliche oder gleichmäßige Regelung vorhanden sein sollte, ohne daß die Gesetzgebungszuständigkeit des Bundes sich hierauf erstreckt oder ohne daß der Bund von seiner Gesetzgebungszuständigkeit Gebrauch gemacht hat, ist der gegebene Weg zur Behebung des Bedürfnisses der der Vereinbarungen unter den Ländern. Eine Mitwirkung des Bundes ist in diesen Fällen nicht vorgesehen. Hiernach ist die Fassung des Art. 40 gewählt worden." Art. 40 HChE wurde vom Zuständigkeitsausschuß des Parlamentarischen Rats in seiner 5. Sitzung am 25. 9. 1948[20] und der 12. Sitzung am 14. 10. 1948[21] gebilligt. Die erste, zweite und dritte Lesung im Hauptausschuß durchlief Art. 40 ohne Erörterungen. Der allgemeine Redaktionsausschuß empfahl dennoch in seinem Vorschlag vom 2. 5. 1949[22], Art. 40 zu streichen. Dieser Streichungsantrag wurde in der Sitzung des Hauptausschusses vom 5. 5. 1949 (vierte Lesung) ohne Erörterung angenommen. Der Grund für die Streichung von Art. 40 HChE ist infolgedessen nicht eindeutig zu bestimmen. Eine gewisse Vermutung spricht allerdings dafür[23], daß die Zulässigkeit von Ländervereinbarungen im Grundgesetz nicht für besonders erwähnenswert gehalten wurde, weil sie bereits nach dem Verfassungsentwurf von 1849 wie auch nach der Reichsverfassung vom 16. 4. 1871 und der Verfassung des Deutschen Reiches vom 11. 8. 1919 grundsätzlich nie bestritten wurde[24]. Jedenfalls steht das Grundgesetz dem Abschluß von Ländervereinbarungen formal nicht entgegen. Das Bundesverwaltungsgericht[25] weist mit Recht darauf hin, daß der Abschluß von Verträgen zwischen den Bundesländern in der Übergangsvorschrift des Art. 135 GG und in Art. 118 S. 1 GG vorausgesetzt wird und sich die Zulässigkeit von Verträgen der Länder untereinander als Schluß a maiore ad minus aus Art. 32 Abs. III GG ergibt[26]. Im übrigen entspricht eine verstärkte Aktivität der Länder durch Koordination der jeweiligen

---

[20] Sten. Prot., S. 96.

[21] Sten. Prot., S. 68.

[22] Drucksache 751.

[23] So auch *Maunz* in Maunz-Dürig, Art. 32, Rdnr. 64.

[24] Vgl. *Jellinek*, Lehre von den Staatenverbindungen, S. 308/309; *Windisch*, Die völkerrechtliche Stellung der deutschen Einzelstaaten, S. 60; *Otto Mayer*, Deutsches Verwaltungsrecht, S. 469; *Haenel*, Studien zum Deutschen Staatsrecht I, S. 47/48; *Nawiasky*, Der Bundesstaat als Rechtsbegriff, S. 124; *Anschütz*, Das System der rechtlichen Beziehungen zwischen Reich und Ländern, S. 298; *Ficker*, Vertragliche Beziehungen zwischen Gesamtstaat und Einzelstaat im Deutschen Reich, S. 11; vgl. auch *Hans Schneider*, Verträge zwischen Gliedstaaten im Bundesstaat, S. 2, VVDStRL 19, S. 2.

[25] Urteil vom 5. 11. 1965, BVerwGE Bd. 22, S. 299 (307).

[26] So auch *Merk*, Diskussionsbeitrag zu Schneider, Verträge zwischen Gliedstaaten im Bundesstaat, VVDStRL 19, S. 135; *Groß*, Die verfassungsrechtliche Würdigung, NJW 1967, S. 1001 (1003).

Länderinteressen durchaus dem föderalistischen Prinzip des Grundgesetzes, dessen Tendenz zur Stärkung der Länder sich eindeutig aus den Art. 30, 70 und 83 GG ergibt[27]. Eine derartige Aktivität der Länder ist sogar um so mehr zu begrüßen, als im allgemeinen eine der ursprünglichen Grundtendenz entgegenlaufende Konzentration staatlicher Aufgaben beim Bund zu beobachten ist, sei es im Bereich der Gesetzgebung (man denke z. B. an Regelungen wie das Beamtenrechtsrahmengesetz vom 1. Juli 1957) oder sei es auf dem Gebiet der Bundesverwaltung, wo über Art. 87 Nr. 3 GG eine große Anzahl von selbständigen Bundesoberbehörden errichtet worden ist[28].

Ländervereinbarungen sind jedoch nur insoweit zulässig, als sie den Grundsätzen und Normen unserer Verfassung entsprechen. Es ergeben sich daher für ihren Abschluß folgende verfassungsrechtliche Begrenzungen:

Die Länder können Vereinbarungen nur über Sachgebiete treffen, für die sie nach dem Grundgesetz die Kompetenz haben[29]. Für den Bereich der wissenschaftlichen Forschung, den sowohl das Königsteiner Abkommen wie auch das Länderabkommen über die Finanzierung neuer wissenschaftlicher Hochschulen betreffen, steht die Gesetzgebungs- und Verwaltungskompetenz grundsätzlich den Ländern zu. Da es sich bei beiden hier in Frage stehenden Ländervereinbarungen nicht um die institutionell gemeinsame Wahrnehmung von Verwaltungsaufgaben durch die Länder handelt, die verfassungsmäßig recht differenziert zu beurteilen ist[30], sondern um die gemeinschaftliche Durchführung von Landesverwaltungsaufgaben durch die Länder, sind zunächst insoweit

---

[27] Auch das Bundesrecht sieht bisweilen die Übertragung von Hoheitsbefugnissen durch Staatsverträge der Länder vor und bestätigt damit die Koordinierungspraxis der Länder, vgl. § 3 Abs. 2 VwGO; § 3 Abs. 2 FGO; §§ 89, Abs. 2, 93, Abs. 2 GWB; vgl. zur Zulässigkeit von Ländervereinbarungen ferner: BVerwGE v. 28. 1. 1966, BVerwGE Bd. 23, S. 194 (197); *Roellenbleg*, Zwischgliedstaatliche Verträge und Institutionen, DÖV 1968, S. 225.

[28] Vgl. dazu: *v. Lex*, Die Entwicklung des Verhältnisses von Bund und Ländern in der Bundesrepublik, S. 55 f.; *Hesse*, Der unitarische Bundesstaat, S. 14 f.; *Katzenstein*, Rechtliche Erscheinungsformen der Machtverschiebung, S. 596, der mit Recht darauf hinweist, daß die Staatspraxis Art. 72 GG, der eine allzu intensive Ausnutzung der Bundesgesetzgebung hindern sollte, keine große Bedeutung hat zukommen lassen; ferner *Meyers*, Bund und Länder in der Verfassungswirklichkeit, S. 208/209.

[29] Vgl. BVerfGE 1, 35.

[30] Vgl. *Kölble*, „Gemeinschaftsaufgaben" der Länder und ihre Grenzen, NJW 1962, S. 1081 f. und Gemeinschaftsaufgaben zwischen Bund und Ländern, Schriftenreihe Speyer Bd. 11, S. 58; *Schneider*, Verträge zwischen Gliedstaaten im Bundesstaat, VVDStRL 19, S. 22; *Haegert*, Organe der Länder auf Bundesebene, NJW 1961, S. 1137; *Zeidler*, Gedanken zum Fernsehurteil, AöR 86, S. 395 f.; *Pfeiffer*, Selbstkoordinierung und Gemeinschaftseinrichtungen der Länder, NJW 1962, S. 73; *Klein*, Verfassungsrechtliche Grenzen der Gemeinschaftsaufgaben, Schriftenreihe Speyer Bd. 11, S. 158; *Krapp*, Die verfassungsrechtliche Zulässigkeit gemeinsamer Ländereinrichtungen, S. 59 ff.

keine verfassungsrechtlichen Bedenken gegeben. Kölble[31] macht jedoch gegen das Königsteiner Abkommen u. a. einen Einwand geltend, der, wäre er richtig, auch hinsichtlich des 1961 abgeschlossenen Länderabkommens über die Finanzierung neuer wissenschaftlicher Hochschulen vom 4. Juni 1964 bestehen würde. Kölble führt aus, die Förderung der wissenschaftlichen Forschung gehöre nach Art. 74 Ziff. 13 GG zum Teil in die Kompetenz des Bundes; eine Förderung der wissenschaftlichen Forschung nach dem Königsteiner Abkommen ohne angemessene Beteiligung des Bundes sei daher eine Kompetenzüberschreitung der Länder. Die gleichen Bedenken klingen bei Pfuhl[32] an, wenn er geltend macht, der Hinweis in der Präambel des Staatsabkommens, daß der Bund grundsätzlich von der Forschungsförderung nichtbehördlicher Art ausgeschlossen sein solle, sei „auch im Hinblick auf Art. 74 Ziff. 13 GG nicht ohne Problematik".

Zu den Ausführungen von Pfuhl ist zu sagen, daß die Präambel zum Königsteiner Abkommen durchaus dem Grundgesetz entspricht, wenn sie „die Förderung der wissenschaftlichen Forschung grundsätzlich als eine Aufgabe der Länder" betrachtet. Solange der Bund von seiner Kompetenz gem. Art. 74 Ziff. 13 keinen Gebrauch macht, und das war weder zur Zeit des Abschlusses des Königsteiner Abkommens am 31. März 1949, noch ist es heute, 1969, der Fall, ist in der Tat die Förderung der wissenschaftlichen Forschung „grundsätzlich" eine Aufgabe der Länder: Wenn der Bund die ihm gem. Art. 74 Ziff. 13 GG zustehende Möglichkeit der Gesetzgebung nicht ausübt, „ruht" seine Kompetenz; d. h. sie wird als Aufgabe des Bundes nicht effektiv. Hinzu kommt, insbesondere auch gegenüber dem Einwand von Kölble, folgendes: Das Grundgesetz gibt sowohl dem Bund als auch den Ländern eine Kompetenz für den Bereich der wissenschaftlichen Forschung. Die Länder haben das Recht, wissenschaftliche Forschung innerhalb und außerhalb der Hochschuleinrichtungen zu betreiben; der Bund hat gem. Art. 74 Ziff. 13 GG die konkurrierende Gesetzgebung für die *Förderung* der Forschung. Es mag an dieser Stelle dahingestellt bleiben, ob der Bund, ohne von seiner konkurrierenden Gesetzgebungszuständigkeit Gebrauch zu machen, allein auf Grund der Tatsache, daß ihm gem. Art. 74 Ziff. 13 GG eine Kompetenz „zusteht", das Recht hat, zumindest in Form von finanziellen Zuwendungen, Forschungseinrichtungen zu fördern. Selbst wenn diese Frage, die in anderem Zusammenhang noch eingehend zu erörtern ist[33], bejaht werden könnte, ist Kölbles Einwand, eine Förderung der wissenschaftlichen Forschung durch die

---

[31] *Kölble*, Gemeinschaftsaufgaben zwischen Bund und Ländern, Schriftenreihe Speyer Bd. 11, S. 56/57.
[32] *Pfuhl*, Das Königsteiner Staatsabkommen, S. 289.
[33] Vgl. unten S. 88 ff.

Länder ohne angemessene Beteiligung des Bundes sei eine Kompetenzüberschreitung, nicht stichhaltig. Kölbles Hinweis, die Kompetenzen auf dem Gebiet der wissenschaftlichen Forschung seien so eng in sich verzahnt, „daß eine klare Zuständigkeitsverteilung weder innerhalb der Länder noch zwischen dem Bund und den Ländern möglich" erscheine, trifft nur für den Fall zu, daß der Bund von seiner Kompetenz konkret Gebrauch macht. Die Zuständigkeiten von Bund und Ländern im Bereich der wissenschaftlichen Forschung sind insoweit untrennbar gekoppelt, als der Bund nach der Verfassung nur „fördern" darf, sei es durch Hingabe von finanziellen Mitteln, sei es durch Schaffung von entsprechenden Organisationen. Diese Förderung setzt die Existenz der — nach der Zuständigkeitsverteilung des Grundgesetzes — von den Ländern zu betreibenden Forschung voraus. Die Förderung der wissenschaftlichen Forschung durch den Bund bedingt daher das Tätigwerden der Länder im Bereich der Forschung. Nicht aber umgekehrt! Der Bund *kann* von seiner ihm gem. Art. 74 Ziff. 13 GG zustehenden Kompetenz Gebrauch machen, sofern die Voraussetzungen des Art. 72 GG gegeben sind; er ist aber grundsätzlich keineswegs verpflichtet, tätig zu werden[34]. Daraus folgt, daß die Länder das Recht haben, ihre Kompetenz im Bereich der wissenschaftlichen Forschung allein oder im Wege der Vereinbarung mit anderen Bundesländern auszuüben, ohne gehalten zu sein, eine angemessene Beteiligung des Bundes abzuwarten, zu der der Bund evtl. gar nicht willens ist. Eine Kompetenzüberschreitung der Länder liegt daher insoweit weder im Königsteiner Abkommen noch im Abkommen der Länder über die Finanzierung neuer wissenschaftlicher Hochschulen vor.

Die Länder könnten allerdings bei Abschluß des Königsteiner Abkommens und des Abkommens über die Finanzierung wissenschaftlicher Hochschulen vom 4. Juni 1964 die Grenzen ihres Kompetenzbereichs überschritten haben, falls die Gegenstände beider Abkommen, Planung und Finanzierung von wissenschaftlichen Forschungseinrichtungen, als überregional zu werten wären und diese Überregionalität eine Bundeskompetenz begründete. Daß Planung und Finanzierung von wissenschaftlichen Forschungseinrichtungen Aufgaben sind, die nicht regional auf die einzelnen Landesbereiche beschränkt sind, ergibt sich bereits aus der Tatsache des Abschlusses beider Ländervereinbarungen. In der Präambel des Königsteiner Abkommens wird ausdrücklich bestimmt: „Die Gesamtheit der Länder hält sich daher für verpflichtet, größere Forschungseinrichtungen von überregionaler Bedeutung durch Zuschüsse aus öffentlichen Mitteln finanziell sicherzustellen."

---

[34] *Maunz* in Maunz-Dürig, Art. 72, Rdnr. 21 und Art. 70, Rdnr. 18; vgl. auch *Zinn*, Der Bund und die Länder, AöR, Bd. 75, S. 298, der von einer „beschränkten Bedarfsgesetzgebung" spricht.

Die Frage, „inwieweit dem Moment der Überregionalität die Bedeutung eines die Kompetenz des Gesamtstaates begründenden Gesichtspunktes zukommt und inwieweit nicht, d. h. inwieweit es trotz des überregionalen Charakters einer Aufgabe bei der grundsätzlichen Kompetenz der Länder verbleibt", hat Kölble in seinem Beitrag „Gemeinschaftsaufgaben zwischen Bund und Ländern"[35] aufgeworfen. In einem drei Jahre später abgefaßten Aufsatz über „Bildungs- und Forschungsförderung als Aufgabe von Bund und Ländern"[36] beantwortet Kölble seine Frage mit folgendem Argument: „Für den Bereich der Raumordnung hat das Bundesverfassungsgericht in seinem sog. Baugutachten (BVerfGE 3, 407) im Prinzip anerkannt, daß die Planung für den Gesamtstaat nur eine Aufgabe des Bundes sein kann. Dementsprechend muß auch die überregionale Planung auf dem Gebiet der Bildungs- und Forschungsförderung als eine Bundesaufgabe angesehen werden[37]."

Diese Folgerung Kölbles aus dem Baugutachten des Bundesverfassungsgerichts ist nicht schlüssig. Die Raumordnung gehört gem. Art. 75 Ziff. 4 GG zur Rahmenkompetenz des Bundes. Diese Rahmenkompetenz betrifft, wie das Bundesverfassungsgericht[38] betont, die Raumordnung der Länder *in ihren Grundzügen*. Da das Grundgesetz für die Raumordnung des Gesamtstaates keine ausdrückliche Zuständigkeitsregelung trifft, eine Raumplanung für das gesamte Staatsgebiet aber nach Auffassung des Bundesverfassungsgerichts notwendig ist, kommt das Bundesverfassungsgericht zu dem Schluß, die Raumplanung für den Gesamtstaat stehe dem Bund „nach der Natur der Sache" als eine ausschließliche und Vollkompetenz zu[39]. Das ist insofern durchaus mit der verfassungsrechtlichen Regelung der Gesetzgebungskompetenzen in Einklang, als der Bund durch die ihm zustehende Rahmenkompetenz ohnehin ermächtigt ist, Richtlinien bzw. unmittelbar geltende Rechtssätze für die Landesgesetzgebung zu schaffen, die das Ganze, den Gesamtstaat und seine Notwendigkeiten berücksichtigen, wenn auch den Ländern die Möglichkeit bleiben muß, landesgesetzliche Regelungen von substantiellem Gewicht zu treffen. *Jede* Rahmenkompetenz enthält daher bis zu einem gewissen Grad die Möglichkeit einer Gesamtplanung, deren Umfang und Intensität sich nach der zu ordnenden Gesetzesmaterie richtet. Richtlinien für die Landesgesetzgebung auf dem Gebiet der Raumordnung bedingen ein präzises Konzept für die Raumordnung des Gesamtstaates. Wollte man dem Bund die Rahmengesetzgebung

---

35 *Kölble*, Schriftenreihe Speyer, Bd. 11, S. 47.

36 *Kölble*, DÖV 1964, S. 592.

37 Für die Zuständigkeit des Bundes für überregionale Forschungsaufgaben auch *Kipp*, Zum Problem der Förderung der Wissenschaften durch den Bund, DÖV 1956, S. 555 (563).

38 BVerfGE 3, 407 (428).

39 BVerfGE 3, 407 (428).

für die Raumordnung der Länder überlassen, seine Kompetenz für die Raumordnung des Gesamtstaates aber bestreiten, so ergäbe sich: Entweder müßte die Rahmengesetzgebung — stillschweigend oder ausdrücklich — eine Gesamtplanung für die Raumordnung der Bundesrepublik enthalten, was durchaus möglich wäre, ohne eine substantielle Regelung des Landesgesetzgebers für das jeweilige Bundesland zu beschränken; oder die Länder müßten versuchen, im Wege der Vereinbarung eine über die durch Rahmengesetzgebung gegebenen Richtlinien hinausgehende Raumordnung für den Gesamtstaat zu erreichen. Dann wären sie jedoch an die Richtlinien bzw. Rechtssätze des Bundes gebunden, so daß die Schaffung einer *eigenständigen* Raumordnung für den Gesamtstaat durch Ländervereinbarung sachlich unmöglich wäre. Insofern ist der Feststellung des Bundesverfassungsgerichts[40] beizustimmen, daß der Bund für die Raumordnung der Länder die Rahmengesetzgebung hat und für die Bundesplanung die ausschließliche Kompetenz besitzt[41].

Ist dem Baugutachten des Bundesverfassungsgerichts insoweit zuzustimmen, als es die Planung für die Raumordnung der Bundesrepublik als eine Bundeskompetenz ansieht, so kann daraus aber nicht ohne weiteres, wie Kölble es tut[42], der Schluß gezogen werden, Planungen für den Gesamtstaat seien generell eine Aufgabe des Bundes. Vor allem trifft diese Folgerung nicht für das Gebiet der Forschungsförderung zu. Für die „Förderung der wissenschaftlichen Forschung" steht dem Bund nicht wie für die Raumordnung eine Rahmenkompetenz, sondern die konkurrierende Gesetzgebung zu, so daß der Bund von

40 BVerfGE 3, 407 (428).

41 Bedenklich erscheint lediglich, daß das Bundesverfassungsgericht die ausschließliche Kompetenz des Bundes für die Raumordnung des Gesamtstaates als „in der Natur der Sache" begründet ansieht. Da die Ausübung der Rahmenkompetenz hinsichtlich der Raumordnung der Länder zumindest in den Grundzügen eine Gesamtplanung für die Raumordnung der Bundesrepublik voraussetzt, andererseits wegen der bestehenden Rahmenkompetenz des Bundes eine eigenständige Regelung der Länder im Wege der Vereinbarung für den Gesamtstaat nicht möglich ist, braucht zur Begründung der Kompetenz des Bundes nicht auf ungeschriebenes Verfassungsrecht zurückgegriffen werden. Die Kompetenz des Bundes für die Raumordnung der Bundesrepublik ergibt sich vielmehr zwingend aus der Regelung der Grundgesetzes; es liegt insofern eine echte „implied power" i. S. des amerikanischen Rechts vor, deren Grundgedanke darin liegt, daß die Einräumung einer Gewalt an eine Regierung auch die Gewährung des Rechts in sich schließt, alle Mittel wahrzunehmen, die erforderlich sind, um den mit der Einräumung der Gewalt erstrebten Zweck zu erreichen; vgl. *Triepel*, Die Kompetenzen des Bundesstaats, Festgabe für Paul Laband, S. 257; ferner *Lassar*, Die verfassungsrechtliche Ordnung der Zuständigkeiten, S. 310; *Küchenhoff*, Ausdrückliches, stillschweigendes und ungeschriebenes Recht, AöR 82, S. 450 bis 451; vgl. auch *Voigt*, Ungeschriebenes Verfassungsrecht, VVDStRL 10, S. 42, der erklärt, „die Frage der Zuständigkeit aus dem Sachzusammenhang mit einem aufgeführten Stoff ‚berühre' das ungeschriebene Verfassungsrecht nicht, sondern betreffe die Interpretation geschriebenen Rechts".

42 *Kölble*, DÖV 1964, S. 592.

vornherein keine Möglichkeit hat, die Grundzüge der Landesgesetzgebung auf dem Gebiet der Forschung zu bestimmen. Die konkurrierende Gesetzgebungskompetenz des Bundes ist zudem auf das engste verknüpft oder, wie Kölble[43] es ausdrückt, „eng verzahnt" mit der ausschließlichen Zuständigkeit der Länder für die wissenschaftliche Forschung selbst. Da sich die Kompetenz des Bundes, wie oben[44] dargelegt wurde, auf die Förderung der Forschung durch finanzielle Mittel und Errichtung entsprechender Organisationen richtet, während die Forschung selbst, d. h. die Ausübung der Forschung in der Kompetenz der Länder liegt, wäre eine Gesamtplanung des Bundes für den Bereich der Forschung ohne Berücksichtigung der Forschungskompetenz der Länder verfassungswidrig; die ausdrückliche Regelung der Kompetenzen durch das Grundgesetz bliebe unbeachtet. Daß die Länder finanziell nicht imstande sind, die ihnen zustehende Kompetenz im Forschungsbereich allein, ohne Beteiligung der übrigen Länder wahrzunehmen, insofern also eine „finanziell bedingte Überregionalität"[45] gegeben ist, begründet noch nicht eine Bundeszuständigkeit. Im Fernsehurteil[46] stellt das Bundesverfassungsgericht ausdrücklich fest, eine natürliche Bundeszuständigkeit könne nicht aus der Tatsache hergeleitet werden, daß eine Aufgabe nicht von jedem Land gesondert, sondern von den Ländern gemeinsam oder nach näheren Vereinbarungen wahrgenommen werde; es sei ein entscheidender Unterschied, „ob sich die Länder einigen oder ob der Bund eine Angelegenheit auch gegen den Willen der Länder oder einzelner Länder gesetzgeberisch regeln und verwalten" könne[47]. Es ist auch nicht richtig, wenn Kölble[48] behauptet, das Bundesverfassungsgericht habe es im Fernsehurteil allein darauf abgestellt, ob eine Aufgabe *tatsächlich* von den Ländern wahrgenommen werde; dagegen werde nicht erörtert, inwieweit dem Moment der Überregionalität als einem Wesensmerkmal bestimmter Sachbereiche kompetenzbegründende Kraft zukomme. Das Bundesverfassungsgericht knüpft lediglich an den konkreten Fall an, daß eine Aufgabe wie die Veranstaltung eines Fernsehprogramms nicht von einem Land, sondern von den Ländern gemeinsam wahrgenommen wird und kommt dann zu einer grundsätzlichen Feststellung: Der Tatsache, daß die Aufgaben einzelner Länder nur von ihnen gemeinsam erfüllt

---

[43] *Kölble,* Gemeinschaftsaufgaben zwischen Bund und Ländern, Schriftenreihe Speyer, Bd. 11, S. 57.

[44] S. 38.

[45] BVerfGE v. 28. 2. 1961, BVerfGE Bd. 12, S. 205 (251).

[46] BVerfGUrt. v. 28. 2. 1961, BVerfGE Bd. 12, S. 205 (251/252).

[47] Zustimmend: *v. Stralenheim,* DÖV 1961, S. 453 (454); *Maunz* in Maunz-Dürig, Rdnr. 12 zu Art. 109; vgl. auch *Maunz,* Pflicht der Länder zur Uneinigkeit, NJW 1962, S. 1642 u. S. 1944; a. M. *Füßlein,* Der überregionale Verwaltungsakt, DVBl. 1951, S. 35.

[48] *Kölble,* Gemeinschaftsaufgaben zwischen Bund und Ländern, Schriftenreihe Speyer, Bd. 11, S. 47.

werden können, komme keine eine Bundeskompetenz begründende Kraft zu. Diese Feststellung entspricht im übrigen auch dem Beschluß des Bundesverfassungsgerichts vom 15. 3. 1960[49], in dem zur Verteilung der Verwaltungskompetenzen zwischen Bund und Ländern ausgeführt wird: „Nur dann, wenn diese vollständige Ausführung durch Landesverwaltung nicht erreicht werden kann, könnte man annehmen, daß das GG stillschweigend eine andere Regelung zuläßt, nämlich die, daß die Ausführung dem Bund übertragen ist. Der Umstand, daß im Einzelfall eine Ausführung durch den Bund zweckmäßiger wäre, kann nicht als Argument dafür dienen, daß das GG stillschweigend etwas anderes zuläßt." Eine besondere Betonung hat die Ansicht des Bundesverfassungsgerichts, daß überregionale Aufgaben nicht ohne weiteres in die Zuständigkeit des Bundes fallen, auch im Urteil des Bundesverwaltungsgerichts vom 5. 11. 1965[50] gefunden, in dem es heißt: „Die staatlichen Aufgaben wurden vielmehr nach Sachgebieten dem Bund einerseits und den Ländern andererseits zugewiesen. Es ist mithin durchaus denkbar, daß auf den dem Bund zugewiesenen Gebieten örtlich begrenzte Aufgaben und den den Ländern zugewiesenen Gebieten das ganze Bundesgebiet umfassende Aufgaben zu erfüllen sind. Es muß deshalb davon ausgegangen werden, daß die Länder nach dem GG auch in der Lage sein sollen, solche für das ganze Bundesgebiet zu erfüllende Aufgaben in einer der Notwendigkeit entsprechenden Weise zu erfüllen."

Eine kompetenzbegründende Kraft der Überregionalität einer Aufgabe für den Bund liegt daher zumindest dann nicht vor, wenn eine Kompetenz der Länder gegeben ist und ihre vollständige Wahrnehmung durch ein Land oder alle Länder gemeinsam möglich ist. Da die Länder für den Bereich der Forschung die Kompetenz besitzen und in der Lage sind, zumindest gemeinsam die wissenschaftlichen Forschungseinrichtungen innerhalb und außerhalb der Hochschulen wirksam zu betreiben, hat der Bund — außerhalb von Art. 74 Ziff. 13 GG — keine Zuständigkeit kraft der Überregionalität des Forschungsbereichs. Die Länder haben daher bei Abschluß des Königsteiner Abkommens und des Abkommens über die Finanzierung neuer wissenschaftlicher Hochschulen vom 4. Juni 1964 ihre Kompetenz nicht überschritten.

Der Abschluß beider Ländervereinbarungen wäre jedoch verfassungswidrig, wenn durch das gemeinsame Vorgehen im Sachbereich der Forschung die parlamentarische Verantwortlichkeit der beteiligten Länder nicht in gleicher Weise gewahrt würde, als wenn jedes Land für sich allein tätig wäre.

Da in Art. 8 des Königsteiner Abkommens und in Art. 6 des Abkommens über die Finanzierung neuer wissenschaftlicher Hochschulen

---

[49] BVerfGE Bd. 11, S. 6 (17/18).
[50] BVerwGE Bd. 22, S. 299 (307/308).

die Ratifizierung der Abkommen vorgesehen ist, bleibt insoweit die parlamentarische Verantwortlichkeit der beteiligten Länder in jedem Fall erhalten.

Das parlamentarische Prinzip des Art. 28 Abs. 1 GG wird aber in beiden hier in Frage stehenden Staatsabkommen auch nicht dadurch durchbrochen, daß gem. § 1 der Durchführungsbestimmungen zum Königsteiner Abkommen und gem. Art. 2 Abs. 3 des Abkommens über die Finanzierung neuer wissenschaftlicher Hochschulen die Beschlüsse zur Durchführung der Abkommen von den Kultus- und Finanzministern der Länder mit Zweidrittel-Mehrheit gefaßt werden. Kölble[51] weist zwar in diesem Zusammenhang zu Recht darauf hin, daß essentielle Regierungsfunktionen nicht der Regierungsverantwortung entzogen werden dürfen und nimmt dabei auf die Rechtsprechung des Bundesverfassungsgerichts Bezug, in der betont wird, daß es Regierungsaufgaben gibt, „die wegen ihrer politischen Tragweite nicht generell der Regierungsverantwortung entzogen und auf Stellen übertragen werden dürfen, die von Regierung und Parlament unabhängig sind; andernfalls würde es der Regierung unmöglich gemacht, die von ihr geforderte Verantwortung zu tragen, da auf diese Weise unkontrollierte und niemand verantwortliche Stellen Einfluß auf die Staatsverwaltung gewinnen würden“[52].

Die Kultus- und Finanzminister sind jedoch, wenn sie in den Beschlußgremien des Königsteiner Abkommens und des Abkommens über die Finanzierung neuer wissenschaftlicher Hochschulen abstimmen, keineswegs frei von ihrer Verantwortlichkeit gegenüber den Landtagen. Die Landtage sind nicht gehindert, die Minister wegen ihres jeweiligen Verhaltens zur Rechenschaft zu ziehen. Vielmehr ist in Fällen, in denen in einem Ländergremium mit Mehrheit abgestimmt wird, — worauf das Bundesverwaltungsgericht[53] zu Recht hinweist — nicht die Ministerverantwortlichkeit, sondern die den Ministern zustehende Kompetenz begrenzt, d. h. die Minister können bei der Abstimmung in einem Gremium in ihrer Willensbildung durch die nötige Zweidrittelmehrheit beschränkt werden. Mit dieser Kompetenzbegrenzung der Minister haben sich die Landtage bei beiden hier in Frage stehenden Abkommen durch die Ratifizierung einverstanden erklärt. Das Bundesverwaltungsgericht[54] betont zutreffend, daß derartige eingeschränkten Befugnisse und die daraus folgenden Beschränkungen der Ministerverantwortlichkeit dem

---

[51] *Kölble*, Bildungs- und Forschungsförderung als Aufgabe von Bund und Ländern, DÖV 1964, S. 592.

[52] BVerfGE 9, 268 (282); vgl. auch BVerfGE 1, 315, wonach die Länder gleichberechtigt nebeneinander stehen und grundsätzlich kein Land durch die übrigen überstimmt werden kann.

[53] BVerwGE v. 5. 11. 1965, BVerwGE Bd. 22, S. 299 (310).

[54] BVerwGE v. 5. 11. 1965, BVerwGE Bd. 22, S. 299 (310).

GG bekannt und von ihm gebilligt sind, z. B. die Beschränkung der Ministerverantwortlichkeit durch die Unabhängigkeit der Gerichte, durch die Selbstverantwortung der Gemeinden oder die Beschränkung der Aufsicht über Rundfunk- und Fernsehanstalten durch Art. 5 GG. Gegen diese Beispiele des Bundesverwaltungsgerichts ließe sich allerdings anführen, daß es sich um im Grundgesetz ausdrücklich geregelte Fälle der Beschränkung der Zuständigkeiten der Minister handelt, während die Beschränkung der Ministerkompetenzen in den erörterten Abkommen auf Vereinbarung beruht. Da die Ratifizierung dieser Vereinbarungen jedoch innerhalb der Gesetzgebungsbefugnisse der Landtage liegt, bestehen gegen die Beschränkung der Ministerkompetenzen keine Bedenken, solange — wie es nach der obigen Darstellung hier der Fall ist — innerhalb dieser Kompetenzen die Minister den Landtagen verantwortlich bleiben[55]. Das Königsteiner Abkommen und das Abkommen der Länder über die Finanzierung neuer wissenschaftlicher Hochschulen sind daher auch insoweit verfassungsmäßig, als durch das gemeinsame Vorgehen der Länder im Sachbereich der Forschung die parlamentarische Verantwortlichkeit der beteiligten Länder gewahrt bleibt.

Beide Staatsabkommen sehen jedoch nicht nur eine gemeinsame Planung im Bereich der Forschung vor, sondern vor allem eine gemeinsame Finanzierung von Forschungseinrichtungen (Königsteiner Abkommen) und ein zusätzliches, von allen Ländern gemeinsam finanziertes Investitionsprogramm für die Errichtung neuer Hochschulen (Länderabkommen über die Finanzierung neuer wissenschaftlicher Hochschulen). Insofern könnte ein Verstoß gegen den im Grundgesetz aufgestellten Grundsatz vorliegen, daß Bund und Länder die Ausgaben, die sich aus der Wahrnehmung ihrer Aufgaben ergeben, gesondert zu tragen haben (Art. 106 Abs. 4 Ziff. 1 GG a. F.)[56] und in ihrer Haushaltswirtschaft selbständig und voneinander unabhängig sind (Art. 109 Abs. 1 GG). Bedenken gegen die Verfassungsmäßigkeit der hier in Frage stehenden Abkommen könnten vor allem auch deshalb vorliegen, weil Art. 107 Abs. 2 GG a. F.[57] einen angemessenen finanziellen Ausgleich zwischen leistungsfähigen und leistungsschwachen Ländern durch Bundesgesetz evtl. auch durch Ergänzungszuweisung aus Bundesmitteln vorsieht.

---

55 Zustimmend: *Geiger*, Mißverständnisse um den Föderalismus, S. 24 f.; *Roellenbleg*, Zwischengliedstaatliche Verträge und Institutionen, DÖV 1968, S. 225 (234), mit der Einschränkung, daß die Tätigkeit der Gemeinschaftseinrichtungen auf Bereiche beschränkt bleibt, die nach Inhalt, Zweck und Ausmaß abgegrenzt sind; a. M. *Scheuner*, Struktur und Aufgabe des Bundesstaates in der Gegenwart, DÖV 1962, S. 641 (647); a. M. ferner: *Grawert*, Verwaltungsabkommen zwischen Bund und Ländern, S. 281.

56 Vgl. nunmehr den durch das Finanzreformgesetz eingefügten Art. 104 a Abs. 1 GG.

57 Vgl. aber auch den durch das Finanzreformgesetz geänderten Art. 107 Abs. 2 GG, der die gleichen Grundsätze enthält wie Art. 107 Abs. 2 GG a. F.

Sollte eine Analyse des Art. 107 Abs. 2 GG ergeben, daß der allgemeine horizontale Finanzausgleich durch Bundesgesetz Ausschließlichkeitscharakter auch insofern besitzt, daß jeder freiwillige Finanzausgleich für bestimmte konkrete, gemeinsam geplante Objekte der Länder neben der Regelung von Art. 107 Abs. 2 GG keinen Raum mehr hat, so wäre sowohl das Königsteiner Abkommen wie auch das Länderabkommen über die Finanzierung neuer wissenschaftlicher Hochschulen verfassungswidrig.

Daß in beiden Abkommen nicht gegen den in Art. 106 Abs. 4 Ziff. 1 GG a. F. aufgestellten Grundsatz: „Der Bund und die Länder tragen gesondert die Ausgaben, die sich aus der Wahrnehmung ihrer Aufgaben ergeben" verstoßen wird, ergibt sich bereits aus den Darlegungen S. 35—53. Die Planung und Finanzierung wissenschaftlicher Forschungseinrichtungen gehört, zumindest solange der Bund von seiner konkurrierenden Gesetzgebungskompetenz nach Art. 74 Ziff. 13 GG keinen Gebrauch macht, in die ausschließliche Zuständigkeit der Länder[58]. Es wurde nachgewiesen, daß entgegen der Ansicht, die vornehmlich Kölble vertritt[59], auch die gemeinsame Wahrnehmung der sich im Bereich der Forschung ergebenden überregionalen Aufgaben durch die Länder nicht den Aufgabenkatalog überschreitet, den das Grundgesetz den Ländern zuweist.

Durch das Königsteiner Abkommen und das Länderabkommen über die Finanzierung neuer wissenschaftlicher Hochschulen wird aber auch nicht gegen Art. 109 GG verstoßen. Art. 109 GG will die Trennung der Haushaltswirtschaften nicht nur zwischen Bund und Ländern, sondern auch zwischen den Ländern selbst garantieren. Es muß daher jedes Land für seinen Bereich die Regierungsvorlage für den Haushalt aufstellen, das Haushaltsgesetz verabschieden, den Haushalt durch die Exekutive vollziehen und diesen Vollzug der Kontrolle der Landesrechnungshöfe unterstellen. Für das Königsteiner Abkommen wird das Prinzip der Trennung der Haushaltswirtschaften der Länder durch § 3 der Durchführungsbestimmungen anerkannt. Es heißt hier ausdrücklich: „Die verwaltungsmäßige Zuständigkeit und die haushaltsrechtliche Verantwortung des Landes, in dem die wissenschaftliche Forschungseinrichtung ihren Sitz hat, werden durch die Bestimmungen des Staatsabkommens nicht berührt." Für das Länderabkommen über die Finanzierung neuer wissenschaftlicher Hochschulen ergibt sich die Einhaltung des in Art. 109 GG aufgestellten Grundsatzes aus folgendem: Der gem. Art. 1 Abs. 1 innerhalb der 15jährigen Laufzeit des Abkommens zu

---

[58] Vgl. dazu *Maunz* in Maunz-Dürig, Grundgesetz, Art. 106, Rdnr. 9.

[59] *Kölble*, Gemeinschaftsaufgaben zwischen Bund und Ländern, Schriftenreihe Speyer, Bd. 11, S. 57; Bildungs- und Forschungsförderung als Aufgabe von Bund und Ländern, DÖV 1964, S. 592; Finanzreform und Bundesstaatsprinzip, DÖV 1967, S. 2.

entrichtende Landesanteil ist mit einem festen Betrag bestimmt. Nur der durch die Länderanteile gebildete Investitionsfonds in Höhe von 3 075 Mill. DM unterliegt der Verwaltung eines Verwaltungsrates, der sich aus je einem Kultus- und Finanzminister bzw. -senator der Länder zusammensetzt. Die Jahresbeiträge der Länder bleiben dagegen in der haushaltsrechtlichen Verantwortung des jeweiligen Landes; z. B. wird der Beitrag des Landes Hessen zum Investitionsfonds im Haushaltsplan unter der Rubrik Einzelplan 17 Kap. 09 Titel 960 geführt und betrug im Jahre 1968 8 848 000 DM.

In beiden Abkommen wird daher gegen Art. 109 GG nicht verstoßen.

Schwieriger ist die Frage zu entscheiden, inwieweit das gemeinsame Vorgehen der Länder im Hinblick auf Art. 107 Abs. 2 GG a. F. verfassungsmäßig ist. Art. 107 Abs. 1 GG a. F. geht bei der Verteilung der Länderfinanzmassen von dem sogenannten Trennsystem aus: Jedem Land kommt der Landessteueranteil zu, der in seinem Staatsgebiet vereinnahmt wird. Durch dieses System wird zwar unzweifelhaft die Eigenstaatlichkeit der einzelnen Länder betont, andererseits wirkt sich die verschiedene Strukturierung der Länder unvermeidlich auf den Steueranteil aus, so daß das Ergebnis eine sehr unterschiedliche Finanzstärke der Länder ist. Art. 107 Abs. 2 GG a. F. versucht, dieser Unterschiedlichkeit gerecht zu werden. Der Bund ist verpflichtet, einen „angemessenen finanziellen Ausgleich" zwischen den Ländern sicherzustellen[60], dagegen sind Ergänzungszuweisungen aus Bundesmitteln in das freie Ermessen der Bundesorgane gestellt[61]. Daß ein „angemessener finanzieller Ausgleich" zwischen den Ländern durch Zustimmungsgesetz des Bundes zu erfolgen hat, soll verhindern, daß „Patronatsverhältnisse" zwischen leistungsfähigen und leistungsschwachen Ländern entstehen[62]. Im horizontalen Finanzausgleich erfolgen Ausgleichsleistungen nicht für bestimmte konkrete Zwecke, da zweckgebundene Ausgleichsleistungen oder Ergänzungsweisungen notwendig die Gefahr der Beeinflussung der Landespolitik mit sich brächten[63].

Fraglich erscheint, ob es trotz dieses in Art. 107 Abs. 2 GG a. F. vorgesehenen horizontalen Finanzausgleichs zulässig ist, daß die Länder in ihren Kompetenzbereich fallende konkrete Aufgaben gemeinsam finanzieren. Die Zulässigkeit wäre nur dann zu bejahen, wenn die gemeinsame Finanzierung konkreter Landesaufgaben durch die Gesamtheit der Länder nicht eine Umgehung des Finanzausgleichs gem. Art. 107 Abs. 2 GG a. F. wäre und nicht die Gefahr der Beeinflussung finanzschwacher durch finanzkräftige Länder bestünde, die Art. 107 Abs. 2 GG a. F. vermeiden will.

60 *Bühler* in BK Art. 107 B II, *Maunz* in Maunz-Dürig, Art. 107, Rdnr. 32.
61 Art. 107 Abs. 2 Satz 3: Das Gesetz kann ... bestimmen.
62 Vgl. *Maunz* in Maunz-Dürig, Art. 107, Rdnr. 37.
63 Vgl. *Maunz* in Maunz-Dürig, Art. 107, Rdnr. 52; *Bühler* in BK, Art. 107 B I.

Gemäß Art. 5 des Königsteiner Abkommens stellen die vertragsschließenden Länder jährlich den Gesamtbedarf der gemeinsam aufzubringenden Mittel fest; gem. Art. 6 wird der Gesamtbetrag der gemeinsam aufzubringenden Mittel auf die einzelnen Länder zu zwei Dritteln nach dem Verhältnis ihrer Steuereinnahmen und zu einem Drittel nach dem Verhältnis ihrer Bevölkerungszahl umgelegt, wobei sich die Steuereinnahmen um die Beträge erhöhen oder vermindern, die die Länder im Rahmen eines allgemeinen Finanzausgleichs von anderen Ländern erhalten oder an andere Länder abführen. Im Länderabkommen über die Finanzierung neuer wissenschaftlicher Hochschulen sind in Art. 1 die von den einzelnen Ländern an den Investitionsfonds abzuführenden Beträge bestimmt.

Die oben genannten Bestimmungen sowohl des Königsteiner Abkommens wie auch des Länderabkommens über die Finanzierung neuer wissenschaftlicher Hochschulen sind einstimmig von den Bundesländern getroffen worden; nur über die Verwendung der gemeinsam aufgebrachten Mittel wird nach dem Wortlaut beider Abkommen mit Zweidrittel-Mehrheit abgestimmt. Insofern scheidet eine Beeinflussung der finanzschwachen durch die finanzstarken Länder aus: jedes Land, auch das finanzschwache, muß seinen Beitrag leisten, obwohl durch die Abstimmung mit Zweidrittel-Mehrheit über den Verwendungszweck des Gesamtbetrages nicht sicher ist, daß ein Objekt im Bereich eines finanzschwachen Vertragspartners in besonderer Weise gefördert wird, da nicht die Finanzstärke des Landes, sondern die überregionale Bedeutung des Objekts ausschlaggebend für die Förderungswürdigkeit ist. Dadurch ist die Gefahr ausgeschlossen, daß sich die finanzschwachen Länder zum Abschluß eines Abkommens nur deshalb bereiterklären, um die Förderung landeseigener Objekte in jedem Fall garantiert zu sehen. Ein „Patronatsverhältnis" der finanzstarken über die finanzschwachen Länder, das durch Art. 107 Abs. 2 GG a. F. vermieden werden soll, ist daher durch beide hier in Frage stehenden Staatsabkommen nicht begründet.

Es bleibt zu prüfen, ob die in beiden Abkommen vereinbarte Finanzierung von Forschungseinrichtungen nicht eine Umgehung von Art. 107 Abs. 2 GG a. F. darstellt, d. h. ob der allgemeine horizontale Finanzausgleich durch Zustimmungsgesetz des Bundes vollkommen oder teilweise durch Finanzierungsvereinbarungen der Länder bezüglich konkreter Objekte verhindert wird. Es wurde dargelegt, daß jedes Land sowohl auf Grund des Königsteiner Abkommens wie auch auf Grund des Abkommens über die Finanzierung neuer wissenschaftlicher Hochschulen bestimmte Beträge für einen gemeinsamen Fonds zu entrichten hat, die durch einstimmigen Beschluß festgesetzt worden sind. Sowohl die gem. Art. 1 des Länderabkommens über die Finanzierung neuer wissenschaftlicher Hochschulen festgesetzten Beträge der Länder wie die Verteilung des Gesamtbetrages der gemeinsam aufzubringenden Mittel auf die einzelnen Länder nach dem Königsteiner Abkommen machen deutlich, daß sich die von jedem Land zu entrichtende Quote nach der Finanzkraft des jeweiligen Landes bestimmt. Die Bestimmung der Objekte, die durch den gemeinsamen Fonds gefördert werden, richtet sich dagegen nicht nach der Finanzkraft des Landes, in dem sich das jeweilige Objekt befindet, sondern nach dem Maß der Förderungswürdigkeit, das ihm wegen seiner überregionalen Bedeutung mit der notwendigen Zweidrittel-Mehrheit zugesprochen wird. Da es sachlich durchaus denkbar ist, daß sich die als förderungsbedürftig festgestellten Forschungseinrichtungen im Landesbereich ohnehin finanzstarker Länder befinden, handelt es sich bei der gemeinsamen Finanzierung der Länder durch das Königsteiner Abkommen und das Abkommen über die Finanzierung neuer wissenschaftlicher Hochschulen nicht um einen Finanz*ausgleich*, sondern um ein Finanzierungsprogramm der Länder, ein Programm, das nicht die Leistungsfähigkeit der Länder nivelliert (dagegen sprechen bereits die nach der Finanzkraft der Länder gestuften Beiträge), sondern die Förderung von Forschungseinrichtungen nach ihrem sachlichen Vorrang, ihrer überregionalen Bedeutung ermöglicht. Beide Abkommen bezwecken daher einen Ausgleich der Sachinteressen, nicht aber der Finanzinteressen; wäre es anders, so hätte in beiden Abkommen der Förderung von Forschungseinrichtungen finanzschwacher Länder ein Vorrang eingeräumt werden müssen.

Kölble hat daher zwar Recht, wenn er feststellt, daß Art. 107 Abs. 2 GG a. F. den horizontalen Finanzausgleich zwischen den Ländern ausschließlich dem Bundesgesetzgeber vorbehalten hat[64], unzutreffend ist jedoch seine Folgerung, daß deshalb Ländervereinbarungen, die eine gemeinsame Finanzierung bestimmter Objekte vorsehen, verfassungswidrig sind. Wenn Kölble sich zum Beweis der Richtigkeit seiner Ansicht auf Maunz[65] beruft[66], so übersieht er, daß an der von ihm zitierten Stelle zwar die auch hier nicht angezweifelte Ausschließlichkeit des horizontalen Finanzausgleichs durch den Bundesgesetzgeber konstatiert wird, daß Maunz aber in seiner Kommentierung zu Art. 109[67] ausdrücklich betont, der gemeinsamen Finanzierung einzelner kon-

[64] *Kölble*, Finanzreform und Bundesstaatsprinzip, DÖV 1967, S. 2; ders. Bildungs- und Forschungsförderung als Aufgabe von Bund und Ländern, DÖV 1964, S. 592; ders. Erwiderung zu Stralenheim, Bildungs- und Forschungsförderung, DÖV 1965, S. 76; wie Kölble auch das Gutachten über die Finanzreform in der Bundesrepublik Deutschland, TZ. 42; ferner *Sturm*, Die Finanzverantwortung von Bund, Ländern und Gemeinden, DÖV 1968, S. 466.

[65] *Maunz* in Maunz-Dürig, Grundgesetz, Art. 107, Rdnr. 53.

[66] *Kölble*, Erwiderung zu Stralenheim, Bildungs und Forschungsförderung, DÖV 1965, S. 76 und Finanzreform und Bundesstaatsprinzip, DÖV 1967, S. 2.

[67] *Maunz* in Maunz-Dürig, Grundgesetz, Art. 109, Rdnr. 20

kreter Aufgaben durch die Länder stehe nichts entgegen. Insofern unterstützt die von Maunz vertretene Ansicht — entgegen der Annahme Kölbles — die hier entwickelte These, daß es sich bei finanziellen Vereinbarungen der Länder hinsichtlich einzelner konkreter Objekte gar nicht um eine Frage des allgemeinen horizontalen Finanzausgleichs handelt, daß also Art. 107 Abs. 2 GG der Verfassungsmäßigkeit des Königsteiner Abkommens und des Länderabkommens über die Finanzierung neuer wissenschaftlicher Hochschulen nicht entgegensteht[68].

Ein weiterer Einwand, der gegen die Verfassungsmäßigkeit von Ländervereinbarungen geltend gemacht wird, geht dahin, daß das dualistische Schema des Grundgesetzes Aufgaben und Befugnisse nur des einzelnen Landes oder des Bundes kenne. Eine Gemeinschaft aller oder mehrerer Länder als Träger „gebündelter" Staatsgewalt sei dem Grundgesetz unbekannt[69]. Kölble[70] betont, mit dem Grundgesetz sei es nicht vereinbar, „Aufgaben oder Befugnisse einzelner Länder oder auch des Bundes — sei es ganz oder teilweise — auf eine Einrichtung zu übertragen, die von einer Gemeinschaft aller oder mehrerer Länder unterhalten" werde und „gewissermaßen auf einer ‚dritten Ebene' zwischen dem Bund und den Ländern" schwebe[71]. Die Duldung solcher Einrichtungen setze die Anerkennung eines „dreigliedrigen Bundesstaats" voraus, in dem sich außer dem „Gesamtstaat" noch der „Zentralstaat" und die Gemeinschaft der Gliedstaaten gegenüberstehe, eine Konstruktion, die als überholt anzusehen sei[72]. Diese Einwände richten

---

68 Übereinstimmend *Konow*, Kooperativer Föderalismus und Gemeinschaftsaufgaben, DÖV 1966, S. 375; *v. Stralenheim*, Bildungs- und Forschungsförderung als Aufgabe von Bund und Ländern, DÖV 1965, S. 73 und *Groß*, Die verfassungsrechtliche Würdigung, NJW 1967, S. 1001 (1005).

69 Vgl. *Scheuner*, Struktur und Aufgabe des Bundesstaates, DÖV 1962, S. 641; *Fuß*, Verwaltung und Schule, VVDStRL 23, S. 199 (230); *Haegert*, Organe der Länder auf Bundesebene, NJW 1961, S. 1137; *Kölble*, Bildungs- und Forschungsförderung als Aufgabe von Bund und Ländern, DÖV 1964, S. 592; ders. Gemeinschaftsaufgaben zwischen Bund und Ländern, Schriftenreihe Speyer, Bd. 11, S. 59; *Lerche*, Föderalismus als nationales Ordnungsprinzip, VVDStRL 21, S. 89; Gutachten über die Finanzreform in der Bundesrepublik Deutschland, Tz. 41; a. A. *v. Stralenheim*, Bayr. VBl. 1962, S. 70.

70 *Kölble*, Bildungs- und Forschungsförderung als Aufgabe von Bund und Ländern, DÖV 1964, S. 592.

71 Ähnlich auch *Klein*, Verfassungsrechtliche Grenzen der Gemeinschaftsaufgaben, Schriftenreihe Speyer, Bd. 11, S. 159/160; *Köttgen*, Der Einfluß des Bundes auf die deutsche Verwaltung, JöR, n. F., Bd. 3, S. 67 (145), der von „freischwebenden Verwaltungseinrichtungen" spricht; vgl. auch *Schneider*, Verträge zwischen Gliedstaaten im Bundesstaat, VVDStRL 19, S. 22.

72 *Kölble*, Gemeinschaftsaufgaben der Länder und ihre Grenzen, NJW 1962, S. 1083. Diese Ansicht von Kölble ist übrigens nicht stimmig: Die Theorie des sog. dreigliedrigen Bundesstaates, die insbesondere von *Kelsen*, Allg. Staatslehre, S. 200, entwickelt wurde und vornehmlich von *Nawiaski*, der sie in seiner Arbeit „Der Bundesstaat als Rechtsbegriff", S. 239 noch entschieden abgelehnt hatte, in der „Allgemeinen Staatslehre", S. 150 ff. aufgegriffen wurde, betrifft allein das Souveränitätsproblem im Bundesstaat. Selbst wenn man, entgegen der Ansicht des Bundesverfassungsgerichts,

sich allerdings nur gegen die Ländervereinbarungen, durch die eine institutionell gemeinsame Wahrnehmung von Länderaufgaben vorgesehen wird, d. h. entweder in privatrechtlichen oder öffentlich-rechtlichen Organisationsformen bzw. durch Hilfseinrichtungen ohne eigene Rechtspersönlichkeit, wie z. B. das Sekretariat der Ständigen Konferenz der Kultusminister der Länder in der Bundesrepublik Deutschland[73]. Bei den hier erörterten Ländervereinbarungen, dem Königsteiner Abkommen und dem Länderabkommen über die Finanzierung neuer wissenschaftlicher Hochschulen, handelt es sich nicht um eine institutionell gemeinsame Wahrnehmung von Verwaltungsaufgaben der Länder, sondern um eine gemeinschaftliche Durchführung von Landesverwaltungsaufgaben, bei der, wie auf S. 51—53 dargelegt wurde, die parlamentarische Verantwortlichkeit der beteiligten Länder in vollem Maß gewahrt bleibt. Jedes Land bleibt daher eigenverantwortlicher Träger der ihm nach dem Grundgesetz zustehenden Staatsgewalt; von einer „Gemeinschaft aller oder mehrerer Länder als Träger gebündelter Staatsgewalt" kann daher nicht die Rede sein[74].

Da die gegen die Verfassungsmäßigkeit des Königsteiner Abkommens und des Länderabkommens über die Finanzierung neuer wissenschaftlicher Hochschulen denkbaren Einwände nicht durchgreifen, sind beide Abkommen als verfassungsrechtlich zulässig anzusehen. Ist das der Fall, so kann ein Bedürfnis nach bundesgesetzlicher Regelung gem. Art. 74 Ziff. 13 GG nicht schon deshalb bejaht werden, weil der Bereich der Forschung von einem Land „nicht wirksam geregelt werden kann" (Art. 72 Abs. II Ziff. 1 GG). Im Gegenteil: Die Regelung im Bereich der Forschung, die die Länder durch das Königsteiner Abkommen und das Länderabkommen über die Finanzierung neuer wissenschaftlicher Hochschulen getroffen haben, könnte, falls sie für das Bundesgebiet als ausreichend wirksam anzusehen wäre, einer bundesgesetzlichen Regelung gem. Art. 74 Ziff. 13 GG entgegenstehen. Allerdings ist es nicht richtig,

---

BVerfGE v. 11. 7. 1961, BVerfGE Bd. 13, S. 54 (77) einen dreigliedrigen Bundesstaatsbegriff annehmen würde (Bundesrepublik Deutschland als Gesamtstaat, der Bund als Zentralstaat, die Länder als Gliedstaaten), wäre damit nichts über die Zulässigkeit von gemeinsamen Ländereinrichtungen gesagt. Gemeinsame Ländereinrichtungen sind stets Einrichtungen auf Landesebene, die sich mit den den Ländern zugewiesenen Aufgaben befassen und die nach Landesrecht beurteilt werden. Es gibt keinen sachlichen Grund, für ihre Existenz eine „dritte Ebene" zwischen Bund und Ländern oder über Bund und Ländern vorauszusetzen; vgl. dazu *Maunz*, Pflicht der Länder zur Uneinigkeit, NJW 1962, S. 1643; *Krapp*, Die verfassungsrechtliche Zulässigkeit gemeinsamer Ländereinrichtungen, S. 24.

[73] *Kölble*, „Gemeinschaftsaufgaben" der Länder und ihre Grenzen, NJW 1962, S. 1082.

[74] Vgl. dazu *Roellenbleg*, Zwischengliedstaatliche Verträge und Institutionen, DÖV 1968, S. 225 (232).

wenn Wenke[75] meint, solange das Königsteiner Abkommen bestehe, lasse sich ein Bedürfnis nach bundesgesetzlicher Regelung gem. Art.72 Abs. 2 Ziff. 1 GG überhaupt nicht nachweisen. Nur solange die Regelung, die die Länder im Wege der hier erörterten Abkommen erreichen, den Bedürfnissen der Forschung der Bundesrepublik entspräche, wäre eine Gesetzgebung des Bundes gem. Art. 74 Ziff. 13, Art. 72 Abs. 2 Ziff. 1 GG ausgeschlossen.

Genau das ist jedoch nicht der Fall! Auch die gemeinsamen Bemühungen aller Länder auf dem Gebiet der wissenschaftlichen Forschung haben sich für die Bundesrepublik als unzureichend erwiesen. Als unzureichend nicht nur in finanzieller Hinsicht, — das wäre im Hinblick auf Art. 72 Abs. 2 Ziff. 1 GG ohne Belang. Es hat sich vielmehr gezeigt, daß es einer Gesamtplanung für die Förderung der wissenschaftlichen Forschung bedarf, um überhaupt zu einer ausreichenden Effektivität der wissenschaftlichen Forschungseinrichtungen in der Bundesrepublik zu kommen. Das ergibt sich einmal aus der Tatsache des Abschlusses des Verwaltungsabkommens zwischen Bund und Ländern über die Errichtung eines Wissenschaftsrates vom 5. 9. 1957, ferner aus dem Zustandekommen der Verwaltungsabkommen zwischen Bund und Ländern zur Förderung von Wissenschaft und Forschung vom 4. Juni 1964 und vom 8. Februar 1968. Der vom Wissenschaftsrat aufzustellende Gesamtplan für die Förderung der Wissenschaften und das von ihm jährlich zu erarbeitende Dringlichkeitsprogramm dienen gem. Ziff. I, 1 des Ververwaltungsabkommens zwischen Bund und Ländern zur Förderung von Wissenschaft und Forschung vom 8. Februar 1968 „als Grundlage" für die gemeinsamen Bemühungen von Bund und Ländern um den weiteren Ausbau der wissenschaftlichen Hochschulen. Auf die Verfassungsmäßigkeit dieses Verfahrens braucht in diesem Zusammenhang nicht eingegangen zu werden; bereits die Tatsache, daß die Förderung der wissenschaftlichen Hochschulen und die Gesamtfinanzierung der Max-Planck-Gesellschaft und der Deutschen Forschungsgemeinschaft auf Grund einer Gesamtplanung von Bund und Ländern erfolgt, zeigt, daß die gemeinsamen Bemühungen der Länder im Bereich der Forschung sich als nicht ausreichend erwiesen haben. Ein Bedürfnis nach bundesgesetzlicher Regelung gem. Art. 72 Abs. 2 Ziff. 1 GG ist daher zu bejahen. Der Bund wäre gem. Art. 74 Ziff. 13 GG in Verb. mit Art. 72 Abs. 2 Ziff. 1 GG berechtigt, ein Forschungsförderungsgesetz zu erlassen.

Der Bund könnte aber ferner gem. Art. 72 Abs. 2 Ziff. 3 GG das Recht haben, von der ihm gem. Art. 74 Ziff. 13 GG zustehenden Gesetzgebungskompetenz Gebrauch zu machen. Ein Bedürfnis nach bundesgesetzlicher Regelung, weil „die Wahrung der Rechts- oder Wirtschafts-

---

75 *Wenke*, Die Kulturverwaltung im Verhältnis von Bund und Ländern, Festschrift für Hans Nawiasky, S. 281.

einheit, insbesondere die Wahrung der Einheitlichkeit der Lebensverhältnisse über das Gebiet eines Landes hinaus sie erfordert", kann, wie Maunz[76] hervorhebt, praktisch bei jeder in Art. 74 GG aufgeführten Gesetzesmaterie bejaht werden, es sei denn, daß aus dem ergangenen Bundesgesetz hervorgeht, daß es der Rechts- oder Wirtschaftseinheit nicht dienen will oder dienen kann, weil es selbst die Verschiedenartigkeit der Verhältnisse in den einzelnen Bundesländern ausdrücklich betont bzw. berücksichtigt. Ein Forschungsförderungsgesetz des Bundes, das eine Förderung der wissenschaftlichen Forschung, sei es durch finanzielle oder organisatorische Maßnahmen, vorsähe, diente stets der Rechtseinheit im Bundesgebiet, wenn in ihm eine Förderung der einzelnen Forschungsbereiche nach ihrer Sachbedeutung geregelt würde. Zum Beispiel wäre es durchaus im Sinne der Wahrung einer gewissen Rechts- und Wirtschaftseinheit, wenn in einem Forschungsförderungsgesetz des Bundes die Förderung der vom Wissenschaftsrat[77] empfohlenen Sonderforschungsbereiche einheitlich geregelt würde, gerade weil bei der vorgesehenen Einrichtung der Sonderforschungsbereiche nicht die Landeszugehörigkeit einer Forschungseinrichtung, sondern ihre sachliche und personelle Eignung für ein bestimmtes Forschungsgebiet allein von Bedeutung ist. Der Wissenschaftsrat geht bei der Empfehlung zur Einrichtung von Sonderforschungsbereichen davon aus, daß zwar jede der deutschen Hochschulen prinzipiell gleichrangig ist, faktisch aber die verschiedenen Fächer an den einzelnen Hochschulen längst von unterschiedlichem Gewicht sind. Diese Faktizität der gegenwärtigen Hochschulverhältnisse soll in Zukunft dadurch betont werden, daß einzelne Hochschulen durch Konzentration der geeigneten Kräfte und Sachmittel Spezialgebiete besonders betreiben, d. h. Sonderforschungsbereiche einrichten, die eine intensive Forschung ermöglichen und gleichzeitig einen wirtschaftlichen Einsatz von Finanzmitteln garantieren, weil kostspielige Hilfsmittel der Forschung (man denke z. B. an Atomreaktoren oder Rechenanlagen) soweit wie möglich ausgenutzt werden. Da bei der Verteilung der Sonderforschungsbereiche allein der Gesichtspunkt maßgebend wäre, welche personellen und sachlichen Kräfte an einer bestehenden Forschungseinrichtung für eine verstärkte und konzentrierte Forschung auf einem bestimmten Gebiet geeignet sind und insofern die Verschiedenartigkeit der Verhältnisse in den einzelnen Bundesländern völlig außer Betracht bliebe, wäre z. B. ein Forschungsförderungsgesetz, das bei den vorgesehenen Förderungsmaßnahmen auf die Sonderforschungsbereiche abstellte, mit Sicherheit für die Rechtseinheit in der Bundesrepublik dienlich. Daß eine Regelung der Forschungsförderung, soweit sie die Sachbedeutung der einzelnen

---

76 *Maunz* in: Maunz-Dürig, Grundgesetz, Art. 72, Rdnr. 23 u. Rdnr. 12.

77 Empfehlungen des Wissenschaftsrates zum Ausbau der wissenschaftlichen Hochschulen bis 1970, S. 126 ff.

Forschungseinrichtungen berücksichtigte, auch im übrigen der Rechts- und Wirtschaftseinheit in der Bundesrepublik dienen würde, liegt auf der Hand.

Der Bund wäre daher sowohl gem. Art. 72 Abs. 2 Ziff. 1 GG als auch gem. Art. 72 Abs. 2 Ziff. 3 GG berechtigt, von seiner ihm gem. Art. 74 Ziff. 13 GG zustehenden Gesetzgebungskompetenz auf dem Gebiet der Förderung der Forschung Gebrauch zu machen.

Zweites Kapitel

Rechtsgültigkeit der zwischen Bund und Ländern getroffenen Abkommen zur allgemeinen Wissenschaftsförderung

Ein Forschungsförderungsgesetz des Bundes gem. Art. 74 Ziff. 13 GG ist bisher nicht ergangen. Vielmehr erfolgte die allgemeine Wissenschaftsförderung, d. h. vor allem die Förderung der wissenschaftlichen Hochschulen vor der Einführung der neuen Bundeskompetenzen im Mai 1969 vornehmlich auf Grund der zwischen Bund und Ländern getroffenen Abkommen[78]. Ob diese Abkommen verfassungsrechtlich eine zureichende Grundlage für das Tätigwerden von Bund und Ländern darstellten, kann zweifelhaft sein. Als unstreitig kann lediglich angesehen werden, daß der Abschluß von Verträgen zwischen Bund und Ländern grundsätzlich möglich ist[79]. Das Bundesverfassungsgericht hat bereits 1952[80] die Zulässigkeit eines Zusammenwirkens zwischen Bund und Ländern vorausgesetzt. Ob allerdings im Einzelfall bei Abschluß einer Vereinbarung zwischen Bund und Ländern die verfassungsrechtlichen Normen eingehalten worden sind, ist zu untersuchen.

A. Das Verwaltungsabkommen zwischen Bund und Ländern über die Errichtung eines Wissenschaftsrates vom 5. 9. 1957

Die Verfassungsmäßigkeit des Wissenschaftsrates stellt sich zunächst als Organisationsproblem dar, d. h. als die Frage, inwieweit seine Errichtung zulässiger Ausfluß der Organisationsgewalt von Bund und Ländern ist.

Die Gestaltung von Organisation ist grundsätzlich nichts spezifisch Staatliches; sie ist in allen Bereichen notwendig, in denen personelle

---

[78] Vgl. die Darstellung oben, S. 17 ff.

[79] Vgl. dazu *Groß*, Die verfassungsrechtliche Würdigung der Kooperationsformen bei Bund und Ländern, NJW 1967, S. 1001 (1002).

[80] BVerfGE 1, 299 (311).

und sachliche Mittel in einer bestimmten Ordnung zur Erreichung konkreter Zwecke eingesetzt werden. In der Privatwirtschaft kann sie von gleicher Erheblichkeit wie im staatlichen Sektor sein. Die staatliche Organisationsgewalt unterscheidet sich von der nichtstaatlichen dadurch, daß sie sich der Setzung von Rechtsnormen bedienen kann, um Organisationen zu schaffen, während sich nichtstaatliche Organisation nur innerhalb der bestehenden Rechtsordnung ereignen kann. Ob das Vorhandensein bzw. die Schaffung einer Rechtsnorm allerdings unabdingbare Voraussetzung staatlicher Organisationsgewalt ist, ist eine vieldiskutierte Streitfrage der deutschen Rechtswissenschaft[81]. Einerseits wird die Auffassung vertreten, nur materielle Gesetze könnten Organisationsgewalt begründen; auf der anderen Seite wird die Organisationsgewalt als selbstverständliches Recht der Exekutive angesehen, das durch rein interne Akte, nämlich Verwaltungsanordnungen, ausgeübt werden kann.

Letztere Ansicht wurde insbesondere von Anschütz[82] vertreten, der sie anhand eines Vorfalls aus dem Jahre 1869 in der Sitzung des preußischen Herrenhauses darlegt. Die Regierung hatte ihre Organisationsprozesse für die Verwaltungsorganisation in den neuen Provinzen nicht als besondere Gesetzentwürfe, sondern nur als Etatforderungen dem Landtag, und zwar verfassungsgemäß, zuerst dem Abgeordnetenhaus vorgelegt. Da das Herrenhaus nur bei gewöhnlichen Gesetzen, nicht dagegen bei der Feststellung des Staatshaushaltsetats gleiches Gewicht und gleiche Stimme wie das Abgeordnetenhaus hatte, d. h. bei allen Gesetzentwürfen außer dem Staatshaushalt Änderungsvorschläge einbringen konnte, während es den Haushalt nur en bloc annehmen oder ablehnen konnte, legte das Herrenhaus besonderen Wert darauf, daß die Regierung bei Organisationsveränderungen den gewöhnlichen Gesetzgebungsweg und nicht den des Budgetrechtes beschritt, damit dem Herrenhaus das Recht zu Abänderungsvorschlägen auch für Organisationsfragen erhalten blieb. Am 30. Januar 1869 sprach das Herrenhaus ausdrücklich die Erwartung aus, „daß die königliche Staatsregierung die Organisation neuer Landespolizeibehörden fernerhin durch spezielle, dem Landtage der Monarchie vorzulegende Gesetze und nicht bloß durch den Etat regele“[83]. In den dazu von der Regierung abgegebenen Erklärungen werden folgende Gesichtspunkte betont: 1. Die Organisation der Staatsbehörden sei — soweit durch die Verfassung oder durch Spezialgesetze nicht ausdrücklich etwas anderes

---

[81] Vgl. zur Frage der Organisationsgewalt insbesondere: *Böckenförde,* Die Organisationsgewalt im Bereich der Regierung.

[82] *Anschütz,* Die gegenwärtigen Theorien über den Begriff der gesetzgebenden Gewalt, S. 153 ff.

[83] Sten. Ber., S. 191 — zit. nach *Anschütz,* Die gegenwärtigen Theorien, S. 154.

bestimmt sei — nicht Gegenstand der Gesetzgebung, sondern des „Verordnungsrechts", denn, so kommentiert Anschütz[84], „Organisationsverordnungen sind keine Rechtsverordnungen; sie greifen nicht in die Rechtssphäre der Untertanen ein"; 2. die Organisationsgewalt sei „salvo iure" durch die landtägliche Ausgabenbewilligung auszuüben; 3. die Organisationsgewalt betreffe und könne nur betreffen die organisatorische Gestaltung und Verteilung der bestehenden „materiellen Regierungsrechte", nicht die Begründung neuer. In der Organisationsgewalt sei nicht die Befugnis der Regierung inbegriffen, das Maß der obrigkeitlichen Rechte gegenüber den Untertanen zu erweitern; die in der Staatsgewalt liegenden Hoheitsrechte könnten nicht ohne einen Akt der Gesetzgebung verändert werden.

Damit wird deutlich, daß der Meinungsstreit um die Organisationsgewalt im Grunde den Fragenkreis des Rechtssatzbegriffes betrifft, so daß eine kurze Darstellung der Entwicklung dieses Begriffes notwendig erscheint. Anschütz' Auffassung im Budgetstreit geht zurück auf die Lehre vom Gesetzesbegriff, die in Aegidis Zeitschrift für Deutsches Staatsrecht und Deutsche Verfassungsgeschichte[85] unter den Initialen E. A. Chr. zuerst vertreten und von Laband in seinem „Budgetrecht" begründet wurde. Laband unterscheidet zwischen dem Begriff des Gesetzes im engeren Sinn, dem formellen Gesetz und dem Gesetz im materiellen Sinn. Das wesentliche Kriterium des Gesetzes besteht für Laband im Inhalt, ist also ein materielles Kriterium[86]. Der Inhalt des Gesetzes muß ein Rechtssatz sein, „eine Norm zur Regelung oder Entscheidung von Rechtsverhältnissen"[87]. Andererseits ist es sachlich durchaus möglich, daß von einem „Gesetz" gesprochen wird, „wenn man lediglich die Feststellung oder das Erfordernis einer Willensübereinstimmung zwischen dem König und den beiden Häusern des Landtages oder zwischen dem Bundesrathe und dem Reichstage andeuten will"[88], d. h., wenn die Gesetzesform eingehalten wird: „In diesem Fall ist das begriffliche Merkmal des Gesetzes ein rein formelles[89]." Formeller und materieller Gesetzesbegriff verhalten sich, wie es Böckenförde[90] sehr anschaulich ausdrückt, zueinander wie zwei sich schneidende Kreise; erst der Rechtssatzcharakter des Gesetzesinhalts macht ein formelles Gesetz gleichzeitig zum materiellen Gesetz. Rechtssatz ist für Laband alles, was der Schrankenziehung zwischen den Willenssphären von Rechtssubjekten dient, denn das Recht hat für Laband die Aufgabe, „die durch das

---

[84] *Anschütz*, Die gegenwärtigen Theorien, S. 159.
[85] Jahrgang 1867, S. 196 f. (201).
[86] *Laband*, Das Budgetrecht, S. 4.
[87] *Laband*, Das Budgetrecht, S. 3.
[87] *Laband*, Das Budgetrecht, S. 7.
[89] *Laband*, Das Budgetrecht, S. 7.
[90] *Böckenförde*, Gesetz und gesetzgebende Gewalt, S. 230.

gesellige Zusammenleben der Menschen gebotenen Schranken und Grenzen der natürlichen Handlungsfreiheit der Einzelnen zu bestimmen"[91]. Da Laband den Staat als impermeables Individuum ansieht, das selbständig neben die übrigen Rechtssubjekte tritt[92], und für ihn das Recht Schrankenziehung zwischen Rechtssubjekten ist, umfaßt Labands Rechtssatzbegriff nur die zwischen dem Rechtssubjekt Staat und anderen Rechtssubjekten bestehenden Rechtsbeziehungen, während die „internen" Staatsbereiche, z. B. das Beamtenrecht und das Haushaltsrecht, aus dem Rechtssatzbegriff herausfallen[93].

Georg Jellinek schloß sich grundsätzlich Labands Auffassung an, wenngleich sein Rechtssatzbegriff sich von dem Labands unterscheidet. Jellinek gibt zwar keine Definition des Rechtssatzes, seine Ansicht ergibt sich aber aus folgenden Sätzen: „Hat ein Gesetz den nächsten Zweck, die Sphäre der freien Tätigkeit von Persönlichkeiten gegeneinander abzugrenzen, ist es der sozialen Schrankenziehung wegen erlassen worden, so enthält es die Anordnung eines Rechtssatzes, ist daher auch ein Gesetz im materiellen Sinne; hat es jedoch einen anderen Zweck, so ist es kein materielles, sondern nur ein formelles Gesetz, das seinem Inhalt nach als Anordnung eines Verwaltungsaktes oder als ein Rechtsspruch sich charakterisiert[94]." Da nach Jellinek „der Wille der Organträger ... innerhalb der ihm zugewiesenen Schranken ... als Staatswille anzusehen" ist, ist es nur folgerichtig, daß Willensäußerungen der Staatsorgane, als Vorgänge, die „streng innerhalb einer Persönlichkeit" bleiben, für ihn nicht als Rechtsnormen gewertet werden[95]. Staatliche Willensäußerungen oder Handlungen, die keine Kompetenzen zur Wahrnehmung staatlicher Rechte und Pflichten gegenüber anderen Personen begründen, haben somit nach Jellinek

---

[91] *Laband,* Das Staatsrecht des Deutschen Reiches, Bd. 2, 4. Aufl., S. 67.

[92] *Laband,* Das Staatsrecht des Deutschen Reiches, Bd. 1, 5. Aufl., S. 56/57.

[93] *Laband,* Das Staatsrecht des Deutschen Reiches, 5. Aufl., Bd. 2, S. 181: „Das Recht besteht in der Abgrenzung der Befugnisse und Pflichten der einzelnen Subjekte gegeneinander; es setzt seinem Wesen nach eine Mehrheit von Willensträgern voraus, die miteinander kollidieren können ... Nur da, wo die Willenssphäre des verwaltenden Staates (der Verwaltung) mit irgendeiner anderen vom Recht anerkannten Willenssphäre in Kontakt kommt, wo ein wechselweiser Eingriff, eine Kollision, eine Ausgleichung möglich ist, kann für einen Rechtssatz Raum sein. Regeln dagegen, die sich innerhalb der Verwaltung selbst halten, die in keiner Richtung einem außerhalb derselben stehenden Subjekte Beschränkungen auferlegen oder Befugnisse einräumen, ihm nichts gewähren und nichts entziehen, die ihm nichts gebieten und nichts verbieten, sind keine Rechtsvorschriften"; wie Laband im Ergebnis auch *Georg Meyer,* Der Begriff des Gesetzes und die rechtliche Natur des Staatshaushaltsetats in Grünhut Zs., Bd. 8 (1881), S. 15 f.; ders. vor allem auch im Lehrbuch des Deutschen Staatsrechts, 4. Aufl., Leipzig 1895, S. 483; *Seligmann,* Der Begriff des Gesetzes im materiellen und formellen Sinne, S. 105; *Bornhak,* Allgemeine Staatslehre, S. 159, S. 174/175.

[94] *Georg Jellinek,* Gesetz und Verordnung, S. 240.

[95] *Georg Jellinek,* System der subjektiven öffentlichen Rechte, S. 233.

keinen Rechtssatzcharakter und können nicht Gesetz im materiellen Sinne sein.

Im engsten Anschluß an Jellinek verstand Anschütz in seinen „Kritischen Studien zur Lehre vom Rechtssatz und materiellen Gesetz“[96] unter einem materiellen Gesetz oder Rechtssatz diejenige staatliche Norm, deren nächster Zweck Abgrenzung von Willenssphären ist. In seiner Schrift über „Die gegenwärtigen Theorien über den Begriff der gesetzgebenden Gewalt und den Umfang des Königlichen Verordnungsrechts“[97] kommt Anschütz gegenüber Laband und Georg Jellinek zu einer eigenständigen Unterscheidung zwischen „Rechtsnormen“ und „Nichtrechtsnormen“. Rechtsnormen sind nach Anschütz Vorschriften, in denen der Staat sich mit Geboten oder Verboten an die Untertanen wendet, um zwischen ihnen (Privatrecht) oder zwischen ihnen und sich (öffentliches Recht) die Grenze des Dürfens und Müssens festzusetzen; Nichtrechtsnormen sind Vorschriften, durch die der Staat, ohne in Freiheit und Eigentum der Untertanen einzugreifen, lediglich die Einrichtung und das Verfahren seiner Organe ordnet[98]. Da für Anschütz materielles Recht und Rechtssatz gleichbedeutend sind[99], sind materielle Gesetze für ihn stets dann undenkbar, wenn durch staatliche Willensäußerungen der Bereich von Freiheit und Eigentum der Bürger nicht berührt wird[100].

Die Lehre vom doppelten Gesetzesbegriff erfuhr bereits von Haenel[101] eine grundlegende Kritik. Haenel erklärte, die Definition des Rechts als soziale Schrankenziehung, als Abgrenzung von Willenssphären einzelner Subjekte umfasse nicht die Gesamtfunktionen des Rechts; denn Funktion des Rechts sei es vor allem auch, „das Zusammenwirken in der menschlichen Gesellschaft zu ordnen; jene festen Regeln und Formen zu schaffen, welche die aufeinander wirksamen Willenskräfte nicht — negativ — abgrenzen, beschränken, sondern welche sie

---

96 *Anschütz*, Kritische Studien zur Lehre vom Rechtssatz und materiellem Gesetz, S. 33.

97 *Anschütz*, Die gegenwärtigen Theorien über den Begriff der gesetzgebenden Gewalt und den Umfang des Königlichen Verordnungsrechts, S. 97.

98 Weil Anschütz der Krone das Recht zum Erlaß von Rechtsverordnungen nur „intra legem“ zusprach, mußte er es sich übrigens gefallen lassen — dies als historisch nicht uninteressante Randbemerkung — von Arndt (AöR XV, S. 336 ff.) „demokratischer“ Anschauungen angeprangert zu werden. Anschütz wehrte sich allerdings heftig gegen diesen Vorwurf, mit dem er glaubte, „in eine Gesellschaft gebracht“ zu werden, die ihm „sonst anerkanntermaßen fern steht“: „Rechnete ich mich doch bisher noch immer zu den ernstlich Gutgesinnten, wähnte ich doch mit keinem Tröpfen demokratischen Oels gesalbt zu sein“ (Die gegenwärtigen Theorien, S. 55, S. 57).

99 *Anschütz*, Die gegenwärtigen Theorien, S. 128.

100 Wie Anschütz auch *Max von Seydel*, Bayerisches Staatsrecht, neubearb. von Großmann und Piloty, Bd. I.

101 *Haenel*, Studien zum deutschen Staatsrecht, Bd. II, 2: Das Gesetz im formellen und materiellen Sinne, Leipzig 1888.

— positiv — verbinden, ... um durch planmäßige und berechenbare Vereinigung der Kräfte das zu erreichen, was den nur gegeneinander abgegrenzten Willen unerreichbar ist“[102]. Gegenüber Laband, Jellinek und Anschütz betont Haenel, daß der Staat insbesondere in seinen Organen besteht und handelt: „Die Realität des Staates besteht daher und kann nur bestehen mit der Abgrenzung und mit der Zusammenordnung „einer Mehrheit von Willensträgern“, als seinen Organen, Behörden oder Beamten, welche untereinander „in Kontakt kommen“, unter welchen „wechselseitige Eingriffe, eine Kollision, eine Ausgleichung möglich ist — kurz mit dem Rechte“[103]. Damit werden nicht nur die Willensäußerungen des Staates als Rechtssubjekt gegenüber anderen Rechtssubjekten, sondern auch die Willensäußerungen der Staatsorgane im wechselseitigen Zusammenwirken als Rechtsvorschriften gewertet[104].

Wie Haenel kritisierte auch Richard Thoma, daß der Rechtssatzbegriff der herrschenden Lehre nur die Normen umfasse, die sich auf den individuellen Lebenskreis der Staatsbürger beziehen. Er erklärte, nichts sei verkehrter, als der verbreitete Irrtum, dieser Rechtsbegriff lasse sich irgendwie theoretisch, logisch, philosophisch bestimmen; „ein Irrtum, der unsere bedeutendsten Staatsrechtslehrer in unfruchtbare Streitigkeiten verwickelt hat“[105]. „Das Dogma, jeder Rechtssatz sei Eingriff in Freiheit und Eigentum der Bürger“ ist für Thoma hinfällig: „Es gibt Rechtssätze, welche lediglich dem Staate oder seinen Organen Pflichten auferlegen, den Untertanen dagegen Rechte gewähren, oder — wie gewisse Verfassungsnormen — deren Sphäre überhaupt nicht berühren, es gibt Rechtssätze, welche lediglich organisatorische Wirkungen entfalten[106].“ Schärfer noch ist die Kritik Hermann Hellers am Rechtssatzbegriff[107]: „Die beiden Rechtssatzformeln der herrschenden Lehre gehören dem Gedankenkreis eines höchst primitiven Konstitutionalismus an, in welchem dem Untertan nur Freiheit und Eigentum seiner privatesten Sphäre bedeutsam waren. Sobald er seine Freiheit auch politisch verstand, war mit jenen Rechtssatzformeln nichts anzu-

---

[102] *Haenel*, a.a.O., S. 208.

[103] *Haenel*, a.a.O., S. 232.

[104] *Haenel*, a.a.O., S. 232: „Darum sind dann auch diejenigen objektiven Normen, welche die Abgrenzung und Zusammenordnung der im Staate oder im verwaltenden Staate mitwirkenden menschlichen Willenskräfte feststellen, *Rechtssätze*“; vgl. zur Kritik am doppelten Gesetzesbegriff von Laband, Georg Jellinek und Anschütz auch: *von Martitz*, Über den konstitutionellen Begriff des Gesetzes nach deutschem Staatsrecht, S. 17 f.; *von Sarwey*, Allgemeines Verwaltungsrecht, S. 10; *Bierling*, Juristische Prinzipienlehre, Bd. 2, S. 118/189.

[105] *Thoma* in: Festgabe für Otto Mayer, S. 176.

[106] *Thoma*, Der Polizeibefehl im badischen Recht, S. 118.

[107] *Heller*, Der Begriff des Gesetzes in der Reichsverfassung, VVDStRL 4, S. 111.

fangen." Heller führt aus, alle Versuche der herrschenden Lehre, das „Wesen", die „Natur", die „Substanz" der Rechtssetzung, Rechtsprechung und Verwaltung apriorisch zu bestimmen, seien durchaus müßig, denn alle Staatsakte seien ihrer „Natur" nach nicht verschieden, sondern gleich: „Sie alle sind auf die einheitliche Zusammenordnung des gesellschaftlichen Verhaltens der Gebietsbewohner gerichtet ... Diesem Prinzip der materiellen Legalität aller Staatstätigkeit entspricht also formell und materiell der Begriff des konstitutionellen Gesetzes, der nicht anderes bezeichnet, als die oberste, alle andere Staatstätigkeit determinierende, von der Volkslegislative gesetzte Rechtsnorm. Seine Eigenschaft, seine Kraft als Gesetz, seine ‚Unverbrüchlichkeit' hat es ausschließlich deshalb, weil es als autonomer Beschluß der die Gemeinschaftswerte repräsentierenden volonté générale gilt. Von irgendeiner Verwaltungsvorschrift oder einem Rechtsspruch unterscheidet es sich keineswegs durch seine Rechtssatzeigenschaft, sondern dinglich durch seine erhöhte materielle Geltungskraft[108]."

Sowohl bei Haenel wie auch bei Heller ist ein Gedanke maßgebend, der für die heutige Interpretation des Gesetzesbegriffs und damit auch für den Fragenkreis der Organisationsgewalt von größter Bedeutung ist: daß nämlich die Funktion des Rechts nicht darauf beschränkt ist, die Willenssphäre der Staatsbürger untereinander oder zwischen Staatsbürger und dem Rechtssubjekt abzugrenzen, sondern daß die Funktion des Rechts vornehmlich darin besteht, das Zusammenwirken der staatlichen Gemeinschaft zu ordnen. Heller erklärt in seiner Staatslehre im Kapitel „Staatsfunktion und Rechtsfunktion" (S. 218), daß das Recht die Funktion habe, „das gesellschaftliche Leben richtig zu richten, d. h. allen seinen Gliedern das ihnen im Hinblick auf ein Ganzes Zukommende an Berechtigungen und Verpflichtungen zuzumessen, die Glieder in ein richtiges Verhältnis zueinander zu bringen ..."[109]. Dem entspricht es im wesentlichen, wenn Böckenförde[110] betont, staatsrechtliche Grundbegriffe könnten nicht abstrakt als quasilogische Kategorien konstruiert werden, sondern müßten „konkret von den soziologischen Realitäten und rechtlichen Gegebenheiten der staatlichen Wirklichkeit her entwickelt werden, um diese in ihrer juristischen Bedeutung zu erfahren und zum Ausdruck zu bringen". Die dualistische Lehre vom Gesetzesbegriff ist dabei selbst ein geradezu

---

[108] *Heller*, Der Begriff des Gesetzes in der Reichsverfassung, VVDStRL 4, S. 116; zustimmend *Rupp*, Grundfragen der heutigen Verwaltungsrechtslehre, S. 28.

[109] Vgl. auch *Heller*, Bemerkungen zur staats- und rechtstheoretischen Problematik der Gegenwart, AöR, Bd. 55, S. 353: „Juristische Formung ist Gestaltung einer lebendigen Gemeinschaft und deshalb der Statik des Logismus auf ewig unzugänglich."

[110] *Böckenförde*, Gesetz und gesetzgebende Gewalt, S. 335.

klassisches Beispiel dafür, daß die Bestimmung der Funktion des Gesetzes von den jeweiligen staatsrechtlichen Gegebenheiten, nicht aber von logischen oder philosophischen Schlußfolgerungen abhängt. Laband erklärte in seinem „Staatsrecht des Deutschen Reiches“[111]: „Überall, wo man die selbständige Entscheidung des Monarchen oder seiner Minister ausschließen wollte, erklärte man ein Gesetz, d. h. die Beobachtung der für die Gesetzgebung vorgeschriebenen Formen für erforderlich, weil diese Formen die Genehmigung der Volksvertretung in sich schließen.“ Im preußischen Budgetkonflikt war genau das Gegenteil gelungen: Das Haushaltsgesetz wurde als „bloß formelles“ Gesetz aus dem ursprünglichen Kompetenzbereich des Parlaments zugunsten der Exekutive herausgenommen, und Laband lieferte mit seinem 1871 erschienenen „Budgetrecht“ die juristische Rechtfertigung des Ausgangs des Budgetkonflikts, in dem er mit ausführlicher Begründung darlegte, der Grund für die mangelnde Erkenntnis der Grenzen des Budget-Bewilligungs-Rechts sei die Auffassung, „als sei die Feststellung des Etats ein Akt der Gesetzgebung, während sie in Wahrheit ein Akt der Staatsverwaltung sei“[112].

Da die verfassungsrechtliche Situation im heutigen parlamentarisch-demokratischen Staat, in dem *alle* Gewalt aus der demokratischen Verfassung abzuleiten ist, eine grundlegend andere ist als die der konstitutionellen Monarchie, in der die grundsätzlich absolute Machtvollkommenheit des Monarchen lediglich durch die Verfassung beschränkt bzw. gebunden war, müßte es nur folgerichtig sein, daß sich mit dem Verfassungswandel auch der Gesetzesbegriff und damit die rechtliche Einordnung der Organisationsgewalt verändert hätte. Das ist nur sehr bedingt der Fall[113]. Obgleich der Kompetenzstreit zwischen Herrenhaus und Abgeordnetenhaus längst der Vergangenheit angehört und die Exekutive im modernen Verfassungsstaat demokratisch legitimiert und kontrolliert ist, bestehen in der rechtlichen Begründung der Organisationsgewalt erhebliche Meinungsverschiedenheiten, die im Grunde darauf beruhen, daß die Exekutive nicht als eine der Funktionen der vom Volk ausgehenden Staatsgewalt gewertet wird, die sie nach der Verfassung ist. Nur vereinzelt wird allerdings die Auffassung vertreten, jede organisationsrechtliche Maßnahme bedürfe der rechtssatzmäßigen Grundlage. Daß Kelsen zu begründen versucht, die Organisationsgewalt stehe nicht nur unter dem Vorbehalt der Verfassung und der Gesetze,

---

111 *Laband,* a.a.O., Bd. 2, 4. Aufl., S. 56.

112 *Laband,* Budgetrecht, S. 19; vgl. dazu auch *Heckel,* HDStR, Bd. 2, S. 368; *Heller,* VVDStRL 4, S. 106; *Scheuner,* Festschrift für Smend (1962), S. 262; *Jesch,* Gesetz und Verwaltung, S. 20; *Böckenförde,* Die Organisationsgewalt, S. 112; vgl. vor allem auch die Widerlegung von Labands Ausführungen durch *Haenel,* Studien zum Deutschen Staatsrecht, Bd. II, 2, S. 222 ff.

113 Vgl. zum heutigen Gesetzesbegriff unten S. 92 ff.

sondern müsse gesetzlich begründet sein[114], resultiert aus der Grundauffassung, daß Organisationsnormen in jedem Fall Teilrechtsordnung sind. Auch Burckhardt[115] versteht unter Organisation „eine besondere Art rechtlicher Normen und, in noch engerer Bedeutung, die durch Menschen gehandhabten derartigen Normen ...". Richter[116] fordert aus rechtsstaatlichen Erwägungen heraus eine Bindung der Organisationsgewalt an das Gesetz; nach seiner Meinung verändert eine Maßnahme der staatlichen Organisation immer auch die rechtliche Stellung des Staatsbürgers und bedarf deshalb einer rechtssatzmäßigen Grundlage. Auch Ermacora[117] tritt dafür ein, daß die Organisationsgewalt der Exekutive „vom Gesetzgeber näher vorbestimmt sein" sollte, da die Handhabung der Organisationsgewalt in vieler Hinsicht die rechtlichen Interessen jedes einzelnen berühre, obwohl er andererseits durchaus anerkennt, daß Art. 20 Abs. 2 und 3 GG im Gegensatz zu Art. 18 der österreichischen Bundesverfassung die Exekutive zwar an Gesetz und Recht bindet, für ihr Handeln aber keine gesetzliche Begründung verlangt[118].

Die weitaus herrschende Ansicht geht dahin, daß die Organisationsgewalt der Exekutive keiner besonderen verfassungsrechtlichen oder gesetzlichen Legitimation bedürfe, sondern sich aus dem allgemeinen Verwaltungsauftrag ergebe[119]. Köttgen sieht darüber hinaus die verfassungsrechtlichen Grundlagen der Organisationsgewalt innerhalb der Exekutive im Recht zur Bewirtschaftung ordnungsgemäß bereitgestellter Haushaltsmittel und in den Direktionsrechten des Dienstherrn gegenüber dem einzelnen Mitarbeiter. Das erscheint als Begründung der Organisationsgewalt insofern zweifelhaft, weil das Haushaltsgesetz lediglich die normative Bestimmung des Handlungsspielraumes darstellt, in dem die Exekutive ermächtigt ist, ihre verfassungsmäßigen

---

114 *Kelsen*, Hauptprobleme der Staatsrechtslehre, S. 537.

115 *Burckhardt*, Die Organisation der Rechtsgemeinschaft, S. 127.

116 *Richter*, Die Organisationsgewalt, S. 11

117 *Ermacora*, Die Organisationsgewalt, VVDStRL 16, S. 228.

118 Wie Ermacora im Ergebnis auch *Spanner*, Organisationsgewalt und Organisationsrecht, DÖV 1957, S. 641.

119 So *Köttgen*, Die Organisationsgewalt, VVDStRL 16, S. 179/180 und in der Aussprache zu den Beiträgen von Köttgen und Ermacora über „Die Organisationsgewalt", VVDStRL 16, S. 244 ff.; Werner Weber, S. 244; Peters, S. 249; Merk, S. 251; Ipsen, S. 257; Bachof, S. 265; Pfeifer, S. 259, der insbesondere darauf hinweist, daß im demokratischen Rechtsstaat, in dem „das Gesetz des Parlamentes alles Grundsätzliche regelt", zwischen materieller Gesetzgebung und organisatorischer Gesetzgebung nicht immer scharf zu trennen sei; vgl. auch *Forsthoff*, Öff. Körperschaft, S. 28 und Lehrbuch des Verwaltungsrechts, S. 403, wo er erklärt, „daß Organisationsgewalt dem obersten Leiter der staatlichen Exekution ohne weiteres zusteht, gleichgültig, ob sie ihm durch die Verfassung ausdrücklich zuerkannt ist" und daß ihre Schranken allein in der Verfassung oder im Gesetz liegen; vgl. auch BVerfGE 2, S. 307 (319).

Aufgaben wahrzunehmen[120]. Die entscheidende Frage ist aber gerade, ob die Exekutive im Einzelfall bei Ausübung der Organisationsgewalt verfassungsrechtlich legitimiert ist.

Herbert Krügers Auffassung, die gleichfalls dahingeht, daß Organisationsgewalt ein selbstverständliches Recht der Exekutive sei[121], beruht auf einer besonderen Abgrenzung des Rechtssatzbegriffes, die die Frage nach der Legitimation der Exekutive zur Ausübung von Organisationsgewalt lediglich verschiebt, nicht aber löst. Krüger erklärt, die Unterscheidung zwischen Rechtssatz und Verwaltungssatz mit Hilfe der Kategorien „Außen“ und „Innen“, d. h. die Anwendung des Rechtssatzbegriffs allein auf die Beziehungen zwischen Staat und Individuum, sei theoretisch und praktisch nicht mehr haltbar. Im modernen Verfassungsstaat nehme zwangsläufig die Tätigkeit der Exekutive in jeder Hinsicht der Staatsgestaltung zu. Durch die Ignorierung des möglichen Rechtssatzcharakters der Verwaltungsanweisungen würden ihre Auswirkungen auf den Staatsbürger nicht zureichend gewertet. Krüger verfolgt allerdings nicht das Ziel einer Aufhebung der Unterscheidung von Rechtsverordnung und Verwaltungsanweisung, schon weil „der legislative Apparat allzu schwerfällig arbeitet, als daß er der Fülle der Rechtssetzungsaufgaben, die der moderne Staat zu erledigen hat, Herr werden könnte“[122]. Er will nur die zwei Arten staatlicher Normsetzung, den Rechtssatz und den Verwaltungssatz, anders als nach der herkömmlichen Formel „Außen“ und „Innen“ in das organisatorische Schema einer modernen Verfassung einordnen. Dabei kommt er zu der These, daß sowohl der Kreis von Adressaten, an die sich eine Norm wendet, wie auch die Gewalt, der sie entsprungen ist, unerheblich sei. Nach seiner Auffassung ergibt sich vielmehr: „Rechtssatz ist eine Norm, die dem Frieden zu dienen bestimmt und nach dem Maßstab der Gerechtigkeit gebildet ist. Verwaltungssatz ist eine Norm, die die Wohlfahrt fördern soll und nach dem Maßstab der Zweckmäßigkeit gestaltet wurde[123].“ Bei Anwendung dieser Kriterien entsteht die kaum lösbare Frage, nach welchen Gesichtspunkten die Qualifikation einer Norm oder eines Einzelaktes erfolgen soll, eine Frage, die Krüger selbst als problematisch empfindet, gegen die er aber vorbringt, auch die Zuordnungen von Rechtssatz und Verwaltunganweisung nach den Kriterien „Außen“ und „Innen“ sei nicht ohne weiteres einheitlich mög-

---

[120] Vgl. dazu unten S. 114.

[121] *Herbert Krüger*, Allg. Staatslehre, S. 927: „Denn ‚im Zweifel‘ verfügt jede materielle Gewalt über diejenige Organisationsgewalt, deren sie zu ihrer Verwirklichung bedarf.“

[122] *Herbert Krüger*, Rechtsverordnung und Verwaltungsanweisung, Festschrift für Smend (1952), S. 227.

[123] *Herbert Krüger*, Rechtsverordnung und Verwaltungsanweisung, Festschrift für Smend (1952), S. 230.

lich[124]. Für die Frage der Organisationsgewalt ist entscheidend, daß Krüger der Ansicht ist, es sei weder notwendig noch möglich, alle Verwaltungssätze in die Zuständigkeit der Legislative fallen zu lassen, die nach wertender Betrachtung Rechtssätze seien. Krüger folgert daraus: „Hiermit erweist es sich als unumgänglich, diesen Teil der Rechtssetzung auf die Exekutive zu delegieren. Es wäre erwünscht, wenn dies förmlich geschähe. Bis eine derartige Delegation jedoch ausdrücklich ausgesprochen ist, muß man davon ausgehen, daß sie als stillschweigend erfolgt anzusehen ist[125].“ Damit zeigt sich, daß die Auffassung Krügers, „im Zweifel“ verfüge jede materielle Gewalt über diejenige Organisationsgewalt, deren sie zu ihrer Verwirklichung bedürfe, nicht auf der Annahme einer verfassungsmäßigen Legitimation der Exekutive, sondern auf einer Ausweitung des legislativen Bereichs beruht.

Insbesondere Böckenförde hat auf die Gefahr einer derartigen Ausweitung des legislativen Kompetenzbereichs hingewiesen, durch die die traditionelle Abgrenzung der staatlichen Funktionen in Legislative und Exekutive „unmethodisch und fragmentarisch fortdauernd unterlaufen wird ...“[126]. Böckenförde betont die Tatsache, daß sich in der heutigen Verfassungssituation alle Gewalt aus der demokratischen Verfassung herleitet und allein das Volk eigenständige politische Größe („pouvoir“) hat. Aus einer „séparation des pouvoirs“ sei eine „séparation des fonctions“ geworden, „auch die Exekutive ist, wie jede andere Funktion, demokratisch legitimiert und kontrolliert“[127]. Der Gesetzgeber halte im demokratischen Verfassungsstaat nicht mehr das Monopol demokratischer Legitimation. Daraus folge, daß das Verhältnis von Legislative und Exekutive nicht nach den formalen Schemata Rechtssetzung-Rechtsanwendung bestimmt werden könne, sondern daß der Bereich der Gesetzgebung gegenüber der Exekutive „als Ausgrenzung, als System genereller und spezieller Vorbehalte und möglicher Zugriffe“ gesehen werden müsse[128]. Böckenfördes Auffassung wird gestützt und bestätigt durch die Fassung von Art. 20 Abs. 2 und 3 GG: Die Exekutive steht als verfassungsunmittelbare Funktion neben der Legislative; sie ist „an Gesetz und Recht *gebunden*“, nicht aber bedarf sie für ihr Tätigwerden der gesetzlichen Begründung. Da die Exekutive alles Handeln zur Erreichung der verfassungsmäßigen Staatszwecke, also auch die Organisationsgewalt einschließt, ergibt sich die verfassungs-

---

124 *Herbert Krüger*, Rechtsverordnung und Verwaltungsanweisung, Festschrift für Smend (1952), S. 239.

125 *Herbert Krüger*, Rechtsverordnung und Verwaltungsanweisung, Festschrift für Smend (1952), S. 239.

126 *Böckenförde*, Die Organisationsgewalt, S. 68.

127 *Böckenförde*, Die Organisationsgewalt, S. 79.

128 *Böckenförde*, Die Organisationsgewalt, S. 81.

rechtliche Legitimation der Organisationsgewalt unmittelbar aus Art. 20 Abs. 2 GG; ihre Grenzen bestimmen sich durch das geltende Gesetz und Recht (Art. 20 Abs. 3 GG)[129].

Einer besonderen Anmerkung bedarf die Begründung, die Krüger in seiner Allgemeinen Staatslehre der mit der hier vertretenen Auffassung übereinstimmenden Ansicht gibt, das Tätigwerden der Exekutive bedürfe keiner besonderen gesetzlichen Legitimation[130]. Krüger erklärt: „Zwei Gründe nötigen zu dieser Feststellung. Wäre nicht die Amtsgewalt, sondern das Gesetz der Rechtsgrund der Amtsakte, dann würden unentbehrliche Funktionen des Amtes, wie z. B. Organisation oder Personalpolitik in der Luft hängen, da die Gesetze sich über derartige Fragen nicht zu äußern pflegen und auch gar nicht äußern können ... Zum zweiten verlangt die Vermutung der Rechtmäßigkeit alles staatlichen Handelns, daß nicht das Gesetz, sondern die Amtsgewalt als der Rechtsgrund der Amtsakte angesehen wird. Jede andere Auffassung sähe sich nämlich zu der Folgerung gezwungen, daß ein nicht gesetzmäßiger und erst recht ein gesetzloser Akt ein Nicht-Akt wäre. Diese Konsequenz wird aber nicht einmal für den gesetzlosen Akt gezogen, und sie darf auch nicht gezogen werden ... Zum zweiten wäre die Alternative von richtigem Akt und Nichtakt praktisch untragbar. Sie würde nämlich im Ergebnis darauf hinauslaufen, die Selbsthilfe des Bürgers gegen den Staat zu einer legalen und regelmäßigen Einrichtung zu machen, indem sie dem Bürger nur die Wahl zwischen Gehorsam und Ungehorsam ließe und den ‚kanalisierten Ungehorsam' der Betreibung des Rechtsweges in der Sache ausschlösse."

Diese Begründung der These, daß die Exekutive eine originäre Funktion der Staatsgewalt ist, ist höchst zweifelhaft, ja geradezu gefährlich. Es ist richtig, daß man im allgemeinen „seit langem und

---

129 Daß die Tätigkeit der Exekutive nicht grundsätzlich der Legitimation durch die Legislative bedarf, hat auch das Bundesverfassungsgericht in seiner Entscheidung vom 27. 4. 1959 BVerfGE 9, S. 268 (279) bestätigt, in der ausdrücklich betont wird, daß die „Organe der Legislative, Exekutive und Justiz sich gegenseitig kontrollieren und begrenzen"; übereinstimmend auch *Peters*, Verwaltung ohne gesetzliche Ermächtigung, Festschrift für Huber, S. 206 (214); VGH Kassel, DVBl. 63, 443 (446/447); *Wolff*, Verwaltungsrecht I, S. 159; *Bullinger*, Vertrag und Verwaltungsakt, S. 94; *Brinkmann*, Grundrechts-Kommentar, Art. 20, Anm. 1 9 c β; a. M.: *Spanner*, Organisationsgewalt und Organisationsrecht, DÖV 1957, S. 642; *Jesch*, Gesetz und Verwaltung, S. 95 u. S. 171 ff. und *Mallmann*, Schranken nichthoheitlicher Verwaltung, VVDStRL 19, S. 191 f., insbes. S. 183, die die mit dem Wortlaut von Art. 20, Abs. 3 GG nicht zu vereinbarende Auffassung vertreten, wo die Staatsgewalt vom Volk ausgehe, gebe es keine originäre Exekutivgewalt; *Maunz* in Maunz-Dürig, Grundgesetz, Rdnr. 128 gibt zwar zu, daß die Notwendigkeit einer gesetzlichen Ermächtigung für Vollzugsakte der Exekutive nicht aus dem Wortlaut von Art. 20, Abs. 3 GG zu folgern ist; Maunz meint jedoch, sie ergebe sich aus dem allg. Rechtsstaatsprinzip.

130 *Herbert Krüger*, Allg. Staatslehre, S. 261.

überall Staatsakten die Vermutung der Rechtmäßigkeit" beilegt[131]. Es ist unrichtig, diese Vermutung der Rechtmäßigkeit von Staatsakten in der Tatsache begründet zu sehen, daß die Exekutive originäre Funktion der Staatsgewalt ist. Zunächst sind die Quellen, die Krüger[132] für die Richtigkeit der These, Staatsakte hätten die Vermutung der Rechtmäßigkeit für sich, weil sie nicht im Gesetz, sondern in der Amtsgewalt begründet seien, anführt, nicht so eindeutig, wie Krüger offenbar meint. Lediglich Carl Schmitts Ausspruch: „Die Vermutung der Verfassungsmäßigkeit eines im Gesetzblatt verkündeten Gesetzes ist das Fundament jeder gesetzlichen Ordnung"[133], stimmt vollkommen mit Krügers Auffassung überein. Dagegen sagt das Bundesverfassungsgericht in der von Krüger zitierten Entscheidung vom 7. 5. 1953[134] ausdrücklich: „Selbstverständlich werden bei dieser Prüfung die Erfahrungsgrundlagen, Erwägungen und Wertungen des Gesetzgebers für das Bundesverfassungsgericht stets von größter Bedeutung sein; wo sie nicht entkräftet werden, dürfen sie die Vermutung der Richtigkeit für sich in Anspruch nehmen. Andererseits muß die Pflicht zum Schutz des Grundrechts das Gericht daran hindern, die Auffassung des Gesetzgebers, der legitimerweise auch andere Ziele als die des Grundrechtsschutzes verfolgt, ohne weiteres zu akzeptieren und seine Maßnahmen als unvermeidliche Beschränkungen des Grundrechts hinzunehmen." Der von Krüger zitierte Hermann Heller[135] erklärt zwar: „Daß die Staatsakte die Vermutung der Legalität für sich haben, wodurch bloße Mängel der positiv-rechtlichen Gültigkeit geheilt werden, ist durchaus gerechtfertigt durch das Erfordernis der Rechtssicherheit[136]." Er betont aber in unmittelbarem Anschluß daran — und hier zeigt sich, warum Hermann Heller nicht mit Carl Schmitt in die gleiche geistige Ebene gebracht werden darf —, anders liege das Problem des Widerstandsrechtes, wenn es sich um einen „sittlich verwerflichen Staatsakt" handele, „wobei es dann keine entscheidende Rolle" spiele, „ob eine solche Norm legal einwandfrei" sei oder nicht. Genau das ist der entscheidende Gesichtspunkt! Es ist ein erheblicher Unterschied, ob man die Vermutung der Rechtmäßigkeit von Maß-

---

131 *Herbert Krüger,* Allg. Staatslehre, S. 903; a. M. soweit ersichtlich nur *Imboden,* Das Gesetz als Garantie rechtsstaatlicher Verwaltung, S. 35, Anm. 95 und *Jesch,* Die Bindung des Zivilrichters an Verwaltungsakte, S. 54 und 56; vgl. auch *Kelsen,* Allg. Staatslehre, S. 87. Ernst v. Hippel betont in seinen Untersuchungen zum Problem des fehlerhaften Staatsaktes, S. 54, daß die Parteinahme für den Staat auch dort, wo er unrecht hat, als Einnahme eines etatistischen Standpunkts zu bezeichnen sei.

132 *Herbert Krüger,* Allg. Staatslehre, S. 903/904.

133 *Carl Schmitt,* Das Reichsgericht als Hüter der Verfassung (1929), jetzt in Verfassungsrechtliche Aufsätze, 1958, S. 63 (107).

134 BVerfGE 7, 412.

135 *Herbert Krüger,* Allg. Staatslehre, S. 903.

136 *Heller,* Staatslehre, S. 227.

nahmen der Exekutive mit Krüger in der Tatsache begründet sieht, daß nicht das Gesetz, sondern die Amtsgewalt der Rechtsgrund der Amtsakte ist oder ob man die Vermutung der Rechtmäßigkeit von Maßnahmen der Exekutive mit Heller als bloßes Erfordernis der Rechtssicherheit sieht. Die Amtsgewalt der Exekutive beruht im demokratischen Verfassungsstaat auf dem Willen des Volkes, von dem die Staatsgewalt ausgeht. Erlassen die Organe eben dieser Staatsgewalt einen Akt, der Gesetz und Recht widerspricht, so ist er, weil die Gesetze gleichfalls vom Volk legitimiert sind, nicht mehr Ausfluß legitimer Staatsgewalt. Das heißt, nicht gesetzmäßige Akte haben nicht — wie Krüger ausführt — ihren Rechtsgrund in der Amtsgewalt, weil diese Amtsgewalt nicht mehr mit dem Volkswillen, der sich genau wie in der vollziehenden Gewalt auch in der gesetzgebenden Gewalt ausdrückt, deckt. Nicht die Exekutive als originäre Funktion der Staatsgewalt ist der Rechtsgrund für gesetzwidrige Akte oder gar Nicht-Akte. Weil die Grenzen der verfassungsmäßigen Legitimation der Exekutive überschritten sind, besteht kein Rechtsgrund. Seine Vermutung ist lediglich Rechtsbehelf im Interesse der Rechtssicherheit, der, weil er „Behelf" ist, u. U. fortfallen kann, ja muß, wenn, wie z. B. kurze Zeit nach dem von Carl Schmitt 1929 formulierten Ausspruch, daß „die Vermutung der Verfassungsmäßigkeit ein im Gesetzblatt verkündeten Gesetzes das Fundament jeder gesetzlichen Ordnung" sei, Rechtsnormen oder Verwaltungsanweisungen ergingen, die ein „solches Maß von Ungerechtigkeit und Gemeinschädlichkeit" verkörpern, daß „ihnen die Geltung, ja der Rechtscharakter abgesprochen werden muß"[137]. Dies als Randbemerkung, die insbesondere rechtspolitischen Bezug hat.

Im Ergebnis ist festzuhalten, daß die Exekutive im demokratischen Verfassungsstaat originäre Staatsgewalt ist, die durch den Willen des Volkes legitimiert ist, daß das Tätigwerden der Exekutive, einschließlich der Organisationsgewalt, Ausfluß dieser Staatsgewalt ist und ihre Bindung lediglich im Gesetz und Recht des Verfassungsstaates hat. Bund und Länder haben daher gem. Art. 20 Abs. 2 GG grundsätzlich das Recht, Organisationen zu schaffen und zu gestalten. Fraglich bleibt nur — um auf den Ausgangspunkt des Exkurses über die Organisationsgewalt zurückzukommen —, ob die Errichtung des Wissenschaftsrates sich in den Grenzen hält, die der Exekutive gem. Art. 20 Abs. 3 GG durch Gesetz und Recht auferlegt sind.

Gem. Art. 2 des Verwaltungsabkommens zwischen Bund und Ländern über die Errichtung eines Wissenschaftsrates ist es die Aufgabe des Wissenschaftsrates: 1. einen Gesamtplan für die Förderung der Wissenschaften zu erarbeiten und dabei die Pläne des Bundes und der Länder aufeinander abzustimmen; 2. jährlich ein Dringlichkeitsprogramm

---

[137] *Radbruch*, 5 Min. Rechtsphilosophie, in Rechtsphilosophie, S. 336.

aufzustelllen; 3. Empfehlungen für die Verwendung derjenigen Mittel zu geben, die in den Haushaltsplänen des Bundes und der Länder für die Förderung der Wissenschaft verfügbar sind. Für die Prüfung der Verfassungsmäßigkeit des Wissenschaftsrates ist außer der Aufgabenstellung des Wissenschaftsrates entscheidend, daß in Art. 3 Ziff. 1 des Verwaltungsabkommens bestimmt wird, daß „die Bundesregierung und die Landesregierungen ... die Empfehlungen des Wissenschaftsrates bei der Aufstellung ihrer Haushaltspläne im Rahmen der haushaltsmäßigen Möglichkeiten berücksichtigen" werden.

Daß die Erarbeitung von Plänen und Empfehlungen für die Förderung der Wissenschaften genauso wie z. B. die Aufstellung eines Wirtschafts- und Sozialprogramms staatliche Aufgabe ist, liegt auf der Hand. Rechtmäßig ausgeübt und erfüllt werden staatliche Funktionen gem. Art. 20 Abs. 2 GG nur durch die Staatsgewalt, und zwar durch die Organe der Gesetzgebung, der vollziehenden Gewalt und der Rechtsprechung.

Hier setzen bereits die Bedenken an, die Grawert[138] gegen den Wissenschaftsrat geltend macht, der in den „Mehrheits- und Abstimmungsverhältnissen" des Wissenschaftsrates einen Anlaß sieht, ihn „trotz (seiner) unbestreitbar positiven Tätigkeit" verfassungsrechtlich kritisch zu würdigen. Zunächst ist es unrichtig, wenn Grawert meint, da die Vertreter der Regierung in der Minderheit seien, seien sie „allenfalls beratend eingeschaltet"[139]. Es stimmt zwar, daß nur 17 der 39 Mitglieder des Wissenschaftsrates von den Regierungen des Bundes und der Länder entsandt werden, während die übrigen 22 Mitglieder des Wissenschaftsrates Wissenschaftler oder anerkannte Persönlichkeiten des öffentlichen Lebens sein oder durch ihre dienstliche oder Berufstätigkeit der Wissenschaft und ihrer Förderung nahestehen sollen. Die Regierungsvertreter haben jedoch die gleiche Stimmenzahl wie die Vertreter der Wissenschaft, weil den sechs Vertretern des Bundes 11 Stimmen zukommen (die nur einheitlich abgegeben werden können), so daß 22 Stimmen der Regierungsvertreter 22 Stimmen der Wissenschaftsvertreter gegenüberstehen.

Daß durch die Abstimung mit Zweidrittel-Mehrheit sowohl die Regierungsvertreter des Bundes wie auch die Regierungsvertreter der Länder jeweils überstimmt werden können, wäre mit Grawert nur dann für verfassungsrechtlich bedenklich zu halten, wenn durch diese Regelung Art. 28 Abs. 1 Satz 1 GG verletzt würde, d. h. wenn der Regierung durch Beschlüsse des Wissenschaftsrates die Befugnisse entzogen werden könnten, „die erforderlich sind, damit sie selbständig und in eigener

---

[138] *Grawert*, Verwaltungsabkommen zwischen Bund und Ländern, S. 275/276.

[139] *Grawert*, Verwaltungsabkommen zwischen Bund und Ländern, S. 275.

Verantwortung gegenüber Volk und Parlament ihre ‚Regierungs'-Funktion erfüllen kann"[140]. Eine Verletzung von Art. 28 Abs. 2 Satz 1 GG kann sich jedoch durch Beschlüsse des Wissenschaftsrates deshalb nicht ergeben, weil eine Bindung der Bundes- und Landesregierungen an die Entschließungen des Wissenschaftsrates nicht vorhanden ist. Einmal hat die Berücksichtigung der Empfehlungen des Wissenschaftsrates gem. Art. 3 des Verwaltungsabkommens über den Wissenschaftsrat nur „im Rahmen der haushaltsmäßigen Möglichkeiten" zu erfolgen. Zum anderen liegt ein Unterschied darin, ob die Empfehlungen zu „berücksichtigen" sind oder ob die Bundesregierung und die Landesregierungen — was nach Art. 3 des Abkommens gerade nicht der Fall ist — verpflichtet sind, die Empfehlungen des Wissenschaftsrates, so wie sie verabschiedet sind, als Regierungsentscheidungen zu übernehmen. „Berücksichtigen" heißt: für eine Entscheidung in Betracht ziehen, d. h. es steht der jeweiligen Regierung frei, die Empfehlungen des Wissenschaftsrates nach den vorhandenen tatsächlichen Gegebenheiten zu modifizieren[141]. Selbst wenn sich also Bundesregierung und Landesregierungen im Rahmen ihrer haushaltsmäßigen Möglichkeiten imstande sehen, ihre Haushaltspläne auf die Entschließungen des Wissenschaftsrates abzustimmen, bleibt es allein Sache des Parlaments, inwieweit bei der Verabschiedung des Haushaltsgesetzes die Vorstellungen des Wissenschaftsrates berücksichtigt werden. Eine Modifizierung der Empfehlungen des Wissenschaftsrates kann der betreffenden Regierung auch nicht — wie Grawert[142] meint — den Vorwurf der Vertragsuntreue einbringen, weil Art. 3 des Abkommens über den Wissenschaftsrat eine Vertragstreue insoweit gar nicht voraussetzt, sondern mit der Formulierung „berücksichtigen" ein Abweichen von den Empfehlungen in Betracht zieht. Art. 3 des Abkommens über den Wissenschaftsrat läßt der Bundesregierung und den Landesregierungen daher durchaus die selbständige politische Entscheidungsgewalt, die Art. 28 Abs. 1 Satz 1 GG verlangt.

Bestehen nach der bisherigen Erörterung keine rechtlichen Einwendungen gegen den Wissenschaftsrat, weil die Entscheidungsgewalt der Regierungen nicht unzulässig beeinträchtigt wird und die parlamentarische Verantwortlichkeit in vollem Maße erhalten bleibt, so ist doch zu bedenken, daß die Entschließungen des Wissenschaftsrats faktisch längst nicht mehr den Charakter des Unverbindlichen, Intern-Beraten-

---

140 BVerfGE 9, 268 (281).

141 Diese Möglichkeit der Modifikation besteht sogar nach der Regelung, die in Ziff. I, 1 des Verwaltungsabkommens zwischen Bund und Ländern zur Förderung von Wissenschaft und Forschung vom 8. Februar 1968 getroffen worden ist, nach der die Empfehlungen des Wissenschaftsrates „als Grundlage" für den Ausbau der wissenschaftlichen Hochschulen dienen sollen.

142 *Grawert*, Verwaltungsabkommen zwischen Bund und Ländern, S. 276.

den haben. Die unbestrittene Qualität der Empfehlungen des Wissenschaftsrates, ihr Abgestimmtsein auf reale Verhältnisse in der Bundesrepublik, ihre Nüchternheit und die in ihnen enthaltene Sachkunde haben bewirkt, daß in der Bundesrepublik kaum eine parlamentarische Entscheidung über Hochschulausbau, Studienreform oder sonstige Fragen wissenschaftlicher Forschungsinstitute ergeht, die nicht maßgebend durch die Empfehlungen des Wissenschaftsrats bestimmt ist[143].

Wenn man bedenkt, daß die richtunggebende, planende und initiierende Tätigkeit wesentliches Merkmal der Regierungsfunktion ist[144], so stellt sich die Frage, ob, wenn auch nicht rechtlich, so doch faktisch, die Regierungsgewalt durch den Wissenschaftsrat unterlaufen wird[145]. Der Wissenschaftsrat ist in seinen Entschließungen weisungsfrei, wobei es unerheblich ist, inwieweit die Vertreter der Regierungen weisungsgebunden sind[146], da durch die Abstimmung mit Zweidrittel-Mehrheit sowohl die Regierungsvertreter des Bundes wie auch die Regierungsvertreter der Länder jeweils überstimmt werden können. Der Wissenschaftsrat untersteht zwar rechtlich insoweit einer Kontrolle, als es den Regierungen und Parlamenten überlassen bleibt, inwieweit sie die Empfehlungen des Wissenschaftsrates effektiv werden lassen; diese Kontrolle scheitert aber praktisch an der faktischen Wirkung des Sachverstandes, der den Empfehlungen des Wissenschaftsrates eigen ist. Damit werden bestimmte gesellschaftliche Kräfte bei der Ausübung der Staatsgewalt wirksam, ohne durch den „Filter“ von Art. 20 Abs. 2 GG gegangen zu sein. Das Grundgesetz kennt generell keine unmittelbare freie Einflußnahme des Volkes auf die Staatsgewalt; die Staatsgewalt geht zwar vom Volke aus, sie wird vom Volk aber nicht unmittelbar, sondern nur durch Wahlen und Abstimmungen ausgeübt (Art. 20 Abs. 2 GG)[147]. Lediglich in Gemeinden kann an die Stelle einer gewählten Körperschaft die Gemeindeversammlung treten, so daß das Volk unmittelbar an der Verwaltung beteiligt ist. Da hier allein die faktischen, nicht die rechtlichen Auswirkungen des Wissenschaftsrates untersucht werden, ergibt sich die Frage, ob der Ausspruch Smends[148]: „Der Staat leitet durch die Volksvertretung gewissermaßen die gesell-

---

143 *Gerber*, Rechtsfragen der Planung im Hochschulwesen, Planung II, S. 318 sagt von den Empfehlungen des Wissenschaftsrates: „Hinter ihnen steht ein Maß von Autorität, das ihnen trotz ihrer Form einen besonderen Grad von Gültigkeit verleiht“; vgl. auch *Joseph H. Kaiser*, Staatliche Planung in Deutschland, Deutsche Landesreferate, S. 445.

144 Vgl. dazu *Hans J. Wolff*, Verwaltungsrecht I, S. 72 f.

145 Vgl. dazu *Böckenförde*, Die Organisationsgewalt, S. 256 f.; *Grawert*, Verwaltungsabkommen zwischen Bund und Ländern, S. 276.

146 Vgl. dazu *Kipp*, Der Wissenschaftsrat, Aufgaben und Rechtsstellung, DÖV 1958, S. 491 (492).

147 Vgl. *Haas*, Ausschüsse in der Verwaltung, S. 22.

148 *Smend*, Maßstäbe des parlamentarischen Wahlrechts in der deutschen Staatstheorie des 19. Jh., S. 14.

schaftlichen Wasser auf seine Mühle ..." heute überhaupt noch in vollem Maße zutrifft. Ohne Zweifel werden auch heute gesellschaftliche Kräfte durch Abgeordnete und Parteien im Parlament wirksam. Jedoch: In einer Zeit, in der der Sozialstatus eines Staates von sehr speziellen wissenschaftlichen Erkenntnissen abhängig ist, deren Entwicklung, wenn der Staat sie sich nutzbar machen will — und er ist durch die internationale Entwicklung zu dieser Nutzbarmachung gezwungen —, rechtzeitig in Angriff genommen werden muß, bedarf es zur Initiierung von Regierungs- und parlamentarischen Entscheidungen nicht nur allgemeiner gesellschaftlicher Kräfte, sondern höchst spezieller: es bedarf derjenigen, die sich auf bestimmten Gebieten durch besonderen Sachverstand auszeichnen. Heller betont in seiner Staatslehre im Kapitel: „Die politische Verfassung als gesellschaftliche Wirklichkeit"[149], daß jede politische Verfassung nur als normgeformtes Sein zu begreifen ist. Er führt aber weiter aus[150], daß sich der Bedeutungswandel der Rechtssätze mit Hilfe der sich wandelnden Rechtsgrundsätze vollzieht, die das Einfallstor darstellen, durch das die positiv bewertete gesellschaftliche Wirklichkeit täglich in die staatliche Normativität eindringt: „Oft genug erweist sich die gesellschaftliche Übung, die nicht normierte und die außerrechtlich normierte gesellschaftliche Wirklichkeit stärker als die staatliche Normierung" ... „Immer bewahrheitet sich letztlich der Satz, daß die wirkliche Verfassung in den tatsächlichen Machtverhältnissen liegt[151]."

Diese Gedanken Hellers sind nicht nur für das Verhältnis von gesellschaftlicher Wirklichkeit und Rechtsnormen gültig, sondern genauso für das Verhältnis von gesellschaftlicher Wirklichkeit und den Grundsätzen des parlamentarischen Staatssystems. Die Staatsentwicklung und die Staatswirklichkeit bestimmen sich heute vorwiegend danach, inwieweit wissenschaftliche Erkenntnisse auf dem Gebiet der Technik, der Medizin, der Biochemie, der Physik, der Landwirtschaft nutzbar gemacht werden. Die Volksvertretung besteht nicht aus Fachwissenschaftlern, die heute wohl als einzige in der Lage sind — um mit Smend zu sprechen —, *die* gesellschaftlichen Wasser auf die Mühlen des Staates zu bringen, die diese Mühlen funktionsgerecht betreiben könnten. Es entspricht den faktischen Machtverhältnissen im Staat, daß das notwendige Fachwissen für die politischen Entscheidungen herangezogen wird[152]. Nicht umsonst sind in den einzelnen Ministerien eine große Anzahl von Beiräten, Fachausschüssen und Kommissionen gebildet

[149] *Heller*, Staatslehre, S. 250.
[150] *Heller*, Staatslehre, S. 258.
[151] *Heller*, Staatslehre, S. 259.
[152] Vgl. dazu *Ermacora*, Die Organisationsgewalt, S. 213, der erklärt, die Zusammensetzung der Kommissionen und Beiräte müsse ein Spiegelbild der politischen Kraftverhältnisse im Staat sein.

worden[153]. Von diesen Beiräten und Ausschüssen, die innerhalb der Ministerien errichtet worden sind, unterscheidet sich der Wissenschaftsrat dadurch, daß er eine selbständige Institution ist, die organisationsrechtlich keiner Behörde zugeordnet ist.

Ist die Notwendigkeit der außerparlamentarischen Repräsentation gesellschaftlicher Kräfte[154] kaum zu leugnen, so bleibt nur die oben aufgeworfene Frage, wie diese Repräsentation innerhalb der verfassungsmäßigen Ordnung der Bundesrepublik stattzufinden hat; d. h. in dem hier zu untersuchenden konkreten Fall des Wissenschaftsrates, ob die faktische Wirkung der Empfehlungen des Wissenschaftsrates auf die politischen Entscheidungen in der Bundesrepublik verfassungsmäßig zu Bedenken Anlaß gibt, obgleich sie — wie oben dargestellt — formal-rechtlich nicht zu beanstanden ist. Weber[155] spricht im Zusammenhang mit dem Wissenschaftsrat von der Betätigung freier Organisationsgewalt in „merkwürdigen grauen Zonen". Diese sog. „graue Zone" besteht im Fall des Wissenschaftsrates doch wohl nur darin, daß sich Regierung und Parlament in der Regel dem Sachverstand des Wissenschaftsrates beugen, einem Sachverstand, der in Ministerien und Parlamenten, die eine Vielfalt von Aufgaben zu erfüllen haben, in der Regel so nicht vorhanden sein kann, weil er zumeist ein spezielles Fachwissen voraussetzt.

Hier zeigt sich eine Entwicklung, die die Tendenz hat, die Grundlagen der parlamentarischen Demokratie zu verändern. Ein Grundgedanke der Demokratie, daß im Parlament die politischen Argumente, vor allem auch der „öffentlichen Meinung", im Pro und Contra der parlamentarischen Diskussion gewogen und bestimmt werden, daß die parlamentarische Entscheidung vor allem auf politischen Argumenten beruht, ist längst relativiert worden. In den verschiedenen Ländern zu verschiedenen Zeiten ist die parlamentarische Demokratie in den inneren Widerstreit zur sogenannten Bürokratie, d. h. zum Berufsbeamtentum, geraten. Diese Dialektik gehört wohl wesensmäßig zur modernen Demokratie, seitdem die Honoratiorendemokratie vor den Ansprüchen des Industriestaates funktionsunfähig wurde. Und noch

---

[153] *Böckenförde*, Die Organisationsgewalt, S. 253, hat 1962 in den einzelnen Ministerien allein 91 beratende Gremien gezählt: für das Bundsinnenministerium ergaben sich 8 Beiräte und Ausschüsse und 4 Kommissionen; für das Bundesfinanzministerium 4 Beiräte und Ausschüsse; für das Bundesministerium für Arbeit und Sozialordnung 6 Beiräte und 15 Ausschüsse, davon 6 Fachausschüsse; für das Bundesverkehrsministerium 8 und für den Bundesminister für Wohnungsbau und Raumordnung 7 Beiräte bzw. Ausschüsse.

[154] Vgl. dazu *Herbert Krüger*, Staatslehre, S. 617 ff.; *Böckenförde*, Die Organisationsgewalt, S. 249; *Scheuner*, Das repräsentative Prinzip in der modernen Demokratie, Festschrift für Huber, S. 222 (243).

[155] *Werner Weber*, Diskussionsbeitrag zu „Die Organisationsgewalt", VVD StRL 16, S. 245.

ganz neue Aufgaben sind dem modernen Sozial- und Wohlfahrtsstaat im technologischen Zeitalter gestellt, z. B. eine umfassende Daseinsvorsorge und -fürsorge.

Bei zunehmender Rationalisierung und Bürokratisierung des Staates wirkte sich auf die politische Entscheidung mehr und mehr die fachliche Überlegenheit der Experten innerhalb und außerhalb des Beamtentums aus. Dies kann gewiß als fortschreitende strukturelle Veränderung der parlamentarischen Demokratie verstanden werden. Schon Max Weber hat gesagt, daß die perfekte Bürokratie, die auch der demokratische Staat braucht, „zu den am schwersten zu zertrümmernden sozialen Gebilden" gehört. Und sogar: „Die Bürokratisierung ist *das* spezifische Mittel, ‚Gemeinschaftshandeln' in rational geordnetes ‚Gesellschaftshandeln' zu überführen[156]."

In der Gegenwart zeichnen sich noch schärfere Konturen der Entwicklung ab. Nicht ohne Grund wird von der Übermacht der Exekutive über die Legislative gesprochen, weil die Regierung über den modernen Fach- und Sach- und Expertenapparat des Staates verfügt; ohne ihn kann kaum noch eine Entscheidung der Exekutive fallen. Immer mehr kommt dabei die Elektronik und Computertechnik ins Spiel. Die Datenbank gehört zum modernen staatlich-politischen Instrumentarium. Mindestens die Staatskanzleien brauchen eine Informations- und Dokumentationszentrale. Daß die Entscheidungs- und Handlungsbasis der Exekutive durch die genannten Faktoren verändert worden ist, steht jedenfalls außer Zweifel.

Ein Gleiches gilt für die Legislative. Auch die Abgeordneten sind längst in den Sog der Experten geraten. In allen Parlamenten der Bundesrepublik wird begreiflicherweise mit Nachdruck gefordert, einen Beamten- und Expertenstab für die parlamentarischen Entscheidungen zu schaffen. Im Zeichen der Verwissenschaftlichung der modernen Welt und der beherrschenden Macht der Technik fällt der Sachverstand der wissenschaftlichen Experten immer entscheidender ins Gewicht. Man denke an die sogenannte Explosion des Wissens, womit die Tatsache gemeint ist, daß sich das für die Gestaltung unserer Welt relevante Wissen in ein bis zwei Jahrzehnten verdoppelt. Die Analyse dieser Entwicklung führt immer wieder zu der Frage, ob und wie weit so die politische Entscheidung und Verantwortung eingegrenzt wird. Die vieldiskutierte Krise des Parlamentarismus hat jedenfalls darin eine ihrer Wurzeln.

Wollte man allerdings Wissenschaftler direkt in die „zuständigen" Ministerien oder auf die Abgeordnetenbank bringen, so wären sie im

---

[156] *Max Weber*, Grundriß der Sozialökonomik, III, Wirtschaft und Gesellschaft, S. 668/669.

Zweifel nicht länger Fach-Wissenschaftler. Gerade deshalb ist die Bedeutung eines selbständigen Gremiums, wie des Wissenschaftsrates, so überaus groß. Hinsichtlich der notwendigen Kontrolle eines Gremiums, das faktisch die Grundlagen der Wissenschaftspolitik bestimmt, ist zudem folgendes zu sagen: Werden Gutachter oder Kommissionen intern in den Ministerien gehört und berücksichtigt, so ist sowohl die parlamentarische Kontrolle wie auch die Aufsichtsfunktion, die heute in starkem Maße durch die öffentliche Meinung, durch Presse, Rundfunk und Fernsehen ausgeübt wird, wesentlich eingeschränkter als im Fall des Wissenschaftsrates, der seine Empfehlungen veröffentlicht und damit der Kontrolle aussetzt. Gerade die Kontrollfunktion der nicht konstituierten, aber dennoch wirksamen Kraft im heutigen Staat: der öffentlichen Meinung, darf nicht unterschätzt werden; sie ist geeignet, den gleichfalls nicht konstituierten *unmittelbaren* Einfluß gesellschaftlicher Kräfte in einem gewissen Gleichgewicht zu halten. Es ist durchaus zuzugeben, daß ein Ausschuß oder Beirat so konstituiert sein kann, daß er eine „graue Zone" in unserem Rechtssystem darstellt. Mit Recht steht Böckenförde[157] z. B. dem „Sachverständigenrat zur Begutachtung der gesamtwirtschaftlichen Entwicklung"[158] skeptisch gegenüber. Dieser Sachverständigenrat hat nicht nur — wie der Wissenschaftsrat auch — ein eigenes Initiativrecht zu gutachtlichen Äußerungen. Die Bundesregierung ist darüber hinaus auf Grund von § 6 Abs. IV des Gesetzes über die Bildung eines Sachverständigenrates gehalten, zu den periodisch jährlich erscheinenden Gutachten des Sachverständigenrates binnen acht Wochen nach Zuleitung gegenüber den gesetzgebenden Körperschaften Stellung zu nehmen und insbesondere die wirtschaftspolitischen Schlußfolgerungen, die die Bundesregierung aus dem Gutachten zieht, darzulegen. Damit wird der Regierung ein Handeln aufgezwungen, ein Vorgang, der verfassungsrechtlich bedenklich ist. Anders ist die Sachlage beim Wissenschaftsrat: Seine Empfehlungen ergehen öffentlich und enthalten — wie oben dargelegt — keinen rechtlichen Zwang, Regierungsentscheidungen überhaupt herbeizuführen. Wenn die Regierungen und Parlamente ihren Entscheidungen die Empfehlungen des Wissenschaftsrates unverändert zugrunde legen, so ist das eine Qualitätsfrage, nicht eine politische Machtfrage[159]. Mit Recht betont Krüger[160], daß „die Entscheidung und die Herrschaft über extrakonstitutionelle Kanäle" — und dazu gehört ohne Frage auch der Wissenschaftsrat — in der Hand des Staates liegen müssen. Die Möglichkeit dieser Entscheidung ist rechtlich gegeben. Ist sie faktisch nicht

---

157 *Böckenförde*, Die Organisationsgewalt, S. 257.

158 Gesetz vom 14. August 1963, BGBl. I, S. 685.

159 Vgl. *Köttgen*, Der Einfluß des Bundes auf die deutsche Verwaltung, JöR, n. F., Bd. 11, S. 307.

160 *Herbert Krüger*, Staatslehre, S. 634.

vorhanden, so liegt das an der Zusammensetzung der staatlichen Gremien, was zur Überlegung anregt, ob die Form unserer Verwaltung noch der Verfassungswirklichkeit entspricht, nicht aber die Frage berechtigt erscheinen läßt, ob die Macht des Sachverstandes eines Gremiums wie des Wissenschaftsrates die verfassungsmäßige Ordnung der Bundesrepublik beeinträchtigt[161].

Da die vorhergehende Erörterung ergeben hat, daß verfassungsrechtlich gegen das Abkommen über die Errichtung des Wissenschaftsrates keine Bedenken bestehen, ergibt sich für die haushaltsrechtliche Bewilligung der persönlichen und sachlichen Ausgaben des Wissenschaftsrates keine besondere Problematik, die sich ansonsten, insbesondere bei den Verwaltungsabkommen zwischen Bund und Ländern, oft deshalb einstellt, weil — worauf in neuerer Zeit besonders Rupp[162] hingewiesen hat — das Haushaltsgesetz häufig „die Rolle einer zweiten apokryphen Verfassung übernommen" hat und „alle sozial- und wirtschaftsgesetzlichen Kompetenzen mitsamt ihrer hergebrachten Sicherungen überrollt". Problematisch könnte die haushaltsrechtliche Bewilligung ohnehin nur hinsichtlich der Hälfte der persönlichen und sachlichen Ausgaben des Wissenschaftsrates sein, die gem. Art. 9 des Abkommens über den Wissenschaftsrat der Bund zu tragen hat, da fraglich sein kann, inwieweit die Förderung der Wissenschaften Aufgabe des Bundes ist, ohne daß der Bund von seiner Gesetzgebungskompetenz gem. Art. 74 Ziff. 13 GG Gebrauch gemacht hat. Gem. § 17 RHO[163] dürfen in den Haushaltsplan nur solche Ausgaben aufgenommen werden, „die für die Aufrechterhaltung der Reichsverwaltung oder zur Erfüllung der Aufgaben und der rechtlichen Verpflichtungen des Reiches notwendig sind". Da der Bund mit Abschluß des Abkommens über die Errichtung des Wissenschaftsrates eine gültige rechtliche Verpflichtung eingegangen ist, stehen gem. § 17 RHO der haushaltsmäßigen Bewilligung der notwendigen Ausgaben keine Bedenken entgegen.

---

161 Vgl. zu den Gefahren der Zusammenarbeit zwischen Staat und Ausschüssen auch *Scheuner*, Bildungsplanung und ihre Rechtsgrundlagen, DÖV 1965, S. 543.

162 *Rupp*, Zur Problematik öffentlich-rechtlicher Machtpotenzierung durch Funktionenkombination, S. 570.

163 Durch Art. 123, Abs. 1 GG ist die RHO vom 31. 12. 1922 mit mehrfachen Novellen in das Bundesrecht übernommen worden.

B. Die Verwaltungsabkommen zwischen Bund und Ländern zur Förderung von Wissenschaft und Forschung vom 4. Juni 1964 und vom 8. Februar 1968*

Wie bei der Erörterung der Rechtsgültigkeit des Abkommens zwischen Bund und Ländern über die Errichtung eines Wissenschaftsrates vom 5. 9. 1957 stellt sich die Frage nach der Verfassungsmäßigkeit beider Abkommen zur Förderung von Wissenschaft und Forschung als Organisationsproblem dar, so daß entsprechend den Ausführungen auf S. 62 ff. zu fragen ist, inwieweit sich die Verwaltungsabkommen in den Grenzen halten, die der Exekutive von Bund und Ländern durch Gesetz und Recht auferlegt sind.

Abgesehen von Ziff. III der Abkommen, die sich mit der Aufbringung der Mittel zur Studienförderung nach dem Honnefer Modell befassen[164], geht es bei beiden Verwaltungsabkommen um die Förderung von Wissenschaft und Forschung, und zwar, wie sich aus Ziff. I ergibt, in erster Linie um die Förderung durch Geldmittel. Da die wissenschaftlichen Hochschulen in der Bundesrepublik — sei es als rechtsfähige öffentliche Anstalten, sei es als Körperschaften des öffentlichen Rechts — zur Erfüllung der ihnen obliegenden Aufgaben mit hoheitlichen Mitteln ausgestattet werden, liegt es auf der Hand, daß die in den Verwaltungsabkommen zur Förderung von Wissenschaft und Forschung vereinbarte Finanzierung des Hochschulausbaus Wahrnehmung einer staatlichen Aufgabe i. S. von Art. 30 GG ist. Das Gleiche gilt für die Finanzierung des jährlichen allgemeinen Zuschußbedarfs der Deutschen Forschungsgemeinschaft und der Max-Planck-Gesellschaft. Die Förderung dieser beiden Selbstverwaltungsorganisationen der deutschen Wissenschaft durch staatliche Mittel ist Wahrnehmung einer staatlichen Aufgabe.

Für die Finanzierung der Wissenschaftsförderung ist, wie für alle staatlichen Aufgaben, der in Art. 106 Abs. 4 Ziff. 1 GG a. F. aufgestellte Grundsatz verbindlich, daß Bund und Länder gesondert die Ausgaben tragen, die sich aus der Wahrnehmung ihrer Aufgaben ergeben. Dieser

---

* Das Verwaltungsabkommen vom 8. Februar 1968 ist die Fortführung des Verwaltungsabkommens vom 4. Juni 1964. Im folgenden sind beide Abkommen auf ihre Verfassungsmäßigkeit zu untersuchen, weil nicht nur erheblich ist, inwieweit die gegenwärtige, sondern auch inwieweit die bisherige Forschungsförderung des Bundes rechtmäßig ist.

164 Die Beteiligung des Bundes an der Studentenförderung war bisher verfassungswidrig, weil insoweit keine Bundeskompetenz bestand, vgl. *Klein*, Verfassungsrechtliche Grenzen der Gemeinschaftsaufgaben, Schriftenreihe Speyer, Bd. 11, S. 169; nunmehr ist dem Bund durch das zweiundzwanzigste Gesetz zur Änderung des Grundgesetzes vom 12. Mai 1969 gem. Art. 74 Ziff. 13 eine konkurrierende Kompetenz zur Regelung der Ausbildungsbeihilfen zuerkannt worden.

Grundsatz ist auch durch das Finanzreformgesetz vom 12. Mai 1969 nicht aufgegeben worden, ist aber durch Art. 104 a Abs. 2—5 GG erheblich modifiziert worden, was jedoch hier ohne Belang ist, weil es zunächst um die Verfassungsmäßigkeit der vor der Änderung des Grundgesetzes erfolgten Forschungsförderung und damit um die Rechtslage vor Erlaß des Finanzreformgesetzes geht. Daß die Länder für die Bereiche von Wissenschaft und Forschung die Aufgabenverantwortung haben, wurde auf S. 40 dargelegt. Fraglich ist dagegen, inwieweit dem Bund die staatliche Aufgabe der Förderung von Wissenschaft und Forschung zusteht, inwieweit also die Übernahme der Finanzierungsverpflichtungen in den Verwaltungsabkommen gem. Art. 106 Abs. 4 Ziff. 1 GG a. F. verfassungsmäßig zulässig war. Da das Grundgesetz die Aufgabenverantwortung für die einzelnen Sachgebiete zwischen Bund und Ländern nicht derart aufgeteilt hat, daß Bund oder Ländern jeweils sämtliche Befugnisse, d. h. die Gesetzgebung und die Vollziehung für einen Sachbereich zustehen und da das Grundgesetz außerdem verschiedene Verwaltungstypen kennt, bei denen es im einzelnen höchst zweifelhaft sein kann, ob die Aufgabenverantwortung bei Bund oder Ländern liegt, ist zunächst zu bestimmen, was unter „Aufgabe" i. S. von Art. 106 Abs. 4 Ziff. 1 GG a. F. zu verstehen ist.

Dieser Fragenbereich wurde im Schrifttum bereits vor Verabschiedung des Finanzverfassungsgesetzes vom 23. 12. 1955[165] vielfach diskutiert. Bei dieser Diskussion zeichnen sich folgende unterschiedlichen Standpunkte ab:

1. Die Finanzverantwortung und die Verwaltungsverantwortung entsprechen sich (Konnexitätstheorie). Sie wurde insbesondere von Fischer-Menshausen vertreten[166]. Fischer-Menshausen geht von der Tatsache aus, daß nicht die Gesetzgebung, sondern die Verwaltung die Leistung von Ausgaben erfordert. Deshalb sieht er grundsätzlich die Verwaltungskompetenz als die Aufgabenverantwortung an, die die Finanzverantwortung nach sich zieht. Aus Art. 83 GG folgert Fischer-Menshausen die „korrespondierende Verpflichtung der Länder, den rechtmäßigen und zweckmäßigen Vollzug der Bundesgesetze administrativ und finanziell sicherzustellen"[167].
2. Bereits die Schaffung der Aufgaben durch die Gesetzgebung zieht die Finanzverantwortung nach sich — eine Ansicht, die insbesondere

---

165 BGBl. I, S. 817.

166 Fischer-Menshausen hatte sich bereits 1948 und 1949 für eine möglichst präzise Aufteilung der Finanzverantwortung zwischen Bund und Ländern eingesetzt, vgl. DÖV 1948, S. 10 und S. 57 und DÖV 1949, S. 401; vgl. aber insbes. seinen Versuch, die finanzielle Lastenverteilung aus den verfassungsrechtlichen Kompetenznormen abzuleiten, in DÖV 1952, S. 673 und DÖV 1953, S. 229. Wie Fischer-Menzhausen auch *Maunz*, VVDStRL 14, S. 62.

167 *Fischer-Menzhausen*, DÖV 1952, S. 673 (676).

von Rietdorf[168], von der Heide[169], Ludwig[170] und Holtkotten[171] vorgebracht wurde. Sie geht davon aus, daß die Gesetzgebung bereits Art und Umfang der zu vollziehenden Aufgaben bestimme. Werde durch Bundesgesetz für die Länder ein neuer Aufgabenbereich geschaffen, so habe der Bund insoweit auch die Finanzverantwortung.

3. Die volle Finanzverantwortung trifft nur in den Fällen Bund oder Länder, in denen das „Ob und Wie" einer Sachaufgabe vollständig in der Hand von Bund oder Ländern liegt. Im übrigen muß sich — insbesondere als Folge der zunehmenden Normativierung des Verwaltungsablaufs — die Finanzverantwortung nach der jeweiligen konkreten Zuständigkeit bei der Verwirklichung einer Sachaufgabe richten. Das ist die Auffassung Köttgens[172], die auf der Einsicht beruht, daß die klassische Zäsur zwischen Gesetzgebung und Verwaltung ihre einstmalige Tiefenwirkung eingebüßt habe, weil den modernen Parlamenten die „in ihre Hand gegebene Klinke der Gesetzgebung vornehmlich zu legislativer Initialzündung angesichts konkreter Verwaltungsanliegen" diene[173].

Die amtliche Begründung zum Finanzverfassungsgesetz vom 23. 11. 1955[174], die zur Erläuterung des recht allgemein gehaltenen Grundsatzes: „Der Bund und die Länder tragen gesondert die Ausgaben, die sich aus der Wahrnehmung ihrer Aufgaben ergeben ..." (Art. 106 Abs. 4 Ziff. 1 GG a. F.) herangezogen werden muß, geht im wesentlichen von der Konnexitätstheorie aus. Als „Aufgaben" im Sinne von Art. 106 Abs. 4 Ziff. 1 GG a. F. werden die Verwaltungsaufgaben, nicht die gesetzgeberischen Aufgaben verstanden[175]. Art. 106 GG regelt nach Auffassung der amtlichen Begründung zum Finanzverfassungsgesetz vom 23. 1. 1955 nicht die jeweilige Sachkompetenz, sondern knüpft an sie an. Ob der Bund im Einzelfall befugt sei, eine Aufgabe allein oder gemeinsam mit den Ländern zu finanzieren, ergebe sich allein aus der materiellen Sachkompetenz, deren Umfang die Verfassung bestimmt[176]. So sei aus Art. 84 und Art. 85 GG die verfassungsrechtliche Verpflichtung der Länder zu folgern, den wirksamen Gesetzesvollzug verwaltungsmäßig und finanziell sicherzustellen. Eine finanzielle Beteiligung des Bundes an den Verwaltungskosten der Länder komme

---

168 *Rietdorf*, DÖV 1953, S. 225.
169 *von der Heide*, DVBl. 1953, S. 289.
170 *Ludwig*, Städtetag 1953, S. 141.
171 *Holtkotten*, BK, Anm. II 3 zu Art. 120, S. 11/13.
172 *Köttgen*, DÖV 1953, S. 358.
173 *Köttgen*, DÖV 1953, S. 358 (361/362); übereinstimmend auch die Auffassung von *Hettlage*, DVBl. 1953, S. 712 (713).
174 BT-Drucksache 480, 2. Wahlperiode 1953.
175 Ziff. 59 der BT-Drucksache 480, 2. Wahlperiode 1953.
176 Ziff. 156 der BT-Drucksache 480, 2. Wahlperiode 1953.

nur in Betracht, wenn dem Bund, z. B. durch das Recht zur Erteilung von Einzelweisungen, eine Verwaltungskompetenz eingeräumt sei und die Ausübung dieser Kompetenz den Ländern erhebliche zusätzliche Kosten verursache[177]. In der amtlichen Begründung zum Finanzverfassungsgesetz vom 23. 11. 1955 wird allerdings eingeräumt, daß die Regel, der Inhaber der Verwaltungskompetenz habe die aus der Kompetenzausübung resultierende finanzielle Last zu tragen, dann keine zweifelsfreie Antwort auf die Frage nach dem „richtigen" Kostenträger gebe, wenn im Einzelfall die Kompetenzfrage ihrerseits zweifelhaft sei[178].

Eindeutig für die Frage der Ausgabenverantwortung sind in der Tat nur die Fälle zu beurteilen, in denen es sich entweder um bundeseigene Verwaltung (Art. 87 ff. GG) oder um diejenigen Bereiche handelt, in denen die Länder die Gesetzgebungszuständigkeit haben, bzw. der Bund von der ihm zustehenden konkurrierenden Gesetzgebungszuständigkeit keinen Gebrauch gemacht hat und die Verwaltungskompetenz gleichfalls in der Hand der Länder liegt. Unproblematisch sind ferner die Fälle der gesetzesfreien Verwaltung von Bund und Ländern, in denen die Ausgabenverantwortung nur mit der Verwaltungskompetenz gekoppelt sein kann. Soweit es um die Landesexekutive von Bundesgesetzen oder die Landesexekutive im Bundesauftrag geht, liegen, falls die Bundesregierung durch zustimmungsbedürftiges Bundesgesetz die Befugnis besitzt, Einzelweisungen zu geben (Art. 84 Abs. 5 GG) oder Weisungen im Rahmen der Bundesauftragsverwaltung erteilt (Art. 85 Abs. 3 GG), Verwaltungsbefugnisse des Bundes vor, die auch nach Ansicht der amtlichen Begründung zum Finanzverfassungsgesetz[179] insoweit eine Aufgabenverantwortung zur Folge haben[180].

Dagegen wurde — insbesondere bis zum Erlaß des Finanzreformgesetzes am 12. Mai 1969 — lebhaft die vor allem von Köttgen[181] aufgeworfene Frage diskutiert, inwieweit bei der Aufgabenverantwortung außer der Verwaltungskompetenz die Tatsache zu berücksichtigen ist, daß der Verwaltungsablauf häufig derart durchnormiert wird, daß unmittelbar bestimmte Kosten veranlaßt werden. Dieser Fall kann in drei Grundsituationen eintreten: 1. Wenn durch ein Bundesgesetz

---

177 Ziff. 176 und Ziff. 61 der BT-Drucksache 480.
178 Ziff. 62 der BT-Drucksache 480.
179 Ziff. 61 der BT-Drucksache 480.
180 *Klein*, Verfassungsrechtliche Grenzen der Gemeinschaftsaufgaben, Schriftenreihe Speyer, Bd. 11, S. 138 erklärt im Gegensatz zur Auffassung *Köttgens*, JöR, n. F., Bd. 3, S. 86 —, die Einzelweisung sei ein Surrogat bundesministerieller Verwaltungsakte, weil sie das Land bei der Entscheidung des weisungsbetroffenen Einzelfalls binde. — Gem. Art. 104 a, Abs. 2 GG, der am 12. Mai 1969 durch das Finanzreformgesetz in das Grundgesetz eingefügt wurde, trägt der Bund alle Kosten, die den Ländern entstehen, wenn sie im Auftrag des Bundes handeln.
181 *Köttgen*, DÖV 1953, S. 358 (360).

Kosten veranlaßt werden, die über die personellen und sachlichen Verwaltungskosten der für den Gesetzesvollzug notwendigen Landesbehörden hinausgehen; 2. wenn die Bundesregierung von dem ihr gem. Art. 84 Abs. 2 GG zustehenden Recht Gebrauch macht, allgemeine Verwaltungsvorschriften zu erlassen; 3. wenn der Bund bei der Bundesauftragsverwaltung die ihm gem. Art. 85 Abs. 1, Abs. 2 und Abs. 3 GG zustehenden Rechte wahrnimmt — ein Fall, der nunmehr durch den durch das Finanzreformgesetz vom 12. Mai 1969 eingefügten Art. 104 a Abs. 2 GG besonders geregelt worden ist.

Wie in jeder einzelnen dieser Grundsituationen das Verhältnis von Aufgaben- und Ausgabenverantwortung zu beurteilen ist, kann dahingestellt bleiben, weil keine dieser Situationen auf den hier zu überprüfenden Fall zutrifft. Es geht hier allein um die Frage, inwieweit der Bund berechtigt war, die durch die Verwaltungsabkommen zwischen Bund und Ländern zur Förderung von Wissenschaft und Forschung vom 4. Juni 1964 und vom 8. Februar 1968 übernommene Verpflichtung, die wissenschaftliche Forschung durch Geldmittel zu fördern, zu übernehmen. Eine derartige Finanzierungsverpflichtung wäre nur verfassungskonform, wenn entweder durch ein Bundesgesetz unmittelbare Kosten veranlaßt würden oder eine Verwaltungskompetenz des Bundes gegeben wäre. Ein Forschungsförderungsgesetz des Bundes ist nicht ergangen; der Bund hat bisher von seiner konkurrierenden Gesetzgebungskompetenz gem. Art. 74 Ziff. 13 GG keinen Gebrauch gemacht.

Ob eine Verwaltungskompetenz des Bundes gegeben ist, bestimmt sich grundsätzlich nach seinen Gesetzgebungsbefugnissen, denn „nach der Systematik des Grundgesetzes bezeichnet die Gesetzgebungskompetenz des Bundes die äußerste Grenze für seine Verwaltungsbefugnisse“[182]. Nun steht dem Bund in Art. 74 Ziff. 13 GG unbestreitbar eine Gesetzgebungskompetenz hinsichtlich der Forschungsförderung zu. Die Frage ist, ob bereits das Bestehen der Gesetzgebungskompetenz eine Verwaltungskompetenz des Bundes begründet oder ob eine Verwaltungskompetenz des Bundes erst dann gegeben ist, wenn von der Gesetzgebungskompetenz Gebrauch gemacht worden ist. Für letzteres spricht bereits, daß es sich bei dem Grundsatz, daß die Verwaltungskompetenz der Gesetzgebungskompetenz folgt, um den Bereich der gesetzesgebundenen Verwaltung handelt und das Maß der Verwaltungskompetenz sich nach dem Inhalt des Gesetzes bestimmt, das durch den Verwaltungsprozeß vollzogen werden soll.

---

[182] BVerfGE 12, S. 205 (229); vgl. auch *Herbert Krüger*, Fernsehstreit, Bd. 2, S. 101, vor allem S. 195: „Die Verwaltungszuständigkeit kann sich mithin niemals weiter erstrecken, als die Gesetzgebungszuständigkeit reicht ...“; ähnlich auch *Scheuner*, Fernsehstreit, Bd. 2, S. 162; *Stadler*, Die finanzverfassungsrechtliche Bedeutung des Fernseh-Urteils, DÖV 1961, S. 453; *Stralenheim*, Bildungs- und Forschungsförderung als Aufgabe von Bund

Hinzu kommt folgendes: Art. 74 Ziff. 13 GG gibt dem Bund eine konkurrierende Gesetzgebungskompetenz, d. h. die Länder „haben" die Befugnis zur Gesetzgebung, solange und soweit der Bund von seinem Gesetzgebungsrecht keinen Gebrauch macht (Art. 72 Abs. 1 GG)[183]. Im Herrenchiemseer Verfassungskonvent war zunächst statt von „konkurrierender Gesetzgebungszuständigkeit" von „Vorrang-Gesetzgebung" gesprochen worden[184]. Art. 34 HChE lautet: „Im Bereich der Vorranggesetzgebung des Bundes behalten die Länder das Recht der Gesetzgebung, solange und soweit der Bund von seinem Gesetzgebungsrecht keinen Gebrauch gemacht hat. Der Bund soll nur das regeln, was einheitlich geregelt werden muß." Diese Formulierung ähnelt insofern Art. 12 Abs. 1 Satz 1 WRV, als auch dort die Formulierung „behalten die Länder das Recht der Gesetzgebung" gebraucht wurde, was von Anschütz[185] so kommentiert wurde, daß Art. 12 Abs. 1 Satz 1 WRV zum Ausdruck bringen wolle, daß „die Gesetzgebungshoheit der Länder ein ursprüngliches, nicht vom Reiche abgeleitetes Recht" sei. Dieser Hinweis auf die Eigenstaatlichkeit der Länder fehlt in Art. 72 Abs. 1 GG; die Formel: „haben die Befugnisse zur Gesetzgebung", ist hinsichtlich der Länderhoheit indifferent. Sie besagt aber insofern das Gleiche wie Art. 34 HChE und Art. 12 Abs. 1 Satz 1 WRV, als die Zuständigkeit der Länder im Bereich der konkurrierenden Gesetzgebungsbereiche betont wird, die „solange und soweit" unangetastet bestehen bleiben, als der Bund gesetzgeberisch untätig bleibt[186]. Zwar wären im Fall des Art. 74 Ziff. 13 GG die Voraussetzungen, an die Art. 72 Abs. 2 GG des Gesetzgebungsrechts des Bundes knüpft, gegeben[187], der Bund hat jedoch von seinem Gesetzgebungsrecht gem. Art. 74 Ziff. 13 GG keinen Gebrauch gemacht[188]. Damit steht den Län-

---

und Ländern, DÖV 1965, S. 73; *Zeidler*, Gedanken zum Fernseh-Urteil, AöR 86, S. 391.

183 Vgl. auch *Lassar*, Die verfassungsrechtliche Ordnung der Zuständigkeiten, S. 305: „Das Wesen der konkurrierenden Zuständigkeit besteht, wie nach der alten Reichsverfassung, gem. Art. 12 RV darin, daß die Länder zur Gesetzgebung zuständig sind, solange und soweit die Materie nicht vom Reich erschöpfend geregelt ist."

184 Eine Bezeichnung, die auf Verlangen der Besatzungsmächte in Wegfall kam, weil sie einen zu zentralistischen Charakter hatte, vgl. JöR, n. F., Bd. 1 (1951), S. 465/66.

185 WRV, Art. 12, Anm. 1.

186 *Klein* in Mangoldt-Klein, Bonner Grundgesetz, Art. 72, Anm. 2: „Auch im Bereich der konkurrierenden Kompetenz gelangt der Grundsatz der Länderkompetenz nach Art. 70 zum Zuge; die Gesetzgebungsbefugnis des Bundes bildet demgegenüber die — an die Voraussetzungen des Art. 72, Abs. 2 gebundene — Ausnahme."

187 Vgl. dazu oben S. 41—62.

188 Daß die Verwaltungsabkommen zwischen Bund und Ländern vom 4. Juni 1964 und vom 8. Februar 1969 nicht die Ordnungsfunktion eines Forschungsförderungsgesetzes ersetzen können, ergibt sich bereits daraus, daß sie weder dem Bundestag (bzw. Bundesrat) als Zustimmungsgesetz noch als Vorlage der Bundesregierung vorgelegt worden sind.

dern auf dem Gebiet der Forschungsförderung, soweit es sich nicht um spezielle Bundeszuständigkeiten handelt, die uneingeschränkte Gesetzgebungskompetenz zu. Der Bund hatte, solange er nicht gesetzgebend tätig wurde, vor Änderung des Grundgesetzes am 12. Mai 1969 keine Aufgabenverantwortung hinsichtlich der allgemeinen Forschungsförderung, aus der eine Ausgabenkompetenz gefolgert werden könnte. Diese These ist allerdings nicht unbestritten. So ist insbesondere von Kipp[189] und Kölble[190] behauptet worden, die Materie, die dem Bund durch Art. 74 Ziff. 13 GG als Gesetzgebungskompetenz zugewiesen worden sei, entziehe sich ihrer Natur nach einer gesetzlichen Normierung ganz oder weitgehend. Kipp[191] meint, mit Art. 74 Ziff. 13 GG könne kaum die Befugnis zur Setzung von materiellem Recht gemeint sein; man werde diese Bestimmung des Grundgesetzes wohl nur dahin deuten können, daß sie Akte umfasse, die „formell als Gesetze ergehen, ohne Gesetze im materiellen Sinn zu sein", d. h. im Wege der staatsgestaltenden Gesetzgebung erzeugte staatsleitende Gesamtakte der Regierung und des Parlaments. Kölble[192] vertritt die Auffassung, es entspreche schwerlich dem wohlverstandenen Willen des Grundgesetzes, daß der Bund in solchen Fällen nur die Wahl haben solle, entweder auf die ihm für die betreffende Materie übertragene Ordnungsfunktion ganz zu verzichten oder eine gesetzliche Regelung lediglich zu dem Zwecke zu treffen, um eine formale Rechtsgrundlage für die Ausübung dieser Ordnungsfunktion zu schaffen. Man werde vielmehr annehmen können, „daß der Bund im Bereich seiner Gesetzgebungskompetenz die ihm hier obliegende Ordnungsfunktion in gewissem Umfang auch ohne Ingangsetzung der Gesetzgebungsmaschinerie ausüben" könne „und daß unter bestimmten Voraussetzungen insbesonders auch ein ‚überregionales' Verwaltungshandeln oberster Bundesbehörden im Bereich der ‚gesetzesfreien' Verwaltung in Betracht" komme.

Kipp und Kölble gehen davon aus, daß ein Forschungsförderungsgesetz des Bundes zwangsläufig nur ein Gesetz im „formellen Sinn" sein könne, d. h. der Sache nach nicht die Anordnung eines Rechtssatzes enthalten könne. Um die Richtigkeit dieser Behauptung zu überprüfen, ist die Überlegung notwendig, wie ein Forschungsförderungsgesetz des Bundes aussehen könne[193]. Da die Länder primär

[189] *Kipp*, Zum Problem der Förderung der Wissenschaften durch den Bund, DÖV 1956, S. 555.

[190] *Kölble*, Erwiderung auf Stralenheim, Bildungs- und Forschungsförderung als Aufgabe von Bund und Ländern, DÖV 1956, S. 76.

[191] *Kipp*, a.a.O., S. 559.

[192] *Kölble*, a.a.O., S. 77.

[193] Mit Recht betont *Zacher*, VVDStRL 25, S. 395, daß es bei der gesetzlichen Regelung von Förderungsmaßnahmen des Bundes auf das „Wie" der Maßnahmen, die Verteilung der Mittel und die Kooperation ankomme, während das „Ob" des Tätigwerdens des Bundes und die Bestimmung der aufzuwendenden Mittel weniger entscheidend seien.

für den Bereich der Wissenschaft und Forschung zuständig sind[194], kann der Sachgehalt eines Forschungsförderungsgesetzes des Bundes nur in zwei Komponenten bestehen:

1. in einer Abgrenzung der Zuständigkeiten zwischen Bund und Ländern im Bereich der wissenschaftlichen Forschung;
2. in einer Bestimmung der Grundsätze, nach denen der Bund im Rahmen seiner im Forschungsförderungsgesetz umrissenen Kompetenz tätig werden soll.

Zu 1.: Die Abgrenzung der Zuständigkeit zwischen Bund und Ländern könnte dahingehend erfolgen, daß der Bund lediglich die Förderung bestimmter Forschungseinrichtungen übernähme, z. B. die der wissenschaftlichen Hochschulen[195], der Forschungseinrichtungen von überregionaler Bedeutung oder der Forschung in speziellen naturwissenschaftlichen oder geisteswissenschaftlichen Bereichen. Ein Forschungsförderungsgesetz des Bundes könnte aber auch eine Regelung treffen, die Förderungsmaßnahmen des Bundes generell in allen Bereichen der wissenschaftlichen Forschung zuließe und sie lediglich von bestimmten Voraussetzungen, z. B. von einer Mitwirkung des Bundeslandes, in dem sich die Forschungseinrichtung befindet, abhängig machte.

Zu 2.: Die Grundsätze, die ein Forschungsförderungsgesetz hinsichtlich der Art der Wahrnehmung der Zuständigkeit des Bundes im Bereich der Forschungsförderung enthalten müßte, sind ebenfalls sehr unterschiedlich denkbar: Sie können die Mitwirkung wissenschaftlicher Institutionen, wie z. B. der wissenschaftlichen Hochschulen bei der Aufstellung der Förderungsprogramme bestimmen, die Einschaltung empfehlender Organisationen, z. B. des Wissenschaftsrates, vorsehen, vor allem aber auch die Art des Zusammenwirkens von Bund und Ländern bei Forschungsförderung regeln.

Wie ein Forschungsförderungsgesetz des Bundes im Detail aussehen sollte, ist in diesem Zusammenhang ohne Belang. Für die nachfolgende Untersuchung ist zunächst allein rechtserheblich, daß der *Inhalt eines Forschungsförderungsgesetzes gem. Art. 74 Ziff. 13 GG in einer Kompetenzabgrenzung von Bund und Ländern im Bereich der allgemeinen Wissenschaftsförderung und in einer Bestimmung der Grundsätze, nach denen der Bund tätig werden soll, bestehen könnte.*

---

194 Vgl. oben S. 38 f.

195 Wobei auch — endlich — die vielumstrittene Frage nach der Berechtigung des Bundes, sich an den laufenden Kosten der wissenschaftlichen Hochschulen zu beteiligen, positiv geklärt werden könnte.

Wenn Kipp und Kölble meinen, ein Forschungsförderungsgesetz könne nur ein Gesetz im „formellen Sinn" sein, so wird damit die bekannte Problematik der Lehre vom doppelten Gesetzesbegriff angerührt, auf die bereits im Zusammenhang mit dem Problemkreis der Organisationsgewalt eingegangen wurde[196]. Es wurde dargelegt, daß der doppelte Gesetzesbegriff eine rein historisch bedingte Funktion hatte, die im parlamentarisch-demokratischen Staat gegenstandslos geworden ist. Wenn Kölble und Kipp behaupten, ein Forschungsförderungsgesetz des Bundes könne nur ein Gesetz im formellen Sinne sein, so kann damit nur gemeint sein, ein Forschungsförderungsgesetz unterfalle seinem möglichen Inhalt nach nicht dem Begriff der Gesetzgebung im Sinne der heute herrschenden Lehre. Die heutige Lehre geht davon aus, daß das Gesetz grundsätzlich Anordnung „generell-abstrakter Rechtsnormen" ist, macht allerdings von dem Erfordernis des „Generell-Abstrakten" sehr verschieden begründete Ausnahmen im Fall der sog. Einzelfall- und Maßnahmegesetze[197]. Unter rein formellen Gesetzen werden nur noch diejenigen Akte verstanden, die zwar im Gesetzgebungsverfahren ergehen, der Sache nach aber sog. staatsleitende Akte sind. Carl Schmitt[198] bezeichnet es als einen „Kunstgriff sprachlicher Technik", mit dem die Verfassung durch die Bezeichnung bestimmter Staatsakte als Gesetz die Anwendung des Gesetzgebungsverfahrens auf die diese Staatsakte betreffenden Parlamentsbeschlüsse erreichen will. Menger[199] betont, unter rein formellen Gesetzen seien alle Beschlüsse des Legislativvorgangs zu verstehen, die nicht auf Schaffung von Rechtssätzen gerichtet sind[200].

Die Kritik an Kipps und auch Kölbles Auffassung, ein Forschungsförderungsgesetz könne nur staatlicher Akt sein und sei insofern nur formelles Gesetz, hat an zwei Punkten anzusetzen. Einmal erscheint zweifelhaft, ob ein gem. Art. 74 Ziff. 13 GG ergehendes Forschungsförderungsgesetz, soweit es Kompetenzabgrenzungen zwischen Bund und Ländern zum Inhalt hätte, nicht auch nach der herrschenden Auffassung als materielles Gesetz zu werten wäre. Zum anderen ist zu fragen, ob ein Gesetzesbegriff, der allen Gesetzen, die staatsleitende, staatsgestaltende Akte zum Inhalt haben, den Charakter als materielles

---

196 Vgl. oben S. 64 ff.

197 Vgl. vor allem *Bachof* in Festschrift für Laforet, S. 315; *Hans Schneider*, Über Einzelfallgesetze, Festschrift für Carl Schmitt, S. 160 f.; *Imboden*, Der Plan als verwaltungsrechtliches Institut, VVDStRL 18, Leitsatz IV.

198 *Carl Schmitt*, Verfassungslehre, S. 144.

199 *Menger*, Das Gesetz als Norm und Maßnahme, VVDStRL 15, S. 11.

200 So auch *Hans Schneider*, Über Einzelfallgesetze, Festschrift für Carl Schmitt, S. 163; für die Aufgabe der Trennung von materiellem und formellem Gesetzesbegriff: *Scheuner*, Das Gesetz als Auftrag der Verwaltung, DÖV 1969, S. 585 (591).

Gesetz abspricht, heute noch haltbar ist[201]. Dabei darf zunächst zum herrschenden Begriff des Gesetzes als generell-abstrakter Anordnung folgendes bemerkt werden: Es ist terminologisch unstimmig, von „generell-abstrakten" Rechtsnormen zu sprechen. Die Unterscheidung generell-individuell soll sich auf die Zahl der betroffenen Gesetzesadressaten, die Unterscheidung abstrakt-konkret auf die Zahl der geregelten Fälle beziehen[202]. Im Grunde handelt es sich um das Problem der Allgemeinbegriffe, die auf dem Wege der Induktion zu finden sind oder, wie Max Weber es ausdrückt: „der Reduktion der für die Entscheidung des Einzelfalles maßgebenden Gründe auf ein oder mehrere ‚Prinzipien': diese sind die ‚Rechtssätze'[203]." Die auf diesem Weg gewonnenen Rechtssätze kann man ihrem Inhalt nach als abstrakt bezeichnen, d. h. abgelöst von den Merkmalen sinnlicher Wahrnehmbarkeit, die konkreten Einzelfällen eigen sind. Man kann sie auch als generell bezeichnen, wobei unter Generalisation das Verfahren zu verstehen ist, durch das aus Einzelfällen eine allgemeine Regel gewonnen wird. Es ergibt sich somit, daß die Begriffe generell und abstrakt zwar nicht synonym sind (ein Abstraktum ist das im *Denken* Verselbständigte; Generalisation ist das Verfahren der Induktion), daß jedoch mit ihrer Anwendung zur Charakterisierung des Rechtssatzes dasselbe gemeint ist: die Verallgemeinerung konkreter Einzelfälle zu Allgemeinbegriffen[204]. Die Begriffe generell und abstrakt sollten daher nicht kombiniert verwandt werden[205]. Richard Thoma[206] spricht begrifflich richtig von Satzungen, die „in abstrakter Weise (also allgemein und bis auf weiteres) anordnen, welche Rechtsregeln (Normen) angesichts eines gewissen Tatbestandes (so oft er sich konkretisiert) gelten sollen". Im folgenden wird daher der heute herrschende Gesetzesbegriff als Anordnung genereller Rechtsnormen definiert.

---

201 *Scheuner*, Das Gesetz als Auftrag der Verwaltung, DÖV 1969, S. 585 (590) weist darauf hin, daß das Gesetz im Sozialstaat als Mittel der aktualen Staatsleitung eine wesentliche Rolle gewinnt.

202 Vgl. *Bachof*, Verwaltungsakt und innerdienstliche Weisung, Festschrift für Laforet, S. 285 (315, Fußnote 77); *v. Mangoldt-Klein*, Bonner Grundgesetz, Art. 19, Anm. III 2 c; *Maunz* in: Maunz-Dürig, Grundgesetz, Art. 20, Anm. 1 zu Rdnr. 94.

203 *Max Weber*, Grundriß der Sozialökonomik, III, Abt. Wirtschaft und Gesellschaft, 2. Halbband, S. 395.

204 Vgl. zur Interpretation des Begriffs der „Allgemeinheit" insbesondere *Herbert Krüger*, Allgemeine Staatslehre, S. 296 ff. Krüger stellt im Ergebnis fest, daß „Allgemeinheit" auch im Zusammenhang mit den Problemen der Richtigkeit des Gesetzes als intellektueller Vorgang begriffen werden muß: „Ein Gesetz ist allgemein (und deswegen richtig), wenn es der Probe unter dem Maßstab der Verallgemeinerungsfähigkeit standhält, a.a.O., S. 306/307.

205 Ganz schlimm wird die Begriffsverwirrung, wenn *Jesch*, Gesetz und Verwaltung, S. 13 und *Hans Schneider*, Über Einzelfallgesetze, Festschrift für Carl Schmitt, S. 160 von der „Generalität" der Rechtsregeln sprechen. Gemeint ist wohl ohne Zweifel die „Generalisierung" und nicht die Gesamtheit der Generale!

206 *Thoma*, HDStR, Bd. 2, S. 124.

Wenn Kipp und Kölble in Übereinstimmung mit der herrschenden Auffassung meinen, ein Forschungsförderungsgesetz des Bundes entspreche, da es der Sache nach nur eine staatsleitende, staatsgestaltende Funktion haben könne, nicht dem Gesetzesbegriff als Anordnung genereller Rechtsnormen, so muß zunächst auf folgendes hingewiesen werden: Die Gestaltung des staatlichen Lebens durch Gesetz ereignet sich nicht nur in der unmittelbaren Rechtsbeziehung zwischen Staat und Staatsbürger; sie ereignet sich genauso — und in der heutigen gesellschaftlichen Situation besonders ausgeprägt — durch die Ordnung und Kompetenzverteilung zwischen den staatlichen Organen[207]. Letzteres zeigt sich insbesondere, wie noch darzulegen sein wird, auf dem Gebiet von Wissenschaft und Forschung. Zunächst ist festzustellen, daß, *wenn* ein Forschungsförderungsgesetz des Bundes ergeht, dieses Gesetz, auch wenn es seinem Sachgehalt nach nur aus einer Kompetenzabgrenzung zwischen Bund und Ländern im Bereich von Wissenschaft und Forschung bestünde, niemals mit Kipp und Kölble als „formelles Gesetz" zu werten ist. Wenn man davon ausgeht, daß die Qualität als materielles Gesetz davon abhängt, ob der Gesetzesinhalt Rechtssatzeigenschaft hat, so ist diese Voraussetzung erfüllt, denn „Rechtssatz bedeutet doch nur, daß hier Verhältnisse zwischen Rechtspersonen abgegrenzt werden mit Bezug auf ihre Willensmacht"[208]. Adressat eines Rechtssatzes kann aber nicht nur eine natürliche oder juristische Person sein, sondern gleichfalls Staatsorgane, die keine Rechtspersönlichkeit besitzen: Wird einem Staatsorgan eine Kompetenz übertragen, so ist es berechtigt und verpflichtet, die generelle Regelung, die mit der Übertragung eines Aufgabenbereichs gegeben ist, für bestimmte konkrete Sachverhalte in die entsprechende Rechtsfolge umzusetzen[209]. Das hat mit besonderer Klarheit bereits Haenel[210] in seinen Studien zum Deutschen Staatsrecht ausgesprochen, der zur Organkompetenz ausführt: „Diese Bestimmungen aber werden nicht ausschließlich durch die Bezeichnung der Machtmittel, der Befehlsgewalt, der Verfügungsrechte über persönliche Dienste und wirtschaftliche Güter, also nicht nur in diesem Sinne *formell* getroffen, sondern überall zugleich *materiell*, durch die *inhaltliche* Bezeichnung der

---

[207] Zur Abhängigkeit der Kompetenzverteilung im Bundesstaat von der jeweiligen politischen, kulturellen und sozialen Struktur vgl. *Lassar*, Die verfassungsrechtliche Ordnung der Zuständigkeiten, HDStR, Bd. I, S. 302.

[208] *Merk*, Diskussionsbeitrag zu „Der Plan als verwaltungsrechtliches Institut", VVDStRL 18, S. 196.

[209] Vgl. *Menger*, Das Gesetz als Norm und Maßnahme, VVDStRL 15, S. 16; ferner vor allem *Wolff*, Organschaft und juristische Person, Bd. I, S. 152 f.; Bd. II, S. 236 f., der betont, daß die Fähigkeit, Subjekt eines Rechtssatzes zu sein, nicht nur dem Staat als solchem, sondern auch seinen Organen zukommt; ebenso auch *Schönfeld*, Rechtsperson und Rechtsgut im Lichte des Reichsgerichts, S. 223.

[210] *Haenel*, Studien zum Deutschen Staatsrecht, Bd. II, Das Gesetz im formellen und materiellen Sinne, S. 222.

Aufgaben, welche durch die Machtmittel erreicht werden sollen. Es ist nur eine Frage der staatlichen Entwicklungsstufe überhaupt und der Staatsform insbesondere, in welchem Umfange dies durch allgemeine Ermächtigungen oder durch spezialisierte Gesetzesklauseln erfolgt. Für das letztere bietet der Bundesstaat, das Reich, das Hauptbeispiel, dessen Kompetenz und damit die Kompetenz seiner Organe auf einem spezialisierten, wenn auch verfassungsmäßig abänderbaren Verzeichnis bestimmter Staatsaufgaben beruht[211]."

Ist damit geklärt, daß ein Forschungsförderungsgesetz des Bundes, soweit es eine Kompetenzabgrenzung zwischen Bund und Ländern zum Inhalt hätte, schon aus diesem Grund als materielles Gesetz zu werten wäre, so bleibt doch ein weiterer Aspekt offen, der für die Bestimmung des Gesetzesbegriffs von entscheidender Bedeutung ist: Wird davon ausgegangen, daß der Bund durch ein Forschungsförderungsgesetz die Förderung des Ausbaus und Neubaus der wissenschaftlichen Hochschulen übernähme, so enthielte ein Forschungsförderungsgesetz notwendig zwei Komponenten: 1. eine Kompetenzabgrenzung zwischen Bund und Ländern; 2. die Bestimmung der Grundsätze, nach denen der Bund im Rahmen seiner Kompetenz im einzelnen tätig werden soll. Der letztere Punkt kann dabei stark variieren: Entweder kann die Bestimmung der Förderungsgrundsätze lediglich umrissen werden. Das wäre der Fall, wenn die Förderungsgrundsätze etwa so formuliert würden wie in Ziff. I des Verwaltungsabkommens zwischen Bund und Ländern zur Förderung von Wissenschaft und Forschung vom 4. Juni 1964; es wird lediglich bestimmt, daß der Bund zusammen mit den Ländern die „Bemühungen um den weiteren Ausbau der wissenschaftlichen Hochschulen" fortsetzen soll, und es wird festgelegt, daß ein bestimmter Betrag für die Förderungstätigkeit bereitgestellt werden soll. Die Formulierung, daß bei den Bemühungen um den weiteren Ausbau der wissenschaftlichen Hochschulen „die Empfehlungen des Wissenschaftsrates berücksichtigt werden sollen", besagt nur — worauf bereits oben S. 77 hingewiesen werde —, daß die Empfehlungen für bestimmte Regierungsentscheidungen in Betracht gezogen werden sollen, d. h. es besteht die Freiheit, die Empfehlungen des Wissenschaftsrates nach den vorhandenen tatsächlichen Gegebenheiten zu modifizieren. Würden in einem Forschungsförderungsgesetz des Bundes die Förderungsgrundsäze in der eben dargestellten Form bestimmt, so wären zwar die Richtung der Förderungstätigkeit des Bundes und die für die Förde-

---

[211] So auch *Triepel*, Die Reichsaufsicht, S. 585, der unter Berufung auf Haenel erklärt: „Die Stiftung einer Behörde enthält immer die Anordnung, daß der oder die jeweiligen Träger eines bestimmten Geschäftskreises Organe des Staates, d. h. namens des Staates zu handeln befugt sein sollen ... Sie ist also eine Norm, die an einen Tatbestand subjektive Rechte und Pflichten der Beteiligten anknüpft, mithin ein Rechtssatz."

rung aufzubringenden Mittel klargestellt, ein systematischer und detaillierter Entwurf der zu entfaltenden Förderungstätigkeit bliebe jedoch den Bundesbehörden vorbehalten.

Es bestünde aber durchaus die Möglichkeit, in einem Forschungsförderungsgesetz die Förderungsgrundsätze schärfer zu umreißen. Zum Beispiel in einer ähnlichen Form, wie in Ziff. I des Verwaltungsabkommens zwischen Bund und Ländern zur Förderung von Wissenschaft und Forschung vom 8. Februar 1968 die Förderungsziele von Bund und Ländern formuliert sind: „Bund und Länder werden ihre gemeinsamen Bemühungen um den weiteren Ausbau der wissenschaftlichen Hochschulen festsetzen. Als Grundlage für diesen Ausbau dienen die Empfehlungen des Wissenschaftsrates (Jahresempfehlungen und mehrjährigen Planungen) ...". Würden die vom Bund einzuhaltenden Förderungsgrundsätze in dieser oder ähnlicher Form in einem Forschungsförderungsgesetz festgehalten, so wäre die vom Bund zu entfaltende Tätigkeit sehr detailliert festgelegt, weil die als „Grundlagen" der Förderungstätigkeit bezeichneten Empfehlungen des Wissenschaftsrates sehr detailliert sind und der Sache nach sein müssen.

In welcher Form auch immer die vom Bund vorzunehmende Förderung der wissenschaftlichen Forschung in einem Forschungsförderungsgesetz umrissen würde — detailliert oder weniger detailliert —, in jedem Fall handelte es sich um Richtlinien der Forschungspolitik des Bundes, die gesetzlich fixiert würden. Ob die gesetzliche Festlegung von Art und Umfang einer bestimmten Regierungstätigkeit für einen in der Zukunft liegenden Zeitraum materielles Gesetz sein kann, ist nach der herrschenden Lehre, derzufolge der Inhalt eines jeden materiellen Gesetzes eine generelle Norm sein muß, zweifelhaft.

Hans Huber[212] spricht im Zusammenhang mit den sog. staatsleitenden Gesetzen von einer „Überanstrengung des Rechts". Huber führt aus, dem Recht sei in seinem innersten Wesen ein konservativer Zug eigen: „Es will von Dauer sein, sowohl nach seiner Geltungsweise, als in seiner Beziehung zum Reich der ethischen Werte. Eintagsrecht ist kein Recht ..." Das Recht „will gesellschaftlichen Wechsel überdauern, sonst kann es weder ordnen, noch gerecht sein"[213]. Huber bemerkt, der moderne Wohlfahrts- und Lenkungsstaat scheine mit dem herkömmlichen Gesetzesbegriff nicht auszukommen: „Das Bedürfnis der Staatsleitung und wirtschaftlich-sozialen Gestaltung in stets begrenzten Zeitabschnitten ruft nach Rechtsanordnungen und Formen, bei denen nicht der parlamentarische Apparat in Gang gesetzt werden muß"[214], d. h.

[212] *Huber*, Niedergang des Rechts und Krise des Rechtsstaats, Festgabe für Giacometti, S. 79 f.
[213] *Huber*, a.a.O., S. 81/82.
[214] *Huber*, a.a.O., S. 75.

für Huber ist das materielle Gesetz nicht die geeignete Form für staatsleitende und wirtschaftlich-sozial gestaltende Akte[215].

Das ist nur dann zutreffend, wenn sachlich zwingende Gründe für eine Interpretation des Gesetzesbegriffs festgestellt werden könnten, die die Anwendung des Gesetzesbegriffs auf staatsleitende Normen prinzipiell ausschlösse. Es wurde bereits oben[216] darauf hingewiesen, daß staatsrechtliche Grundbegriffe wie der Gesetzesbegriff nicht aus logischen Kategorien ableitbar sind. Das Gesetz hat in erster Linie Ordnungsfunktion; das bedeutet, daß es zwangsläufig auf die jeweilige gesellschaftliche Struktur des zu ordnenden Staatswesens bezogen sein muß. Ob der Begriff der Gesetzgebung im Sinne der heute herrschenden Lehre, nämlich der Anordnung genereller Rechtsnormen zur Abgrenzung von Rechten und Pflichten von Willensträgern, der gesellschaftlichen Struktur der Gegenwart entspricht, ist äußerst zweifelhaft[217].

Wie bereits aus Richard Thomas Interpretation des Gesetzesbegriffs hervorgeht[218], ist eine Rechtsnorm i. S. der herrschenden Auffassung grundsätzlich beim Vorhandensein zweier Komponenten gegeben: Die gesetzte Norm muß so gefaßt sein, daß sie eine Vielzahl sachlich gleicher konkreter Sachverhalte umfaßt, die sich in einem in der Zukunft liegenden grundsätzlich unbestimmten Zeitraum ergeben. Diese beiden Komponenten entsprechen zwei entscheidenden Grundsätzen der Rechtsstaatlichkeit: dem in der Verfassung verbrieften Gleichheitsgrundsatz (nur die Subsumierung gleicher konkreter Sachverhalte unter eine generelle Norm gewährleistet Rechtsgleichheit und damit Gerechtigkeit) und dem Grundsatz der Rechtssicherheit (nur die Fixierung der den Gleichheitsgrundsatz verbürgenden Norm in Gesetzesform verbürgt ihre Einhaltung).

---

[215] So auch *Kern*, Skizzen zur Methodik und zum System der Planung, Planung II, S. 361 und S. 369; *Menger*, Das Gesetz als Norm und Maßnahme, VVDStRL 15, S. 33 (Leitsatz II, 1): „Staatsleitende Akte des Legislativvorgangs ... sind keine Maßnahmegesetze, weil ihnen die Rechtssatzeigenschaft fehlt."

[216] S. 69.

[217] Dabei kann im Rahmen dieser Untersuchung der Meinungstreit, inwieweit das Gesetz als Grundlage jedes Verwaltungshandelns notwendig ist (so vor allem *Jesch*, Gesetz und Verwaltung, S. 174 ff., S. 226 und *Rupp*, Grundfragen der heutigen Verwaltungsrechtslehre, S. 115 f.) oder die strenge Bindung an den Gesetzesvorbehalt auf die Eingriffsverwaltung beschränkt bleiben soll (so vor allem *Hans Peters* in: Verwaltung ohne gesetzliche Ermächtigung, Festschrift für *Huber*, S. 214; ders., Die Verwaltung als eigenständige Staatsgewalt, S. 15; *Vogel*, in: VVDStRL, Bd. 24, S. 154/155; *Ipsen*, in: VVDStRL, Bd. 24, S. 222) dahingestellt bleiben, weil es hier nur auf die Frage ankommt, ob staatsleitende Akte überhaupt Gesetze im materiellen Sinn sein können.

[218] Vgl. oben S. 93.

Weil das materielle Gesetz als Rechtsnorm angesehen wird, die die Willenssphären zwischen Rechtssubjekten unter Berücksichtigung der Gleichbehandlung aller, d. h. der Gerechtigkeitsidee, ordnet, macht die sozial-gestaltende Tätigkeit der Legislative durch Einzelfall- und Maßnahmegesetze in der rechtlichen Einordnung besondere Schwierigkeiten[219]. Die Problematik der Einzelfall- und Maßnahmegesetze ist im Zusammenhang mit der hier zur Debatte stehenden Frage, ob alle staatsleitenden Akte mit der herrschenden Meinung nur als formelles Gesetz zu werten sind, nur insofern von Interesse, als sie Ausdruck für ein ganz bestimmtes Faktum ist: die Zunahme der Tätigkeit der Legislative in traditionellen Bereichen der Verwaltung; konkret gegebene Sachlagen werden durch Gesetz einer zweckmäßigen Rechtsfolge unterworfen. Daran ist nicht neu, daß die Legislative in konkrete Lebensverhältnisse ordnend eingreift. Mit Recht bemerkt Scheuner[220], daß das Gesetz seit dem späten Mittelalter stets einen Doppelcharakter trug: daß es sowohl Rechtssetzung wie staatlich-politische Gestaltung war. Neu ist lediglich das Ausmaß gesetzgeberischer Tätigkeit im Hinblick auf konkret gegebene Sachlagen, insbesondere auf wirtschaftlichem Gebiet. Dieses Faktum darf allerdings kaum erstaunen. Jedes moderne Staatswesen ist von unzähligen Faktoren abhängig, die durch technische Entwicklung und internationale Verflechtung der Wirtschaftssysteme ständig in Bewegung sind, ständig wechseln. Das erklärt z. B. die gesetzlichen, zeitbemessenen Ein- und Ausfuhrregelungen, die für bestimmte Zeiträume angeordneten Förderungsmaßnahmen zu Rationalisierungszwecken, die Vielzahl der Steuerregelungen. Derartig gesetzliche Normierungen sind sicher nicht „klassische Gesetze“[221] wie das BGB; dennoch wird ihnen der Charakter als materielles Gesetz nicht abgesprochen werden können: auch sie grenzen Willenssphären unter Berücksichtigung des Gleichheitsgrundsatzes ab. Die heutige Gesellschaftsstruktur ist allerdings so beschaffen, daß häufig nur die Vielzahl der gesetzlichen Regelungen dieses Gleichheitsprinzip verwirklichen

---

219 Vgl. insbesondere die Referate von Menger und Wehrhahn über „Das Gesetz als Norm und Maßnahme“ auf der Tagung der deutschen Staatsrechtslehrer in Mainz im Oktober 1956 und die anschließende Aussprache, VVDStRL 15; ferner *Forsthoff*, Über Maßnahme-Gesetze, Gedächtnisschrift für Walter Jellinek, S. 221 ff.; *Hans Schneider*, Über Einzelfallgesetze in Festschrift für Carl Schmitt, S. 159 ff; BVerfGE v. 7. 5. 1969, DÖV 1969, S. 424.

220 *Scheuner*, Diskussionsbeitrag zu „Das Gesetz als Norm und Maßnahme, VVDStRL 15, S. 71; vgl. auch *Scheuner*, Bereich der Regierung, S. 253 ff., 258: „in allen Staaten ist, seit dem Übergang vom mittelalterlichen Jurisdiktionsstaate zu einem regierenden, das soziale Geschehen aktiv gestaltenden Staate, das Gesetz als Gebot des Herrschers und heute als Beschluß der Volksvertretung, zugleich die Form der Rechtsfeststellung und Rechtsfortbildung, wie auch das Mittel der politischen Lenkung und Formung des Soziallebens durch den Staat“; vgl. ferner: *Scheuner*, Das Gesetz als Auftrag der Verwaltung, DÖV 1969, S. 585 (590).

221 Ausdruck von *Forsthoff*, Lehrbuch des Verwaltungsrechts, z. B. S. 148.

kann: weil weniger Sachverhalte gleich strukturiert sind, können auch weniger durch die gleichen, generellen Normen geregelt werden. Die „Verallgemeinerungsfähigkeit" einzelner Sachverhalte ist geringer geworden[222]. Insofern erscheint es durchaus zutreffend, wenn Scheuner[223] meint, der „Rechtsflut" des heutigen Verwaltungsstaats könne nicht durch eine bestimmte Interpretation des Gesetzesbegriffs Einhalt geboten werden, sondern nur durch eine Umformung des Parlamentsverfahrens.

Dagegen ist die Frage, ob ein Gesetz gem. Art. 74 Ziff. 13 GG, soweit es nicht nur Kompetenzabgrenzung zwischen Bund und Ländern, sondern Grundsatzbestimmung der vorzunehmenden Förderungstätigkeit des Bundes ist, ein materielles Gesetz sein kann, eindeutig eine Frage nach des Gesetzesbegriffes. Hier geht es nicht um das von Wehrhahn[224] und Forsthoff[225] aufgeworfene Problem, ob die Zunahme der rechtssetzenden Tätigkeit, die in die Gebiete der Exekutive übergreift, eine „Unterwanderung" des Gewaltenteilungsprinzips ist. Vielmehr hat Art. 74 Ziff. 13 GG eine klare Entscheidung dahingehend getroffen, daß Grundsatzbestimmungen für eine Förderungstätigkeit des Bundes im Bereich der wissenschaftlichen Forschung in Gesetzesform zu ergehen haben. Die insbesondere auch rechtspolitisch interessante Frage ist, ob ein derartiges Gesetz, auch soweit es nicht um die Kompetenzabgrenzung zwischen Bund und Ländern geht, materielles Gesetz sein kann.

Wie oben dargestellt wurde, ist ein materielles Gesetz nach h. L. dadurch charakterisiert, daß es eine Abgrenzung von Rechten und Pflichten unter Berücksichtigung des Gleichheitsgrundsatzes vornimmt. Damit bleibt der Gesetzesbegriff orientiert an dem Gedanken der Notwendigkeit des Rechtsschutzes gegen den Staat, der bestehende Rechte so wenig wie möglich antasten und festumrissene Ansprüche auf weitere Leistungen gewähren soll. Angesichts dieses Rechtssatzbegriffes möchte man meinen, Lorenz von Stein[226] hätte erst in unseren Tagen erklärt: „Die Lehre von der Gesellschaft zeigt, daß *alle* Ordnung der Gesellschaft zuerst auf dem Besitz und dem Nichtbesitz beruht, daß aller Gegensatz der Klassen auf Besitzen und Nichtbesitzen hinausläuft; daß aller gesellschaftlicher Organismus innerhalb dieser Klassen wieder durch das Maß und die Art des Besitzes bestimmt wird."

---

222 Vgl. zur Verallgemeinerungsfähigkeit als Maßstab der Richtigkeit staatlichen Handelns, *Herbert Krüger*, Allg. Staatslehre, S. 307/308.

223 *Scheuner*, Diskussionsbeitrag zu „Das Gesetz als Norm und Maßnahme", VVDStRL 15, S. 75.

224 *Wehrhahn*, Das Gesetz als Norm und Maßnahme, VVDStRL 15, S. 45.

225 *Forsthoff*, Diskussionsbeitrag zu „Das Gesetz als Norm und Maßnahme", VVDStRL 15, S. 84.

226 *Lorenz von Stein*, Geschichte der sozialen Bewegung in Frankreich von 1789 bis auf unsere Tage, Bd. II: Die industrielle Gesellschaft, der Sozialismus und Kommunismus Frankreichs von 1830 bis 1848, S. 104.

Dabei ist heute die ökonomische und soziale Bedeutung von Besitz und Beruf längst relativiert. Die gesellschaftlichen und wirtschaftlichen Strukturen der Industriestaaten sind weitgehend geprägt von technischen Entwicklungen, die das Ergebnis wissenschaftlicher Forschung sind. Infolgedessen haben sich auch die Erwerbsstrukturen entscheidend geändert. 1950 waren noch 22,1 % aller Erwerbspersonen in der Landwirtschaft tätig, 1967 nur 10 %. In den sogenannten produzierenden Gewerben stieg der Anteil von 44,7 % auf 47,5 %. Entscheidend aber war und wird vor allem künftig sein die Veränderung im tertiären Sektor, den sog. Dienstleistungsbetrieben, — 1950: 33,2 %; 1967: 42,5 %. Die mit diesen Zahlen gekennzeichneten Tendenzen verstärken sich zusehends; der Berufswechsel wird zum sozialen Schicksal von Millionen Erwerbstätiger. Eben deshalb gewinnt das personale Bildungspotential gegenüber traditionellen Besitzinteressen einen existenziellen Rang und Wert für jeden Staatsbürger; eine bestimmte Grundbildung für alle kann die berufliche Mobilität in den Industriestaaten auffangen.

Dafür einige Beispiele: Landwirtschaftliche Familienbetriebe, die bisher in der Lage waren, die Familie zureichend zu ernähren, werden unrentabel. Der Mikrozensus von 1964 z. B. ergibt, daß nur 35,5 % der gelernten Landwirte ihren Beruf ausüben[227]. Oder: Kleinhandelsbetriebe weichen der Konkurrenz der Supermärkte; 291 000 (= 43,3 %) der 762 000 in der Branche Ausgebildeten sind in Organisations-, Verwaltungs- und Bürobrufen tätig[228]. Oder: Von 1,2 Millionen gelernten Schlossern üben 50 % einen anderen Beruf aus[229]. Fast in allen Berufssparten machen technisch-wissenschaftliche Neuerungen bestimmte Berufsgruppen überflüssig und öffnen neue, qualifiziertere Berufswege[230]. Die Ausbildung für spezielle Berufe als Lebensberuf wird nahezu unmöglich, weil die Berufsbilder sich ständig verändern.

Hinzu kommt, was Helmut Pleßner über die Berufsprobleme hinausgreifend, in der These 4 seines Referats „Wissenschaft und moderne Gesellschaft“[231] formulierte: „Wissenschaftsförderung ist zu einer der vordringlichsten Aufgaben der Politik eines modernen Industriestaates geworden, und zwar nicht nur im Hinblick auf sein industrielles Potential und die soziale Ordnung im ganzen, sondern ebensosehr im Hinblick auf den Schutz der persönlichen Freiheit und der Pflege kritischer Selbständigkeit, ohne welche eine Demokratie immer in Gefahr ist, in eine totalitäre Diktatur umzuschlagen.“

---

[227] Wirtschaft und Statistik, 1967, S. 577.
[228] Wirtschaft und Statistik, 1967, S. 578.
[229] Wirtschaft und Statistik, 1967, S. 578.
[230] Vgl. zum bildungspolitischen Aspekt des Sozialstaatsprinzips: *Abelein:* Recht auf Bildung, DÖV 1967, 375 (377).
[231] Gehalten auf dem Kongreß der SPD am 28. und 29. 10. 1960.

Da die moderne Wissenschaft Mittel benötigt, die nur vom Staat aufgebracht werden können und faktisch auch aufgebracht werden, ist sowohl der Erwerb wie die Erhaltung eines bestimmten Besitzstandes wie auch die persönliche Freiheit des einzelnen im Sinne größtmöglicher Unabhängigkeit von Faktoren der Wirtschaft und der Technik, von der staatlichen Förderung der Wissenschaft im Gesamtstaat, insbesondere auch der Förderung der wissenschaftlichen Hochschulen abhängig. Wenn die herrschende Lehre als unabdingbares Essentiale einer Rechtsnorm ansieht, daß sie an der Idee der Gerechtigkeit orientiert sein muß, so ist eine proportionale Gleichheit i. S. der distributiven Gerechtigkeit, wie sie Aristoteles in der Nikomachischen Ethik[232] darstellt, in der heutigen gesellschaftlichen Struktur des Staates für den einzelnen noch nicht verbürgt, wenn Rechtsnormen die Rechtssphären zwischen Staat und Bürger und den Bürgern untereinander abgrenzen, sondern nur, wenn auch Chancengleichheit hinsichtlich der Erlangung von Rechtspositionen besteht. Gem. Art. 20 Abs. 1 GG ist die Bundesrepublik Deutschland ein demokratischer und sozialer Bundestaat. Soziale Gerechtigkeit kann nur verwirklicht werden, wenn der Staat die wirtschaftlichen und technischen Entwicklungen durch staatliche Mittel für den Staatsbürger in einer Form effektiv macht, daß jeder einzelne die gleiche soziale Chance hat, eine Rechtsposition zu erwerben, die diesen wirtschaftlichen und technischen Entwicklungen entspricht[233]. Dem Grundsatz der Sozialstaatlichkeit ist sowohl die Gesetzgebung wie auch die Exekutive und die Rechtsprechung verpflichtet[234].

Für die Gesetzgebung, die im Zusammenhang mit der hier erörterten Frage, inwieweit ein Forschungsförderungsgesetz des Bundes materi-

---

232 *Aristoteles*, Nikomachische Ethik, 5. Buch, 6.—10. Kapitel.

233 Vgl. *Hesse*, Festgabe für Smend (1962), S. 78: Sozialstaatlichkeit bedeutet: „Der Staat ist planender, verteilender, gestaltender, individuelles wie soziales Leben erst ermöglichender Staat ... ihm ist diese Aufgabe von Rechts wegen gestellt"; ferner *Wiethölter*, Die Position des Wirtschaftsrechts im sozialen Rechtsstaat, Festschrift für Franz Böhm, S. 54, der betont, Sozialstaatlichkeit heiße „Normierung von Aufgaben, die sich aus der technischen, wirtschaftlichen und sozialen Entwicklung ergeben".

234 Vgl. BVerfGE 22, S. 180 (204): „Wenn Art. 20, Abs. 1 GG ausspricht, daß die Bundesrepublik ein sozialer Bundesstaat ist, so folgt daraus nur, daß der Staat die Pflicht hat, für einen Ausgleich der sozialen Gegensätze und damit für eine gerechte Sozialordnung zu sorgen; dieses Ziel wird er in erster Linie im Wege der Gesetzgebung zu erreichen suchen ..."; zur Sozialstaatlichkeit vgl. auch *Gerber*, Die Sozialstaatsklausel des Grundgesetzes, AöR 81, S. 1 ff. mit eingehendem Überblick über die Literatur zur Sozialstaatsklausel; *Dürig*, Verfassung und Verwaltung im Wohlfahrtsstaat, JZ 1953, S. 193 (198); *Ipsen*, Enteignung und Sozialisierung, VVDStRL 10, S. 85 stellt fest, daß „der Staat des Grundgesetzes sich zum Sozialstaat proklamiert"; *Forsthoff*, Begriff und Wesen des sozialen Rechtsstaates, VVDStRL 12, S. 19 erklärt, „die Teilhabe als Recht und Anspruch meint einen leistenden, zuteilenden, verteilenden, teilenden Staat, der den Einzelnen nicht seiner gesellschaftlichen Situation überläßt, sondern ihm durch Gewährungen zu Hilfe kommt. Das ist der soziale Staat".

elles Gesetz sein kann, von besonderem Interesse ist, ergibt sich dabei folgendes: Hat die Gesetzgebung bei der Normsetzung gem. Art. 20 Abs. 1 GG insbesondere zu berücksichtigen, daß der Sozialstatus des einzelnen den technischen, wirtschaftlichen und sozialen Gegebenheiten angeglichen wird, so werden zwei Ebenen aufeinander abgestimmt, die *begrifflich* streng zu unterscheiden sind: die juristische und die soziologische. Max Weber[235] hat diese begriffliche Unterscheidung klassisch formuliert, wenn er sagt, daß die Rechtsordnung in ihrer juristischen Struktur das ideelle Geltensollen betrifft, in der soziologischen Analyse aber das reale Geschehen: Die Rechtsdogmatik stellt sich die Aufgabe, Rechtssätze, deren Inhalt eine Ordnung darstellt, die für das Verhalten von Menschen maßgebend sein soll, „auf ihren richtigen Sinn und das heißt: auf die Tatbestände, welche ihr und die Art, wie sie ihr unterliegen, zu untersuchen ... Die Sozialökonomik dagegen betrachtet dasjenige tatsächliche Handeln der Menschen, welches durch die Notwendigkeit der Orientierung am ‚wirtschaftlichen Sachverhalt' bedingt ist, in seinen tatsächlichen Zusammenhängen". Etwas anderes ergibt sich, wenn es nicht um die *begriffliche* Unterscheidung zwischen der juristischen und der soziologischen Ebene geht, sondern wenn die Rechtsordnung in ihrer *empirischen* Geltung betrachtet wird. Empirisch stellen sich juristische Normen als Fakten dar, die den Status des einzelnen unmittelbar beeinflussen oder, wie es Max Weber[236] ausdrückt, sie bedeuten „dann nicht einen Kosmos logisch als ‚richtig' erschließbarer Normen, sondern einen Komplex von faktischen Bestimmungsgründen realen menschlichen Handelns".

Unmittelbar einleuchtend ist diese These, soweit der Begriff der Normen mit dem Rechtssatzbegriff der herrschenden Lehre identifiziert wird: Es werden die Rechtssphären zwischen Rechtssubjekten abgegrenzt, wobei der Staat als Machtträger die Garantie übernimmt, daß die Abgrenzungen eingehalten werden. Da die Rechtsfolgen der Normsetzung bestimmt sind, können die realen Verhaltensweisen der Normadressaten beeinflußt werden. Die durch die Rechtsnormen gewahrten Ansprüche können mit Hilfe der Staatsgewalt durchgesetzt werden. Diese Tatsache betont auch Max Weber, wenn er sagt: „Daß jemand kraft staatlicher Rechtsordnung ein (subjektives) ‚Recht' hat, bedeutet also im Normalfall, den wir hier zunächst zugrundelegen, für die soziologische Betrachtung: er hat die durch den einverständnismäßig geltenden Sinn einer Rechtsnorm faktisch garantierte Chance, für bestimmte (ideelle oder materielle) Interessen die Hilfe eines dafür bereitstehenden

---

235 *Max Weber*, Grundriß der Sozialökonomik, III. Abteilung, Wirtschaft und Gesellschaft, 1. Halbband, S. 368.

236 *Max Weber*, a.a.O., S. 369.

‚Zwangsapparats‘ zu verlangen[237].“ Max Weber sieht allerdings die empirische Geltung einer Ordnung als eines Rechtssatzes noch sehr viel differenzierter; sie umfaßt für ihn nicht nur die Gewährung von Ansprüchen und unmittelbaren Rechten, die der einzelne mit Hilfe der staatlichen Machtmittel durchsetzen kann. Er formuliert[238]: „Durch das empirische ‚Gelten‘ einer Ordnung als eines ‚Rechtssatzes‘ werden die Interessen der Einzelnen in mannigfachem Sinn berührt. Insbesondere können Einzelpersonen daraus *berechenbare Chancen* erwachsen, ökonomische Güter in ihrer Verfügung zu behalten oder künftig unter bestimmten Voraussetzungen die Verfügung über solche zu erwerben.“ Die Art der Zuwendung kann dabei doppelten Charakter haben: entweder kann es sich um eine sog. „appropriierte Chance“ handeln[239], d. h. dem einzelnen wird eine bestimmte Chance garantiert, er erhält ein subjektives Recht; oder aber die ihm zufallende Chance besteht nur als „bloße Reflexwirkung“ der empirischen Geltung der Norm; der einverständnismäßig geltende Sinn der Norm geht nicht dahin, dem einzelnen die tatsächlich ihm zufallenden Chancen zu garantieren.

Diese Differenzierung, die Max Weber für die Art der Gewährung von Chancen für den einzelnen durch die staatliche Normsetzung vornimmt, muß nicht zwangsläufig auf die soziologischen Auswirkungen der Normsetzung beschränkt bleiben. Sie ist auf alles staatliche Handeln übertragbar. Der Staat wirkt auf den Status des einzelnen nicht nur durch Normsetzung, sondern genauso durch das Handeln der Exekutive ein. Die Chancengewährung des Staates an den einzelnen durchläuft dabei eine Skala verschiedener Intensitätsgrade: sie reicht von der Gewährung von Rechten bis zu den mittelbaren Auswirkungen staatsleitender Gesamtakte auf den einzelnen.

Das wird besonders deutlich bei den verschiedenen Formen staatlicher Planung. Dabei soll die Problematik des verwaltungsrechtlichen Plans hier dahingestellt bleiben, da er — zumindest generell — stets normativ verbindlichen Charakter trägt und insofern nicht die Frage der Chancengewährung für den einzelnen durch staatliches Handeln in ihrer möglichen Breite der Differenzierung aufwirft[240]. Gemeint ist hier

---

237 *Max Weber*, a.a.O., S. 371.

238 *Max Weber*, a.a.O., S. 371.

239 *Max Weber*, a.a.O., S. 23.

240 Vgl. zum verwaltungsrechtlichen Plan vor allem die Referate von Imboden ued Obermayer und die daran anknüpfende Diskussion auf der Tagung der Vereinigung Deutscher Staatsrechtslehrer in Berlin 1960, VVDStRL Bd. 18; ferner *Brohm*, Rechtsschutz im Bauplanungsrecht, S. 43 f.; *W. L. Blümel*, Das Zusammentreffen von Planfeststellungen, DVBl. 1960, S. 697 ff.; *Scheuner*, Verfassungsrechtliche Probleme einer zentralen staatlichen Planung, Planung I, S. 70—73.

der zentrale staatliche Plan[241]. Es stimmt nur bedingt, wenn Scheuner[242] meint, ein derartiger Plan berühre im allgemeinen die individuellen Verhältnisse nicht, sein Blickpunkt liege weit oberhalb der Anwendung auf Einzelfälle. Vielmehr hängt es vom Zweck und vor allem von der Rechtsform des jeweiligen staatlichen Plans ab, inwieweit die Rechtssphären des einzelnen tangiert werden — gerade das macht den Plan als Beispiel für den Fragenkomplex interessant, inwieweit staatliches Handeln Chancengewährung ist und den Rechts- und Sozialstatus der Staatsbürger gestaltet[243]. Für eine relativierte Form der individuellen Chancengewährung mag als Beispiel der große Hessenplan[244] gelten. Er gibt dem einzelnen lediglich die — rechtlich nicht faßbare — Chance, daß Gesetzgebung und Exekutive die im Großen Hessenplan verankerten Planvorstellungen realisieren. Von der Art der Realisierung hängt es ab, ob der Status des einzelnen nur mittelbar beeinflußt wird, oder ob dem einzelnen eine sog. „appropriierte Chance", ein subjektives Recht eingeräumt wird.

Das extreme Gegenbeispiel zum Großen Hessenplan bildet in der Skala der Chancengewährung für den einzelnen das Investitionshilfegesetz vom 7. 1. 1952[245]. Es ist einerseits staatlicher Plan, dessen Endziel die Investitionsumlenkung von einer Milliarde DM Betriebsmitteln zur Deckung des Investitionsbedarfs des Kohlebergbaus, der eisenschaffenden Industrie und der Energiewirtschaft ist. Andererseits greift das Investitionshilfegesetz unmittelbar in den Rechtsstatus des einzelnen Staatsbürgers ein[246]. Die Aufbringungsschuldner haben gegenüber dem

---

[241] Vgl. dazu aus der zu diesem Thema nicht sehr umfangreichen deutschen Literatur: *Joseph H. Kaiser*, Exposé einer pragmatischen Theorie der Planung, Planung I, S. 11; ders., Der Plan als ein Institut des Rechtsstaats und der Marktwirtschaft, Umrisse eines Aktionsmodells, Planung II, S. 11; ders., Staatliche Planung in Deutschland, Deutsche Landesreferate, S. 423, *Scheuner*, Verfassungsrechtliche Probleme einer zentralen staatlichen Planung, Planung I, S. 67; vgl. dort insbesondere die Literaturhinweise, S. 74, Anm. 19; *Kölble*, Pläne im Bundesmaßstab oder auf bundesrechtlicher Grundlage, Planung I, S. 91; *Cartellieri*, Bildung und Forschungspolitik für 1980, Planung I, S. 391; *Ipsen*, Fragestellungen zu einem Recht der Wirtschaftsplanung, Planung I, S. 35; ders., Rechtsfragen der Wirtschaftsplanung, Planung II, S. 63; *Gerber*, Rechtsfragen der Planung im Hochschulwesen, Planung II, S. 315; *Ernst August Kern*, Skizzen zur Methodik und zum System der Planung, Planung II, S. 351.

[242] *Scheuner*, Verfassungsrechtliche Probleme einer zentralen staatlichen Planung, Planung I, S. 75.

[243] Vgl. zu den verschiedenen Formen der Planung: *Joseph H. Kaiser*, Staatliche Planung in Deutschland, Deutsche Landesreferate, S. 424 ff.; zur Frage der Auswirkungen staatlicher Planung auf den Bürger vgl. *Herzog*, VVDStRL Bd. 24, S. 205.

[244] Der Große Hessenplan — ein neuer Weg in die Zukunft, hrsg. v. Hess. Ministerpräsidenten.

[245] BGBl. I, S. 7; abgeändert durch Gesetze vom 22. August 1952, BGBl. I, S. 585 und vom 30. März 1953, BGBl. I, S. 107.

[246] Vgl. §§ 2 und 4 des IHG.

zuständigen Finanzamt Erklärungen über die Berechnungsgrundlage und den Aufbringungsbetrag abzugeben, anderenfalls kann das Finanzamt den Aufbringungsbetrag von sich aus festsetzen. Das Aufkommen aus der Investitionshilfe bildet ein mit eigener Rechtspersönlichkeit ausgestattetes Sondervermögen, aus dem den begünstigten Betrieben Darlehen zu Investitionszwecken gewährt werden. Das Investitionshilfegesetz ist insofern gleichzeitig staatsleitender Gesamtakt und materielles Gesetz.

Eine Mittelstellung zwischen der Art der Planung, wie sie der Große Hessenplan darstellt, und dem Investitionshilfegesetz nehmen die sog. Grünen, Blauen, Grauen und Goldenen Pläne ein, die sich primär mit ihren Planinhalten an die öffentlichen Organe wenden und den Rechts- und Sozialstatus des einzelnen nicht unmittelbar tangieren, immerhin aber gewisse Außenwirkung für den einzelnen Staatsbürger haben. Das kann am Beispiel des „Grünen Plans" dargestellt werden:

Die Bundesregierung hat gem. § 4 des Landwirtschaftsgesetzes[247] in jedem Jahr dem Bundestag und dem Bundesrat einen „Bericht über die Lage der Landwirtschaft", den „Grünen Bericht" vorzulegen. Gem. § 5 des Landwirtschaftsgesetzes hat sie ferner anzugeben, welche Maßnahmen für die Landwirtschaft getroffen worden sind und welche Maßnahmen geplant sind. Bis einschließlich 1966 wurden der Bericht gem. § 4 des Landwirtschaftsgesetzes und die Angaben über die bereits getroffenen und noch beabsichtigten Maßnahmen gem. § 5 des Landwirtschaftsgesetzes gesondert vorgelegt. Ab 1967 sind die Angaben gem. § 5 des Landwirtschaftsgesetzes den einzelnen Kapiteln des sog. „Grünen Berichtes" gem. § 4 des Landwirtschaftsgesetzes eingefügt worden[248]. Die Angaben über die bereits getroffenen und noch beabsichtigten Maßnahmen auf dem Gebiet der Landwirtschaft werden als „Grüner Plan" bezeichnet. Die zu seiner Verwirklichung notwendigen Mittel werden im Bundeshaushaltsplan ausdrücklich als „Mittel für die Maßnahmen des Grünen Plans" ausgewiesen[249]. Entscheidend für die Beurteilung der Außenwirkung des „Grünen Plans" i. S. der Chancengewährung für den einzelnen sind die §§ 24 und 25 Reichshaushaltsordnung. § 24 RHO stellt eindeutig klar, daß durch den Haushaltsplan Ansprüche Dritter oder Verbindlichkeiten Dritter weder begründet noch aufgehoben werden. Dabei sind Dritte i. S. von § 24 RHO nicht nur Personen

---

[247] Vom 5. 9. 1955, BGBl. I, S. 565.

[248] Vgl. Bericht der Bundesregierung über die Lage der Landwirtschaft gem. § 4 des Landwirtschaftsgesetzes und Maßnahmen der Bundesregierung gem. Landwirtschaftsgesetz und EWG-Anpassungsgesetz vom 8. Februar 1968, BT-Drucksache V 2540.

[249] Vgl. z. B. Bundeshaushaltsplan 1967, Kap. 1002, Allgemeine Bewilligungen.

des privaten Rechts, sondern gleichfalls Organe der öffentlichen Hand[250]. Durch § 25 RHO wird bestimmt, daß die Einnahmen und Ausgaben des Bundes nach dem Haushaltsgesetz und dem Haushaltsplan verwaltet werden. Das bedeutet, daß der Haushaltsplan zwar Verwaltungsrechtsnorm ist[251], die die Exekutive zur Leistung von bestimmten Ausgaben ermächtigt, daß aber eine Verpflichtung der Exekutive zur Leistung nur insoweit gegeben ist, als die Exekutive bei der Durchführung bestimmter Maßnahmen gesetzlich oder vertraglich gebunden ist[252]. Für die Wirkung des „Grünen Plans" auf den Rechts- und Sozialstatus des einzelnen sind dementsprechend folgende Modalitäten zu unterscheiden:

1. Der „Grüne Plan" sieht Maßnahmen vor, zu denen der Bund weder gesetzlich noch vertraglich verpflichtet ist. In diesem Fall tritt eine sozialgestaltende Wirkung der Planvorstellungen erst mit ihrer Konkretisierung ein, d. h. mit dem Zuweisungsbescheid, durch den die im Bundeshaushaltsplan ausgewiesenen Mittel für den in den entsprechenden Titeln der Einzelpläne benannten Zweck[253]. Anders ist die rechtliche Situation bei der zweiten denkbaren Modalität:

2. Der „Grüne Plan" der Bundesregierung sieht Maßnahmen vor, die durch Gesetz oder Vertrag bereits konkretisiert sind oder konkretisiert werden. z. B. umfaßt die Maßnahmegruppe C („Landwirtschaftliche Sozialpolitik") des „Grünen Plans" von 1967 u. a. die Bundeszuschüsse an die landwirtschaftlichen Altersklassen und an die landwirtschaftlichen Berufsgenossenschaften. Im Kap. 1002, Tit. 708 a des Bundeshaushaltsplans für 1967 sind zur Förderung der Altershilfe für Landwirte 535 000 000 DM vorgesehen[254]. Das entspricht der gesetzlichen Verpflichtung des Bundes, den Unterschiedsbetrag zwischen den Einnahmen und den Aufwendungen der landwirtschaftlichen Altersklassen aus Bundes-

---

250 Vgl. *Vialon*, Haushaltsrecht, Erl. 3 zu § 24 RHO.

251 Vgl. *Giacometti*, Allgemeine Lehren des rechtsstaatlichen Verwaltungsrechts, 1. Bd., S. 155/156, S. 255 und *Götz*, Recht der Wirtschaftssubventionen, S. 299/300; vgl. ferner zur rechtlichen Natur des Haushaltsplans unten S. 114.

252 Vgl. *Vialon*, Haushaltsrecht, Erl. 4 zu § 25 RH O; Urt. des Hess. Verwaltungsgerichtshofes v. 29. 11. 1962, VRspr., Bd. 15, S. 918: „Das Haushaltsgesetz ist das von der Verfassung vorgeschriebene und um einer gesonderten Wirtschaftsführung willen gebotene Ergänzungsgesetz, das ebensowenig Rechte oder Verbindlichkeiten Dritter schafft, wie es die Exekutive zu Maßnahmen berechtigt oder verpflichtet."

253 Vgl. z. B. den Zuweisungsbescheid des Bundesministers für Ernährung, Landwirtschaft und Forsten, AZ I A 3 — 1462, 63 — 3/68 für die Förderung der vertikalen Verbundwirtschaft; Bundeszuschüsse zur Verbesserung der Molkereistruktur aus Kap. A 1002, Tit. 623 — Rechnungsjahr 1968 über 8 5000 000 DM an das Land Hessen.

254 Davon werden allerdings, wie sich aus den Erläuterungen zu Tit. 608 a ergibt, nur 157 560 000 DM aus Mitteln des „Grünen Plans" 1967 gedeckt, während 377 440 000 DM aus den Mitteln der Anpassungshilfe 1967 aufgebracht werden.

mitteln zu leisten[255]. Diese gesetzliche Verpflichtung des Bundes vermag keine Rechtsansprüche des einzelnen Staatsbürgers zu erzeugen. Ihre normative Wirkung besteht jedoch in dem Zwang, die im „Grünen Plan" formulierten Planvorstellungen mit den dafür im Haushaltsplan ausgewiesenen Mitteln zu verwirklichen. Die Folge ist ein Verwaltungsvollzug der den Rechts- und Sozialstatus des einzelnen Staatsbürgers beeinflußt. Der Staatsbürger erhält, um mit Max Weber zu sprechen, keine „appropriierte Chance", kein subjektives Recht; die gesetzliche Verpflichtung des Bundes, die Planvorstellungen des „Grünen Plans" zu verwirklichen, hat jedoch eine sozialgestaltende Wirkung, die mittelbar den Rechts- und Sozialstatus des Staatsbürgers verändert, die dem einzelnen eine „berechenbare Chance" i. S. von Max Weber gewährt. Diese rechtliche Situation sagt allerdings nichts Besonderes über die Rechtswirkung von Plänen aus, die der Struktur des „Grünen Plans" entsprechen, weil sie stets dann gegeben ist, wenn Haushaltsmittel für die Erfüllung gesetzlicher oder vertraglicher Verpflichtungen bereitgestellt werden. Sie zeigt jedoch, daß eine sozialgestaltende Wirkung von Planvorstellungen und eine entsprechende Ausstrahlung auf den Rechts- und Sozialstatus des einzelnen erst mit der rechtlichen Verpflichtung zur Durchsetzung gegeben ist.

Diese Tatsache ist für den hier zur Debatte stehenden materiellen Gesetzesbegriff von Belang. Das wird im Fall eines Forschungsförderungsgesetzes gem. Art. 74 Ziff. 13 GG besonders deutlich. Erginge ein Forschungsförderungsgesetz, in dem sich der Bund verpflichtete, bestimmte Forschungseinrichtungen wie z. B. die wissenschaftlichen Hochschulen oder spezielle naturwissenschaftliche Institute zu fördern, bzw. unter bestimmten Voraussetzungen wie der Mitwirkung des jeweiligen Bundeslandes zu fördern, so ergäbe sich als Rechtsfolge:

Dem einzelnen Staatsbürger erwüchse kein subjektives Recht auf Verwirklichung der Förderungsgrundsätze. Dagegen könnten die Länder, wenn im Bundeshaushalt die entsprechenden Mittel zur Erfüllung der gesetzlichen Aufgabe des Bundes ausgewiesen würden, die Mitwirkung des Bundes bei der Förderung der im Forschungsförderungsgesetz benannten wissenschaftlichen Forschungseinrichtungen auf Grund der gesetzlichen Verpflichtungen des Bundes erzwingen. Insofern wäre auf seiten des Bundes eine rechtliche Verpflichtung, auf seiten der Länder ein gesetzlicher Anspruch gegeben. Die Durchsetzung dieses Anspruchs wäre im Verhältnis zwischen Bund und Ländern der

---

[255] § 13 des Gesetzes über eine Altershilfe für Landwirte in der Fassung vom 14. September 1965 (BGBl. I, S. 1449), zuletzt geändert durch Art. 2 des Gesetzes zur Überleitung der Haushaltswirtschaft des Bundes in eine mehrjährige Finanzplanung (Finanzplanungsgesetz) vom 23. Dezember 1966, BGBl. I, S. 697.

Zwang für den Bund, die im Gesetz aufgestellten Förderungsgrundsätze und damit die übernommene Zuständigkeit im Bereich der Forschungsförderung einzuhalten. Daß insoweit ein Forschungsförderungsgesetz materielles Gesetz wäre, wurde bereits dargelegt[256]. Hier geht es jedoch um einen anderen Aspekt, nämlich die Frage, ob ein Forschungsförderungsgesetz materielles Gesetz ist, soweit es die Rechtsbeziehungen zwischen Staat und Staatsbürger ordnet. Ist die in einem Forschungsförderungsgesetz übernommene Verpflichtung des Bundes von den Ländern durchsetzbar, so läge die empirische Wirkung dieser Rechtslage in einer Vermehrung realer sozialer Chancen für den Staatsbürger, eine Verbesserung seines Sozialstatus und seines Rechtsstatus zu erreichen. Das wird besondern deutlich, wenn man von dem Fall ausgeht, daß der Bund in einem Forschungsförderungsgesetz die Verpflichtung übernähme, die wissenschaftlichen Hochschulen zu fördern. Art. 12 Abs. 1 GG gewährt ein subjektiv-öffentliches Recht auf freie Wahl der Ausbildungsstätte, wobei eine immanente Gewährleistungsschranke insoweit gegeben ist, als die Institution, die die Ausbildung leisten soll, funktionsfähig sein muß[257]. Da die Funktionsfähigkeit des Hochschulbetriebs zu einem beträchtlichen Teil von der Anzahl der zur Verfügung stehenden Ausbildungsstätten abhängt, ist ersichtlich, daß die durch ein Forschungsförderungsgesetz erfolgende Selbstverpflichtung des Bundes, die wissenschaftlichen Hochschulen zu fördern, der Verwirklichung des gem. Art. 12 Abs. 1 GG gewährten Grundrechts dienen würde.

Die Funktion eines Forschungsförderungsgesetzes läge damit in der Planung einer sozialgestaltenden Tätigkeit, die infolge der gesetzlichen Selbstbindung des Bundes zur Planverwirklichung verpflichtet und dadurch dem einzelnen Staatsbürger eine erhöhte Chance auf eine positive Veränderung seines Rechts- und Sozialstatus gewährte. Damit wären einem Forschungsförderungsgesetz zwei Elemente zu eigen: einmal wäre es staatsleitender Akt, weil die gesetzliche Fixierung der Planvorstellungen die Richtlinien der Forschungspolitik bestimmte. Zum anderen aber wäre es nicht nur formelles, sondern auch materielles Gesetz, und zwar nicht nur im Hinblick auf die Kompetenzabgrenzung zwischen Bund und Ländern, sondern auch hinsichtlich des Verhältnisses zwischen Staat und Staatsbürger. Bei Berücksichtigung der heutigen gesellschaftlichen Struktur muß die Verwirklichung sozialer Gerechtigkeit, die gem. Art. 20 Abs. 1 GG Postulat ist, nicht mehr allein in der Abgrenzung von subjektiven Rechten und Pflichten, sondern genau so in der Verteilung gleicher sozialer Chancen bestehen, Rechts-

---

[256] S. 94 f.

[257] Vgl. *Staff*, Die Zulässigkeit von Studienbeschränkungen an deutschen Hochschulen, NJW 1967, S. 2234 (2235).

positionen zu erwerben, die den wirtschaftlichen und technischen Entwicklungen entsprechen. Ein Forschungsförderungsgesetz mit dem oben (S. 91) umschriebenen Inhalt wäre generelle Norm, weil es eine Ordnung darstellte, die mit ihrer Verwirklichung jedem einzelnen die gleiche soziale Chance gäbe, das ihm gem. Art. 12 Abs. 1 GG zustehende Grundrecht wahrzunehmen. Das heißt nicht, daß der einzelne auf Grund der Sozialstaatsklausel etwa gem. Art. 12 GG einen Rechtsanspruch gegen den Staat hat, konkrete Förderungsmaßnahmen unter Berücksichtigung des Grundsatzes der Chancengleichheit gewährt zu erhalten[258]; es besagt nur, daß ein Forschungsförderungsgesetz eine materielle Ordnungsfunktion auch insofern ausübt, als es dem einzelnen berechenbare Chancen hinsichtlich seines Rechts- und Sozialstatus gewährt. Es kommt im Sozialstaat für den Staatsbürger nicht allein darauf an, daß er Leistungen des Staates erzwingen kann, es ist vielmehr von gleicher Bedeutung, daß die wirtschafts- und sozialgestaltende Tätigkeit des Staates durch Normen verbürgt ist, die den Gleichheitsgrundsatz verwirklichen. Die Selbstverpflichtung des Bundes, Projekte und Institutionen der wissenschaftlichen Forschung zu fördern, gäbe den Ländern einen durchsetzbaren Anspruch auf Einhaltung der gesetzlichen Verpflichtung durch den Bund[259]. Die Verwirklichung und Durchsetzung der gesetzlichen Norm bedeutete die Gewährung gleicher sozialer Chancen für den einzelnen. Der Qualifizierung eines Forschungsförderungsgesetzes als materielles Gesetz kann auch nicht entgegengehalten werden, daß es keine generelle Norm sei, weil es zeitlich von der jeweiligen bildungspolitischen Situation abhängig sei. Diesem Argument wurde bereits mit dem Hinweis begegnet[260], daß die „Verallgemeinerungsfähigkeit" einzelner Sachverhalte infolge der Vielfalt und des ständigen Wechsels der Faktoren, die die Struktur jedes modernen Staatswesens bestimmen, geringer geworden ist.

Die vorstehende Analyse hat damit ergeben, daß ein Gesetzesbegriff, dessen Funktion darauf beschränkt ist, Rechte und Pflichten zwischen

---

[258] Das wäre die Konsequenz des Urteils des Bundesverwaltungsgerichts vom 11. März 1966, NJW 1966, S. 1236 f., in dem es heißt: „Diese beiden rechtlichen Gesichtspunkte, die Verletzung des Grundsatzes der Chancengleichheit und die Wahrnehmung öffentlicher Bildungsaufgaben durch eine gleichwertige Privatschule, müssen dazu führen, daß ein Anspruch auf Subventionierung nicht grundsätzlich verneint werden kann." Das BVerwG übersieht, daß weder aus Art. 7 GG noch aus Art. 3 GG eine hinreichend präzisierte Anspruchsnorm ableitbar ist; vgl. zur berechtigten Kritik am BVerwG: *Werner Weber*, Subventionierungspflicht des Staates zugunsten privater Schulen?, NJW 1966, S. 1798 und *Menger-Erichsen*, Höchstrichterliche Rechtsprechung zum Verwaltungsrecht, Verw. Arch., Bd. 57, S. 377.

[259] Insofern ist für den vorliegenden Fall die Ansicht von *Kern*, Skizzen zur Methodik und zum System der Planung, Planung II, S. 369, unzutreffend, den Planungsformen sei zwar ein hohes imperatives Element eigen, ein imperativer Vollzug i. S. von Recht als jus cogens sei jedoch nicht gegeben.

[260] S. 99.

Willensträgern abzugrenzen, weder der Sozialstaatsklausel des Grundgesetzes noch der gesellschaftlichen Struktur unseres Staates entspricht. Als materielles Gesetz ist vielmehr jede im formellen Gesetzesverfahren ergehende Norm zu werten, mit deren Verwirklichung der Rechts- *oder* Sozialstatus von Rechtssubjekten unter Wahrung des Gleichheitsgrundsatzes verändert wird. Da diese Voraussetzungen — wie sich am Modell eines Forschungsförderungsgesetzes gezeigt hat — auch bei staatsleitenden Gesamtakten, die in Gesetzesform ergehen, gegeben sein können, ist die Annahme, ein staatsleitender Akt könne niemals materielles Gesetz sein, unrichtig.

Damit ist das Argument von Kipp[261] und Kölble[262] entkräftet, ein Forschungsförderungsgesetz des Bundes könne inhaltlich nicht materielle Norm sein; Art. 74 Ziff. 13 GG könne schwerlich den Sinn haben, lediglich eine formale Rechtsgrundlage für ein Tätigwerden des Bundes zu schaffen, daher müsse die Förderung der wissenschaftlichen Forschung durch den Bund auch ohne Ausnutzung der Gesetzeskompetenz zulässig sein. Es hat sich vielmehr gezeigt, daß die als rein formal bezeichnete Funktion eines gem. Art.74 Ziff. 13 GG ergehenden Gesetzes im höchsten Maße materielle Ordnungsfunktion ist, weil sie bei dem allein denkbaren Inhalt eines derartigen Gesetzes einmal Kompetenzabgrenzung zwischen Bund und Ländern und zum anderen Sozialgestaltung ist, die dem einzelnen berechenbare Chancen für eine Veränderung seines Rechts- und Sozialstatus gewährt. Das bedeutet für die oben aufgeworfene Frage, inwieweit die Übernahme der Finanzierungsverpflichtungen durch den Bund in den Verwaltungsabkommen zwischen Bund und Ländern zur Förderung von Wissenschaft und Forschung vom 4. Juni 1964 und vom 8. Februar 1968 verfassungsmäßig ist, folgendes: Art. 74 Ziff. 13 GG gibt dem Bund die Möglichkeit, eine materielle Ordnungsfunktion für das Gebiet der wissenschaftlichen Forschung wahrzunehmen und damit den Bereich seines Tätigwerdens insoweit abzustecken. Macht der Bund von dieser Möglichkeit Gebrauch, so begründet er eine Aufgabenverantwortung, die sich inhaltlich nach dem im Gesetz bestimmten Zuständigkeitsbereich bestimmt und — nach den oben[263] dargelegten Grundsätzen — eine Finanzverantwortung des Bundes zur Folge haben kann. Nimmt der Bund die Möglichkeiten der konkurrierenden Gesetzgebung nicht wahr, so bleibt die Sachverantwortung und damit auch die Finanzverantwortung bei den Ländern. Eine andere

---

[261] *Kipp*, Zum Problem der Förderung der Wissenschaften durch den Bund, DÖV 1956, S. 555 (559).

[262] *Kölble*, Erwiderung auf *Stralenheim*, Bildungs- und Forschungsförderung als Aufgabe von Bund und Ländern, DÖV 1965, S. 76 (77).

[263] S. 88.

Schlußfolgerung als diese verstieße gegen die verfassungsmäßige staatliche Ordnung[264].

Art. 30 GG bestimmt, daß die Ausübung der staatlichen Befugnisse und die Erfüllung staatlicher Aufgaben Sache der Länder ist, soweit das Grundgesetz keine andere Regelung trifft oder zuläßt. Das Grundgesetz hat die Aufgabenverantwortung für den Bereich der wissenschaftlichen Forschung — soweit nicht die oben[265] erwähnten speziellen Bundeszuständigkeiten in Frage kommen — in Art. 74 Ziff. 13 GG geregelt. Es wurde nachgewiesen, daß Art. 74 Ziff. 13 GG eine materielle Ordnungsfunktion hat. Der Bund kann sie wahrnehmen oder den in Frage kommenden Zuständigkeitsbereich den Ländern zur Regelung überlassen. Er kann aber nicht ohne materielle Abgrenzung seiner Zuständigkeitsbereiche tätig werden, weil damit zwangsläufig das Gefüge des von der Verfassung bestimmten Verhältnisses zwischen Bund und Ländern im Gesamtstaat aus den Angeln gehoben würde[266]. Wenn die Auffassung vertreten wird, die Förderung der wissenschaftlichen Forschung sei ihrer Natur nach eine überregionale Aufgabe und falle deshalb eo ipso in die Zuständigkeit des Bundes[267], so wird übersehen, daß eine derartige ungeschriebene Kompetenz zwar im gesetzesfreien Raum möglich ist, daß sie aber nicht in Frage kommen kann, wenn eine geschriebene Kompetenz die betreffende Materie bereits regelt. Schon Triepel[268] hat betont, daß jede Reichskompetenz an der Hand des Rechts bewiesen werden muß. Das Bundesverfassungsgericht hat unter Berufung auf Anschütz festgestellt, daß eine ungeschriebene Kompetenz nur angenommen werden könne, wenn es sich um einen Bereich handele, der einer ausdrücklichen Anerkennung durch die Verfassung nicht bedürfe, weil er eine der partikulären Gesetzgebungszuständigkeit a priori entrückte Angelegenheit des Bundes darstelle[269]. Die Bestimmung des Art. 74 Ziff. 13 GG läßt für eine ungeschriebene Kompetenz des

---

264 Allein um diesen Problemkreis geht es hier; nicht um die Frage, inwieweit ein Organ *innerhalb* seines Kompetenzbereichs auch bei Leistungsgewährungen an den Gesetzesvorbehalt gebunden ist.

265 S. 36.

266 *Seeger*, Referat zu Ziff. 2 der Tagesordnung der 102. Hochschulausschuß-Sitzung, S. 3 erklärt, die Gefahr der gegenwärtigen Unordnung liege in der Auflösung der Formen, unter denen die öffentliche Gewalt tätig werden dürfe.

267 *Kölble*, Gemeinschaftsaufgaben zwischen Bund und Ländern, Schriftenreihe Speyer, S. 47; ders., Bildungs- und Forschungsförderung als Aufgabe von Bund und Ländern, DÖV 1964, S. 592; *Kipp*, Zum Problem der Förderung der Wissenschaften durch den Bund, DÖV 1956, S. 555 (563); *Scheuner*, Bildungsplanung und ihre Rechtsgrundlagen, DÖV 1965, S. 541; vgl. ferner die Ausführungen oben S. 48 f.

268 *Triepel*, Ungeschriebenes Verfassungsrecht, S. 324/325.

269 BVerfGE, Bd. 12, S. 205 (251); BVerfGE 11, 89 (98) und 11, 6 (17); *Anschütz*, HDStRL, Bd. I, S. 367; vgl. auch *Voigt*, Ungeschriebenes Verfassungsrecht, VVDStRL 10, S. 41.

Bundes schon deshalb keinen Raum, weil der Bund von seiner materiellen Ordnungsfunktion in jeder notwendigen Variation Gebrauch machen kann. Er kann seinen Kompetenzbereich für den Bereich der wissenschaftlichen Forschung weit abstecken, so daß eine detaillierte überregionale Regelung erreicht wird. Er kann ihn auf bestimmte Einzelgebiete beschränken und dadurch zu einer kooperativen Zusammenarbeit mit den Ländern kommen, wie es z. B. in dem durch das Finanzreformgesetz vom 12. Mai 1969 eingefügten Art. 91 a Abs. 1, Ziff. 1 GG vorgesehen worden ist.

Für eine ungeschriebene Bundeskompetenz ist neben Art. 74 Ziff. 13 GG kein Raum[270]. Da ein Forschungsförderungsgesetz des Bundes nicht erlassen worden ist, ist für den Zeitraum vor Erlaß des Finanzreformgesetzes vom 12. Mai 1969 eine Aufgabenverantwortung des Bundes für die allgemeine Wissenschaftsförderung, der eine Finanzverantwortung entsprechen könnte, nicht ableitbar.

Es bleibt zu fragen, ob die Ausweisung der zur Erfüllung der in den Verwaltungsabkommen vom 4. Juni 1964 und vom 8. Februar 1969 vom Bund übernommenen Finanzierungsverpflichtungen notwendigen Mittel im Bundeshaushaltsplan und die Verabschiedung des Haushaltsgesetzes die rechtliche Zulässigkeit der Finanzierungstätigkeit des Bundes zu begründen vermag. Die Beurteilung der rechtlichen Natur des Haushaltsgesetzes ist noch immer durch den Gesetzesbegriff der konstitutionellen Monarchie belastet. Auch heute noch wird zum Teil an der Einordnung des Haushaltsgesetzes als formelles Gesetz festgehalten[271].

Dabei hat der Verfassungswandel in der staatsrechtlichen Literatur längst zu dem Versuch geführt, die Einordnung des Haushaltsgesetzes und Haushaltsplanes als formelles Gesetz zu überwinden. Zur Zeit der Weimarer Verfassung erklärte Anschütz[272], der Haushaltsplan sei zwar formell ein Gesetz, der Sache nach aber ein Verwaltungsakt[273], eine Auffassung, die zwar insofern vertretbar erscheint, als die Rechtswirkungen des Haushaltsgesetzes in der Tat den Rechtswirkungen des gestaltenden Verwaltungsaktes ähneln, die aber die Tatsache, daß es sich bei der Verabschiedung des Haushaltsgesetzes um Normsetzung handelt, nicht genügend in die juristische Wertung einbezieht[274].

---

270 So auch *Götz,* Recht der Wirtschaftssubventionen, S. 308.

271 So *Maunz* in Maunz-Dürig, Grundgesetz, Art. 110, Rdnr. 9; vgl. allerdings *Maunz,* Die Finanzverfassung im Rahmen der Staatsverfassung, VVDStRL, Bd. 14, S. 61, Leitsatz 5, wo er zwar nicht wörtlich, jedoch dem Sinn nach seine Auffassung einschränkt; vgl. ferner *Menger,* Das Gesetz als Norm und Maßnahme, VVDStRL, Bd. 15, S. 11 f.

272 *Anschütz,* Die Verfassung des Deutschen Reiches, 14. Aufl. 1933, S. 435.

273 So auch *Bühler* in BK, Art. 110, Anm. 2.

274 *Götz,* Recht der Wirtschaftssubventionen, S. 298 erklärt, das den Haushaltsplan feststellende Haushaltsgesetz habe mit dem Verwaltungsakt einer Behörde im Einzelfall nichts gemein.

Heckel[275] sieht in der Verabschiedung des Budgets zunächst lediglich die Ausfüllung einer entsprechenden Blankettnorm der Reichsverfassung und der Reichshaushaltsordnung, mit der Wirkung, daß „eine Festlegung der staatlichen Wirtschaftsführung und damit zugleich der Politik des Landes auf ein während der Etatperiode maßgebendes Gesamtprogramm erfolgt". Dabei hebt Heckel besonders hervor, daß die darin liegende Bindung der Exekutive lediglich eine Einschränkung der Ausübung bereits vorhandener verfassungsmäßiger Kompetenzen bedeutet. Zusammenfassend kennzeichnet Heckel die Bedeutung des Etatgesetzes wie folgt: „Es ist ein im Wege der staatsgestaltenden Gesetzgebung erzeugter staatsleitender Gesamtakt der Regierung und des Parlaments; sein Gegenstand ist ein staatliches Gesamtprogramm für die staatliche Wirtschaftsführung und damit zugleich für die Politik des Landes während der Etatperiode, ein Programm, das zur Ausführung durch die Exekutive im Rahmen des exekutiven Gewaltverhältnisses bestimmt ist[276]." Damit ist gleichzeitig gesagt, daß das den Haushaltsplan feststellende Haushaltsgesetz die objektiven Maßstäbe für das Handeln der Exekutive festsetzt, daß es objektives Verwaltungsrecht ist. Diesen Normcharakter des Haushaltsgesetzes hatte Hermann Heller bereits 1927 in seinem auf der Berliner Staatsrechtslehrertagung gehaltenen Referat über den „Begriff des Gesetzes in der Reichsverfassung" betont und hinzugefügt: „... daß aber die herrschende Lehre ... jene Gesetze auch heute noch als ‚bloß formelle' ansieht und ihre Verletzung nicht als Rechtsverletzung wertet, kann nur aus der geistesgeschichtlichen und politischen Situation Labands und seiner Schule erklärt werden"[277]. Den Normcharakter des Haushaltsgesetzes bejaht auch das Bundesverfassungsgericht in seinem Urteil zur Parteienfinanzierung vom 19. 7. 1966[278]. Das Bundesverfassungsgericht stellt fest, daß die durch das Haushaltsgesetz erteilte Ermächtigung, einen bestimmten Betrag für einen bestimmten Zweck auszugeben, ein aus sich heraus verständlicher Rechtssatz sei[279]. Fraglich kann allerdings sein, ob nur

---

275 *Heckel*, Einrichtung und rechtliche Bedeutung des Reichshaushaltsgesetzes, HDStR, Bd. II, S. 391.

276 *Heckel*, a.a.O., S. 392.

277 *Heller*, VVDStRL 4, S. 126.

278 BVerfGE, Bd. 20, S. 56.

279 BVerfGE, Bd. 20, 56 (92); vgl. auch *Arndt*, Gesetzesrecht und Richterrecht, NJW 1963, S. 1273 (1279): „Das Haushaltsgesetz ist weder etwas Abnormes noch gar ein Verwaltungsakt in der geliehenen Form eines Gesetzes, sondern es ist geradezu die reine Gestalt eines aus Problemdenken geschaffenen Gesetzes in seiner Periodizität und in seiner Aufgabe, rechtliche Grundlage der Verwaltungsmacht zu sein"; vgl. auch *Giacometti*, Allgemeine Lehren des rechtsstaatlichen Verwaltungsrechts, Bd. 1, S. 156 f., S. 255; *Götz*, Recht der Wirtschaftssubventionen, S. 299; *Vialon*, Haushaltsrecht, § 1 RHO, Anm. 8 erklärt recht indifferent, das Haushaltsgesetz sei zwar nach allgemeiner Auffassung nur ein Gesetz im formellen Sinn, es sei aber immer mehr zu einem echten Gesetz geworden; unklar auch die Auffassung *Kölbles*,

dem Gesamtplan oder auch den Einzelplänen materieller Normcharakter zukommt. Gem. § 5 RHO besteht der Haushaltsplan aus dem Gesamtplan, der sich aus dem rechnerisch zusammengefaßten Inhalt der Einzelpläne und der allgemeinen Verwaltungsgliederung zusammensetzt und den Einzelplänen, die die zweckbestimmte Etat-Titel-Ausweisung enthalten. Obwohl Art. 110 Abs. 2 Satz 1 GG vorschreibt, daß der Haushaltsplan durch Gesetz festzustellen ist und gem. § 5 RHO zum Haushaltsplan Gesamtplan und Einzelpläne gehören, wird in ständiger Praxis nur der Gesamtplan dem Haushaltsgesetz beigefügt und in der durch Art. 82 GG vorgeschriebenen Form verkündet. Diese Übung wird sowohl vom Bundesverfassungsgericht[280] wie auch von Vialon[281] damit begründet, daß die Verkündung aller Kapitel einschließlich ihrer Titel zu einer übermäßigen Belastung des Verkündungsblattes führen würde. Der Mangel ordnungsmäßiger Verkündung der Einzelpläne läßt Sellmann[282] zu dem Schluß kommen, die Einzelpläne hätten keinen materiellen Normcharakter. Vialon stellt zu dieser Frage fest, die formelle Bindung der Exekutive an die nicht veröffentlichten Einzelpläne werde erst durch die Reichshaushaltsordnung hergestellt[283]. Das Bundesverfassungsgericht[284] hält dagegen den Normcharakter auch der Einzelpläne deshalb für gegeben, weil Haushaltsgesetz und Gesamtplan auf die Einzelpläne verweisen und auf sie Bezug nehmen und zudem die Einzelpläne außerhalb des Verkündungsblattes der Öffentlichkeit zugänglich sind, eine Ansicht, die rechtlich überzeugend erscheint.

Sieht man das Haushaltsgesetz als Verwaltungsrechtsnorm an, die den Handlungsspielraum der Exekutive bestimmt, so sind die im Bundeshaushaltsplan zur Erfüllung der in den Verwaltungsabkommen vom 4. Juni 1964 und vom 8. Februar 1968 vom Bund übernommenen Finanzierungsverpflichtungen ausgewiesenen Mittel nur dann rechtmäßig bewilligt, wenn sie entweder für die Aufrechterhaltung der Bundesverwaltung oder zur Erfüllung der Aufgaben und der rechtlichen Verpflichtungen des Bundes notwendig sind (§ 17 RHO; Art. 106 Abs. 4 GG). Für die Aufrechterhaltung der Bundesverwaltung sind die im Haushaltsplan bereitgestellten Mittel schon deshalb nicht ausgewiesen, weil es sich bei beiden Verwaltungsabkommen um Finanzierungsverpflichtungen handelt, die die Finanzierungskompetenz, nicht aber die Ver-

---

Pläne im Bundesmaßstab auf bundesrechtlicher Grundlage, Planung I, S. 93; *Schilling*, Rechtsfragen der Fonndswirtschaft erklärt noch 1962, Labands Satz, dem Haushaltsgesetz sei der Normencharakter abzusprechen, sei seither anerkannt und Gemeingut der deutschen Rechtswissenschaft geworden.

280 Urteil vom 19. 7. 1966, BVerfGE 20, S. 93.

281 *Vialon*, Haushaltsrecht, § 5, Anm. 4.

282 *Sellmann*, Der schlichte Parlamentsbeschluß, Schriften zum öffentlichen Recht, Bd. 29, S. 116.

283 *Vialon*, Haushaltsrecht, § 5, Anm. 4.

284 BVerfGE 20, S. 93.

waltungskompetenz betreffen[285]. Eine wirksame rechtliche Verpflichtung des Bundes läge bei beiden Verwaltungsabkommen nur dann vor, wenn — wie oben[286] ausgeführt wurde — die Finanzierungverpflichtungen mit der vom Grundgesetz vorgenommenen Aufgabenverteilung zwischen Bund und Ländern übereinstimmen. Daß ohne ein Forschungsförderungsgesetz keine Aufgabenverantwortung des Bundes gegeben ist, wurde begründet[287]. Dennoch wird, insbesondere von Kölble[288] die Ansicht vertreten, der Bund könne in den Fällen in denen er „nach außen verwaltend tätig werden könnte, dies auch in der schwächeren Form einer internen, zweckgebundenen Finanzzuweisung an ein Land" tun. Diese Auffassung hält einer Überprüfung nicht stand. Es stimmt zwar, daß teilweise die Meinung geäußert wird, der Bund könne gem. Art. 87 Abs. 3 Satz 1 GG selbständige Bundesoberbehörden, neue bundesunmittelbare Körperschaften und Anstalten des öffentlichen Rechts errichten, ohne daß er von seiner ihm zustehenden Gesetzgebungskompetenz Gebrauch mache[289]. Die rechtliche Situation von Art. 87 Abs. 1 GG ist aber nicht vergleichbar mit der Sachlage, die gegeben ist, wenn der Bund von der ihm zustehenden Gesetzgebungskompetenz keinen Gebrauch macht und dennoch für den Bereich, der der Sache nach der Gesetzgebungskompetenz unterfallen würde, Finanzzuweisungen erteilt. Gem. Art. 87 Abs. 3 Satz 1 GG können selbständige Bundesbehörden, neue bundesunmittelbare Körperschaften und Anstalten des öffentlichen Rechts nur durch Bundesgesetz errichtet werden. Das bedeutet, daß eine gesetzliche Abgrenzung der sachlichen Zuständigkeit der Bundesoberbehörde erfolgt, da, wie Maunz[290] zu recht betont, eine Behördeneinrichtung ohne Zuweisung des Aufgabenkreises praktisch sinnlos wäre[291]. Diese sachliche Abgren-

---

285 *Götz*, Recht der Wirtschaftssubventionen, S. 307 stellt die Finanzierungskompetenz zu Recht als eigene Kompetenz neben die Gesetzgebungs- und Verwaltungskompetenz; vgl. dazu auch oben S. 84 f.

286 S. 88.

287 Vgl. S. 88 ff.

288 *Kölble*, Bildungs- und Forschungsförderung als Aufgabe von Bund und Ländern, DÖV 1964, S. 593; vgl. auch *Sturm*, Die Finanzverantwortung von Bund, Ländern und Gemeinden bei der Erfüllung staatlicher Aufgaben, DÖV 1968, S. 472.

289 So *Hamann*, Grundgesetz, Art. 87, Anm. B 6; *Pathe*, Die Ausführung der Bundesgesetze, DVBl. 1951, S. 682/683; *Katzenstein*, Rechtliche Erscheinungsformen der Machtverschiebung zwischen Bund und Ländern seit 1949, DÖV 1958, S. 600; dagegen für vorherige oder gleichzeitige materielle Regelung der betreffenden Materie: *Schäfer*, Die bundeseigene Verwaltung, DÖV 1958, S. 246; *Kratzer*, DÖV 50, S. 631; *Maunz* in: Maunz-Dürig, Grundgesetz, Art. 87, Rdnr. 55.

290 *Maunz* in: Maunz-Dürig, Grundgesetz, Art. 87, Rdnr. 51.

291 So auch *Kratzer*, DÖV 50, S. 532; ferner *Pagel*, DÖV 1960, S. 260; *Köttgen*, JöR n. F., Bd. 3, S. 77 weist darauf hin, daß über das Ausmaß der Zuständigkeiten der in Art. 87 zugelassenen Verwaltungseinrichtungen des Bundes zwar primär der Gesetzgeber entscheide, was aber eine Delegation

zung der Bundeskompetenz fehlt aber dann, wenn der Bund von seiner Gesetzgebungskompetenz keinen Gebrauch macht, sondern nach Bedarf und Belieben finanziert. Das bedeutet, insbesondere im Bereich der konkurrierenden Gesetzgebungskompetenz, daß die verfassungsmäßige Abgrenzung der Zuständigkeitsbereiche von Bund und Ländern völlig unterlaufen werden kann. Art. 72 Abs. 1 GG bestimmt eindeutig, daß im Bereich der konkurrierenden Gesetzgebung die Länder die Befugnis zur Gesetzgebung haben, solange und soweit der Bund von seinem Gesetzgebungsrecht keinen Gebrauch macht. Diese Verfassungsentscheidung läßt sich nicht ohne Antasten des bundesstaatlichen Prinzips dahin verändern, daß der Bund mit der Finanzierung von Aufgaben diese Aufgaben als die seinigen deklariert, zumal die Finanzierung nicht in jedem Rechnungsjahr aufrechterhalten bleiben muß und damit die Befugnis der Länder, gem. Art. 72 Abs. 1 in Verb. mit einer der in Art. 74 aufgeführten Kompetenzen tätig zu werden, von der jeweiligen Ausweisung der Mittel im Bundeshaushaltsplan abhängig wäre. Es würde damit genau das Gegenteil von dem erreicht, was Köttgen als Bestreben des Grundgesetzes bezeichnet: „einen im Kern verfassungskräftigen Finanzausgleich zwischen Bund und Ländern (Art. 106) den Manipulationen zentralstaatlicher Pragmatik nach Möglichkeit zu entziehen“[292].

Die Beachtung bundesstaatlicher Prinzipien bei der Behandlung verwaltungsinterner Fondsverwaltung, die Köttgen betont, steht allerdings im Widerspruch zu seiner Auffassung, die Fondsverwaltung könne eine bundesgesetzliche Regelung ersetzen[293]. Köttgen verweist auf den ersten Forschungsbericht der Bundesregierung[294], in dem es heißt: „Der Bund hat bisher ein pragmatisches Vorgehen dem Erlaß eines Forschungsförderungsgesetzes vorgezogen.“ Köttgen meint, diese Staatspraxis stünde nur dann im Widerspruch mit dem Grundgesetz, wenn den einschlägigen Materien des Art. 74 GG ein Gesetzesvorbehalt sui generis zu entnehmen sei, der dann seinen systematischen Platz neben dem allgemeinen rechtsstaatlichen Gesetzesvorbehalt und dem organisationsrechtlichen Gesetzesvorbehalt des Art. 87 GG finden müßte. Wörtlich: „Ganz abgesehen davon, daß damit der redaktionellen Formulierung des Art. 74 übertriebenes Gewicht beigelegt werden würde, beziehen sich bislang alle Gesetzesvorbehalte nur auf die materiellen oder formellen Modalitäten der Bewältigung einer Materie, aber niemals auf diese als solche. Unter diesem Gesichtspunkt läßt sich daher die Praxis der Bundesregierung schwerlich kritisieren[295].“

---

dieser Befugnis in den Grenzen des Art. 80 GG nicht ausschließe; so auch *Schäfer*, DÖV 1958, S. 241 (246).

[292] *Köttgen*, Fondsverwaltung in der Bundesrepublik, S. 20.

[293] *Köttgen*, Fondsverwaltung in der Bundesrepublik, S. 41.

[294] BT-Drucksache IV/2963, S. 31.

[295] *Köttgen*, Fondsverwaltung in der Bundesrepublik, S. 41; ders., Subven-

Dazu ist zunächst zu sagen, daß es nicht um die „redaktionelle Formulierung" des Art. 74 GG geht, in dem lediglich der Katalog der konkurrierenden Gesetzgebungskompetenzen wiedergegeben wird. Es geht vielmehr um die Einhaltung des bundesstaatlichen Prinzips, das sich aus Art. 72 GG ergibt. Köttgens Auffassung würde im Ergebnis bedeuten, daß aus dem Bestehen (nicht dem Gebrauchmachen) der Gesetzgebungskompetenz bereits eine Ausgabenverantwortung ableitbar wäre. Es wurde oben begründet[296], daß die Ausgabenverantwortung grundsätzlich der Verwaltungskompetenz folgt, wobei sich die Verwaltungskompetenz nach der Gesetzgebungskompetenz bestimmt. Es wurde weiter begründet, daß es sich bei dem Grundsatz, daß die Verwaltungskompetenz der Gesetzgebungskompetenz folgt, um den Bereich der gesetzesgebundenen Verwaltung handelt und sich das Maß der Verwaltungskompetenz nach dem Inhalt des Gesetzes bestimmt, das durch den Verwaltungsprozeß vollzogen werden soll. Diese Ansicht wird durch Art. 87 Abs. 3 GG bestätigt. Die Errichtung von selbständigen Bundesoberbehörden, neuen bundesunmittelbaren Körperschaften und Anstalten des öffentlichen Rechts ist nur durch Bundesgesetz möglich, durch das zwangsläufig der Aufgabenbereich der Bundesverwaltung bestimmt wird, so daß auch hier eine sachliche Kompetenzabgrenzung erfolgt. Das Grundgesetz geht somit von einer klaren Aufgabentrennung zwischen Bund und Ländern aus, die allein den in Art. 106 Abs. 4 GG a. F.[297] festgehaltenen Grundsatz rechtfertigt, daß Bund und Länder gesondert die Ausgaben tragen, ein Grundsatz, von dem Köttgen selbst sagt[298], daß er den Manipulationen zentralstaatlicher Pragmatik nach Möglichkeit entgegenwirken soll. Den Manipulationen zentralstaatlicher Pragmatik wird aber gerade dann Raum gegeben, wenn man mit Köttgen annimmt, daß das bloße Bestehen einer konkurrierenden Gesetzgebungskompetenz zu einer Fondsverwaltung des Bundes ermächtigt.

Die Zuteilung einer Gesetzgebungskompetenz durch die Verfassung ist Zuteilung einer Ordnungsfunktion. Bund oder Länder erhalten die Berechtigung, eine Materie unter Wahrung der rechts- und bundesstaatlichen Grundsätze zu regeln. Im speziellen Bereich der konkurrie-

---

tionen als Mittel der Verwaltung, DVBl. 1953, S. 488; hier betont Köttgen allerdings, daß der Zentralstaat nicht etwa dank seiner besonderen Finanzkraft den Raum nichthoheitlicher Bundesverwaltung beliebig erweitern darf, sondern die föderative Gewaltenteilung beachten muß; zustimmend zu Köttgen: *Ipsen*, Öffentliche Subventionierung Privater, S. 35, Anm. 64 und *Kölble*, Bildungs- und Forschungsförderung als Aufgabe von Bund und Ländern, DÖV 1964, S. 592 ff.; a. A. *Stralenheim*, DÖV 1965, S. 73 ff.

[296] Vgl. S. 88.

[297] Der durch das Finanzreformgesetz vom 12. Mai 1969 in das Grundgesetz eingefügte Art. 104 a entspricht im Grundsatz Art. 106, Abs. 4 GG a. F.

[298] *Köttgen*, Fondsverwaltung in der Bundesrepublik, S. 20.

renden Gesetzgebungszuständigkeiten steht diese Ordnungsfunktion den Ländern zu, soweit und solange sie vom Bund nicht wahrgenommen worden ist oder wird[299]. Will man mit Köttgen annehmen, daß es dem Bund überlassen bleibt, ob er von einer ihm zustehenden Gesetzgebungskompetenz Gebrauch macht oder ob er mit Hilfe der Fondsverwaltung pragmatisch vorgeht, so muß man den gesetzlich festgestellten Haushaltsplan der Wahrnehmung einer Gesetzesfunktion gleichsetzen und damit seine materielle Ordnungsfunktion bejahen.

Es wurde ausgeführt[300], daß dem Haushaltsplan in Verbindung mit dem Haushaltsgesetz Normcharakter zukommt, weil er den Handlungsspielraum der Exekutive bestimmt, in dem er sie zur Leistung bestimmter Ausgaben für bestimmte Zwecke ermächtigt[301]. Damit ist noch nichts darüber ausgesagt, ob der gesetzlich festgestellte Haushaltsplan die Ordnungsfunktion zu ersetzen in der Lage ist, die bei Wahrnehmung der konkurrierenden Gesetzgebungskompetenzen ein Bundesgesetz zu erfüllen hätte. Ein Forschungsförderungsgesetz des Bundes könnte als allein denkbaren und notwendigen Inhalt einmal eine Kompetenzabgrenzung zwischen Bund und Ländern haben, zum zweiten könnte es die Grundsätze bestimmen, nach denen die Förderung der wissenschaftlichen Forschung erfolgen soll[302]. Der durch Haushaltsgesetz festgestellte Haushaltsplan nimmt eine materielle Ordnungsfunktion nur insofern wahr, als er normative Bestimmung des Handlungsspielraums ist, in dem die Exekutive ermächtigt ist, ihre verfassungsmäßigen Aufgaben wahrzunehmen. Er bestimmt nur, *daß* die Exekutive tätig werden kann und welche Mittel ihr für dieses Tätigwerden zur Verfügung stehen. Er bestimmt aber weder, inwieweit der Bund eine Materie der konkurrierenden Gesetzgebungskompetenz in Anspruch nimmt, noch regelt er das „Wie" der Inanspruchnahme. Das machen die einzelnen Titel im Bundeshaushaltsplan deutlich. So werden im Kapitel 3102, Titel 602 5 000 000 DM für die „Förderung der Sonderforschungsbereiche an den wissenschaftlichen Hochschulen vorgesehen; in Kapitel 3102, Titel 607 2 000 000 DM für einen Zuschuß an eine Trägergesellschaft für angewandte Forschung"; in Kapitel 3102 Titel 611 571 000 DM als „Zuschuß

---

299 Unrichtig *Sturm*, Die Finanzverantwortung von Bund, Ländern und Gemeinden bei der Erfüllung staatlicher Aufgaben, DÖV 1968, S. 472, der ausführt, eine Verwaltungszuständigkeit des Bundes könne im Bereich der Förderung der wissenschaftlichen Forschung nicht durch Art. 72, Abs. 1 GG ausgeschlossen werden, weil „diese Ausschlußwirkung ... dem Wesen der gesetzesfreien Verwaltung fremd" sei. Es handelt sich gerade nicht um gesetzesfreie, sondern gem. Art. 74, Ziff. 13 GG um gesetzesgebundene Verwaltung!

300 Vgl. S. 113 f.

301 *Hettlage*, Die Finanzverfassung im Rahmen der Staatsverfassung, VVDStRL 14, S. 11.

302 Vgl. oben S. 91 f.

zum Betrieb des Deutschen Rechenzentrums in Darmstadt". Diese Beispiele können beliebig vermehrt werden. In den Erläuterungen zu den einzelnen Titeln werden zwar die Zwecke, für die die Mittel ausgewiesen sind, näher umrissen, aber keineswegs in einer Form, die als präzise Aufgabenumgrenzung bezeichnet werden kann[303]. Zudem wäre auch eine nähere Bestimmung der Aufgaben des Bundes in den Erläuterungen rechtlich unerheblich, weil sie — bis auf die in § 8 Abs. 2 RHO benannten Erläuterungen — nicht der Beschlußfassung des Parlaments unterliegen und nicht Gegenstand der gesetzlichen Feststellung des Haushaltsplans sind[304]. Die materielle Ordnungsfunktion, die Art. 72 GG im Interesse der bundesstaatlichen Ordnung voraussetzt und die ein Forschungsförderungsgesetz des Bundes leisten würde, ist daher dem durch Haushaltsgesetz festgestellten Haushaltsplan nicht eigen[305]. Wenn Ipsen[306] unter Berufung auf die Entscheidung des Bundesverwaltungsgerichtes vom 21. 3. 1958[307] die Auffassung vertritt, daß die zweckbestimmte Etat-Titel-Ausweisung im gesetzlich festgestellten Haushalt dem Prinzip der Gesetzmäßigkeit genügt, so setzt er doch voraus, daß die haushaltsmäßigen Mittel für Aufgaben ausgewiesen worden sind, zu denen die Exekutive „nach den Grundsätzen verfassungsmäßiger Ordnung überhaupt *legitimiert* ist"[308]. Ipsen bejaht allerdings die Legitimation des Bundes bereits dann, wenn die Verfassung dem Bund überhaupt eine Kompetenz zuweist, wenn der Bund im Etat Mittel für den Sachbereich der Kompetenz ausweist und durch Richtlinien die Verteilung dieser Mittel regelt[309]. Ipsen führt im Hinblick auf die Sub-

---

303 Vgl. z. B. die Erläuterungen zu den oben angegebenen Titeln und zu den übrigen Titeln des Einzelplans 31.

304 Vgl. *Götz,* Recht der Wirtschaftssubventionen, S. 302; *Vialon,* Haushaltsrecht, § 8, Anm. 7.

305 *Heckel,* Einrichtung und rechtliche Bedeutung des Reichshaushaltsgesetzes, HDStR, Bd. II, S. 391/392 betont deshalb, daß sich die Budgetgestaltung streng innerhalb der Rechtsordnung halten muß, daß die Rechtsordnung für den Haushaltsplan, nicht der Haushaltsplan für die Rechtsordnung maßgebend ist; vgl. auch *Becker,* Diskussionsbeitrag zu „Schranken nicht hoheitlicher Verwaltung", VVDStRL 19, S. 274; ferner *Zacher,* Verwaltung durch Subventionen, VVDStRL 25, S. 389; ferner die Diskussionsbeiträge zu „Verwaltung durch Subventionen", VVDStRL 25, von Winkler, S. 423, Pfeifer, S. 423, Imboden, S. 425; vgl. auch *Stern,* Rechtsfragen der öffentlichen Subventionierung Privater, JZ 1960, S. 522.

306 *Ipsen,* Verwaltung durch Subventionen, VVDStRL 25, S. 291.

307 BVerwGE, Bd. 6, S. 282.

308 *Ipsen,* Öffentliche Subventionierung Privater, S. 41; ders., Verwaltung durch Subventionen, VVDStRL 25, S. 290; vgl. auch BVerwGE vom 19. 12. 1958, DÖV 1959, S. 708.

309 *Ipsen,* Verwaltung durch Subventionen, VVDStRL 25, S. 296/297; ähnlich auch *Götz,* Recht der Wirtschaftssubventionen, S. 308/309, der erklärt: „Fehlt ein Bundesgesetz — zu dessen Erlaß der Bund die Kompetenz hätte — und normieren Verwaltungsrichtlinien die Subventionierung, so läßt sich nicht von einem Kompetenzmangel auf seiten des Bundes sprechen; bedenklich ist allein die Verfehlung der gebotenen Gesetzesform."

ventions-Richtlinien aus, es müsse mit Nachdruck der Rechtsnormcharakter auch solcher genereller Verhaltensregeln der Verwaltung bejaht werden, die sie in anderer als der von Art. 80 GG vorbehaltenen Weise selbst erzeuge. Richtlinien seien prinzipiell nicht anders strukturiert als Rechtsverordnungen. Was sie von ihr unterscheide, sei die Erzeugungsregel. Diese aber besteht im „sonst nicht normierten Subventionsrecht in der rechtssätzlichen parlamentarischen Ermächtigung zur Subventionsmittel-Austeilung zum parlamentarisch fixierten öffentlichen Subventionszweck, und indem das Parlament diese Ermächtigung in einer durch Art. 110 ff. GG verfassungsrechtlich besonderen, durch Art. 80 GG nicht praejudizierten oder sonst ausgeschlossenen Weise erteilte, erlangt die Richtlinien-Selbstbindung der Subventionsverwaltung eine demokratische Legitimation, die hinter Art. 80 GG nicht zurücksteht“[310]. Dieses Zitat macht deutlich, daß Ipsen — wie er in der Diskussion der Referate zum Thema „Verwaltung durch Subventionen“[311] auch ausdrücklich einräumte — das Haushaltsgesetz als dogmatische Grundlage der Richtlinienermächtigung ansieht. Das aber führt in der Frage, ob es dem Bund im Fall des Art. 74 Ziff. 13 GG, d. h. im Bereich der konkurrierenden Gesetzgebungszuständigkeiten, überlassen bleibt, durch Bundesgesetz oder durch Fondsverwaltung vorzugehen, zu einem Zirkelschluß. Es wurde festgestellt, daß dem durch Gesetz festgestellten Haushaltsplan die materielle Ordnungsfunktion eines Forschungsförderungsgesetzes nicht eigen ist, weil er weder die Kompetenzabgrenzung zwischen Bund und Ländern, noch die Modalitäten der Forschungsförderung regelt, sondern nur das Ausmaß der Ermächtigung bestimmt, in dem der Bund staatliche Mittel für eine Aufgabe verwenden darf, deren Bestehen für die Rechtmäßigkeit der Mittel-Bewilligung vorausgesetzt wird (§ 17 RHO, Art. 106 Abs. 4 GG). Vermag der Haushaltsplan die Ordnungsfunktion eines Forschungsförderungsgesetzes nicht zu ersetzen, so kann er aber auch nicht dogmatische Grundlage von Normen sein, die die ihm fehlende Ordnungsfunktion übernehmen. Er kann keine Ermächtigung übertragen, die ihm nicht selbst eigen ist. Praktisch ist das auch nicht der Fall: Die „Richtlinien für Zuwendungen des Bundes an außerhalb der Bundesverwaltung stehende Stellen und für den Nachweis der Verwendung der Mittel nach § 64 a Abs. 1 RHO“[312] haben keine Ordnungsfunktion, die der eines Gesetzes entsprechen könnte. Der einzige Passus, der überhaupt etwas über eine Abgrenzung des Aufgabenbereiches des Bundes aussagt, ist im Abschnitt II A 4 (1) enthalten: „Zuwendungen sollen außerhalb der Bundesverwaltung stehenden Stellen grundsätzlich

---

310 *Ipsen*, VVDStRL 25, S. 296/297.
311 *Ipsen*, VVDStRL 25, S. 426.
312 Min. Bl. Fin. 1953, S. 369.

nur für solche Aufgaben gewährt werden, an deren Durchführung ein erhebliches Bundesinteresse besteht, und nur dann, wenn die Durchführung dieser Aufgaben ohne sie nicht, oder nicht in dem notwendigen Umfang möglich sein würde." Die Richtlinien geben weder an, wann ein erhebliches Bundesinteresse angenommen werden kann, noch bestimmen sie, wo die Grenzen zwischen den Zuständigkeiten von Bund und Ländern zu verlaufen haben und welche Grundsätze für die Förderungstätigkeit des Bundes maßgebend sein sollen. Sie beschränken sich vielmehr im wesentlichen auf Vorschriften über die Antragstellung von Finanzierungsmitteln, über deren Bewilligungsbescheid, über die Auszahlung und die Überwachung und den Nachweis der Verwendung der Mittel. Entgegen Ipsens und Götz' Auffassung können daher die Richtlinien genauso wenig wie der durch Gesetz festgestellte Haushaltsplan die Funktion der Bestimmung der Aufgaben des Bundes ersetzen, die einem Forschungsförderungsgesetz des Bundes eigen wäre[313].

Aus diesem Ergebnis folgt, daß entgegen Köttgens Auffassung in Art. 72 GG in Verb. mit Art. 74 GG ein echter Gesetzesvorbehalt gesehen werden muß. Der Bund muß von seinem Gesetzgebungsrecht Gebrauch machen und damit Umfang und Art der Materie bestimmen, die er als Bundesaufgabe an sich zieht, um eine verfassungskonforme Ausgabenverantwortung zu haben. Da durch ein Forschungsförderungsgesetz des Bundes unmittelbare Kosten veranlaßt würden, um den Gesetzeszweck zu erreichen (sog. Zweckausgaben), würde bereits aus der mit der Regelung der in Art. 74 Ziff. 13 GG benannten Materie entstehenden Aufgabenverantwortung die Ausgabenverantwortung des Bundes folgen[314]. Daß mit dieser rechtlichen Wertung von Art. 72 GG in Verbindung mit Art. 74 GG kein rein formales Prinzip vertreten wird, ergibt sich aus der Verfassungswirklichkeit. Nicht zu Unrecht stellt Seeger in seinem Referat zur „Flurbereinigung zwischen Bund und Ländern auf dem Gebiet der Wissenschaft und Forschung"[315] fest: „Der Bund finanziert heute Länderaufgaben nur über seinen Haushalt. Darüber hinaus ist er durch kein Gesetz gegenständlich beschränkt. Was er tut, ist so etwas wie eine ‚Freistilfinanzierung'. Eine Regelung durch Bundesgesetze würde die Finanzierung ordnen und die Zuständigkeit dazu begrenzen." Die Auswirkung dieser „Freistilfinanzie-

---

313 So auch die Diskussionsbeiträge von *Winkler*, (S. 423), *Pfeifer* (S. 423), *Imboden* (S. 425) zu „Verwaltung durch Subventionen", VVDStRL 25; *Vogel*, VVDStRL 25, S. 433 teilt zwar grundsätzlich Ipsens Auffassung, läßt aber Richtlinien dann nicht als ausreichende Legitimation der Exekutive gelten, wo „das Grundgesetz ... eine Regelung durch materielles Gesetz verlangt"; a. A. als Ipsen ferner *Klein*, Verfassungsrechtliche Grenzen der Gemeinschaftsaufgaben, Schriftenreihe Speyer, Bd. 11, S. 171.

314 Vgl. dazu oben S. 88 f.

315 *Seeger*, Referat in der 102. Hochschulausschußsitzung am 1./2. 2. 1968.

rung" wird deutlich, wenn man sich vergegenwärtigt, daß die Finanzierung dieses oder jenes Projekts durch den Bund den Ländern nicht die Befugnis nimmt, gem. Art. 72 GG den vom Bund nicht gesetzlich in Anspruch genommenen Sachbereich ihrerseits zu regeln, so daß die entsprechenden Gesetzgebungs-, Verwaltungs- und Finanzierungskompetenzen bei den Ländern verbleiben[316]. Das bedeutet, daß die angeblich durch das *Bestehen* der Gesetzgebungskompetenz legitimierte Finanzierung durch den Bund eine Finanzierung von landeseigenen Aufgaben ist[317]. In den Richtlinien für die Gewährung von Finanzierungsmitteln heißt es im Abschnitt II A 4 (3): „Soweit Zuwendungen zur Erreichung eigener Zwecke des Empfängers gewährt werden, soll die Gewährung von dem Einsatz angemessener eigener Mittel des Empfängers abhängig gemacht werden." Entsprechend wird z. B. die Vergabe der im Bundeshaushalt vorgesehenen Mittel für die Förderung des Ausbaus bestehender Hochschulen und sonstiger wissenschaftlicher Einrichtungen[318] und für die Förderung von Hochschulneugründungen[319] von einer Beteiligung der Länder in Höhe von mindestens 50 % des insgesamt aufgewendeten Betrages abhängig gemacht.

Durch diese Praxis wird die Einhaltung von Art. 109 GG, nach dem Bund und Länder in ihrer Haushaltswirtschaft selbständig und voneinander unabhängig zu sein haben, nicht mehr gewährleistet. Gem. den Vorbemerkungen zu den Bundesrichtlinien 1953 zu § 64 a RHO[320] ist „das unmittelbare Recht des Bundesrechnungshofes zur Prüfung bei der verwaltenden Stelle" sicherzustellen[321]. Damit werden dem Bund Einwirkungsrechte auf die Landesverwaltungen eingeräumt, die das Grundgesetz nicht — wie z. B. in den Fällen von Art. 84 Abs. 5 oder

---

[316] *Götz*, Recht der Wirtschaftssubventionen, S. 309 geht auf die hier erörterte Problematik nicht ein, wenn er sagt, der Bund habe an der Exklusivität seiner Subventionsgewährungen wenig Interesse und fortfährt, die Einheitlichkeit der Wirtschaftsbedingungen innerhalb des Bundesgebietes könne dem Bund zwar Anlaß bieten, besondere Förderungsmaßnahmen in einzelnen Ländern zu unterbinden, die geltende Bundesgesetzgebung liefere aber keine Beispiele für ein derartiges exklusives, prohibitives Subventionsrecht. Entscheidend ist gerade, daß der Bund, wenn er Umfang und Art seines Aufgabenbereiches nicht durch materielle Regelung bestimmt, kein „exklusives, prohibitives Subventionsrecht" hat.

[317] Vgl. dazu Abschnitt II A 4 (1) der Richtlinien für Zuwendungen des Bundes an außerhalb der Bundesverwaltung stehende Stellen und für den Nachweis der Verwendung der Mittel nach § 64 a, Abs. 1 RHO, Min. Bl. Fin. 1953, S. 369.

[318] Kap. A 3102, Tit. 882 01.

[319] Kap. A 3102, Tit. 882 02.

[320] Min. Bl. Fin. 1953, S. 369.

[321] Vgl. auch Nr. 26 der Bewilligungsbedingungen des Bundesministers für wissenschaftliche Forschung für die Gewährung von Zuwendungen des Bundes nach § 64 a RHO zur Förderung der wissenschaftlichen Forschung an Einrichtungen der öffentlichen Hand und an gemeinnützige Einrichtungen — BÖwF, Dezember 1966.

Art. 85 Abs. 3 GG — vorgesehen hat und die schon gar nicht durch Richtlinien oder Bewilligungsbedingungen der Exekutive begründet werden können (Art. 79 GG)[322].

Nun ließe sich allerdings einwenden, jedwede Förderungskompetenz des Bundes müsse zwangsläufig eine Auswirkung auf die Landesverwaltungen haben, weil sie durch die Beschränkung auf das „Fördern" einer Aufgabe voraussetze, daß die Aufgabe selbst außerhalb der Bundesverwaltung bestehe. Inwieweit eine solche Einwendung berechtigt ist, bedarf einer Prüfung. Als Ergebnis der bisherigen Untersuchung ist zunächst festzuhalten, daß dem Bund vor Änderung des Grundgesetzes durch das Finanzreformgesetz vom 12. Mai 1969, da er von seiner ihm gem. Art. 74 Ziff. 13 GG zustehenden Gesetzgebungszuständigkeit keinen Gebrauch gemacht hatte, keine Aufgabenverantwortung im Bereich der wissenschaftlichen Forschung zustand, der eine Ausgabenverantwortung hätte folgen können[323]. Insbesondere vermag die haushaltsgesetzliche Ausweisung von Mitteln die materielle Ordnungsfunktion eines Forschungsförderungsgesetzes des Bundes nicht zu ersetzen. Die Förderung der wissenschaftlichen Forschung durch den Bund auf Grund der Verwaltungsabkommen zwischen Bund und Ländern vom 4. Juni 1964 und vom 8. Februar 1968 ist daher verfassungswidrig.

---

322 Vgl. *Maunz*, Die staatliche Verwaltung der Zuschüsse und Subventionen, Bayr. Verw. Bl. 1962, S. 1; *Hamann*, Zur Problematik der Subventionsrechte, DVBl. 1963, S. 486; *Henle*, Die Förderung von Landesaufgaben aus Bundesmitteln, Schriftenreihe Speyer, Bd. 11, S. 67; vgl. ferner Tröger-Gutachten, Tz 47: „Vielfach sind die Bundesmittel für einen bestimmten Zweck zusätzlich zu Landesmitteln bereitgestellt worden; in diesen Fällen pflegt sich der Bund durch Auflagen einen gewichtigen Einfluß auf die Durchführung der mitfinanzierten Aufgaben zu sichern. Dadurch ist es in der Wirkung zu einer gemeinschaftlichen Wahrnehmung öffentlicher Aufgaben durch Bund und Länder häufig zu einer Mischverwaltung gekommen, die in der Zuständigkeitsordnung des Grundgesetzes keine Stütze findet."

323 Ausgenommen sind die Bereiche, für die der Bund eine besondere Zuständigkeit besitzt, z. B. Art. 74 Ziff. 11 a GG vgl. oben S. 36.

TEIL III

Die verfassungsrechtlichen Möglichkeiten der Wissenschaftsförderung nach Verabschiedung des Finanzreformgesetzes vom 12. Mai 1969 und des zweiundzwanzigsten Gesetzes zur Änderung des Grundgesetzes vom 12. Mai 1969

A. Die Bundeskompetenzen gem. Art. 75 Abs. 1 Ziff. 1 a Art. 91 a Abs. 1 Ziff. 1 und Art. 91 b GG

Die Änderungen des Grundgesetzes durch das Finanzreformgesetz vom 12. Mai 1969 und das zweiundzwanzigste Gesetz zur Änderung des Grundgesetzes vom 12. Mai 1969 haben dem Bund *neben* der konkurrierenden Gesetzgebungskompetenz gem. Art. 74 Ziff. 13 GG mehrere neue Kompetenzen für den Bereich von Wissenschaft und Forschung zuerkannt. Gem. Art. 75 Abs. 1 Ziff. 1 a GG hat der Bund die Rahmenkompetenz für die allgemeinen Grundsätze des Hochschulwesens. Art. 91 a Abs. 1 Ziff. 1 GG gibt dem Bund das Recht der Mitwirkung beim „Ausbau und Neubau von wissenschaftlichen Hochschulen einschließlich der Hochschulkliniken", wenn diese Aufgabe „für die Gesamtheit bedeutsam" ist und „die Mitwirkung des Bundes zur Verbesserung der Lebensverhältnisse erforderlich ist". Diese sog. „Gemeinschaftsaufgabe" von Bund und Ländern wurde gem. Art. 91 a Abs. 2 GG durch das „Gesetz über die Gemeinschaftsaufgabe Ausbau und Neubau von wissenschaftlichen Hochschulen" (Hochschulbauförderungsgesetz vom 1. September 1969, BGBl. 1969, Teil I, S. 1556)[1] näher bestimmt. Danach bilden die Bundesregierung und die Regierungen der Länder einen Planungsausschuß, dem der Bundeswissenschaftsminister als Vorsitzender, der Bundesminister der Finanzen und ein Minister (Senator) jedes Landes angehören. Der Planungsausschuß beschließt mit Zweidrittel-Mehrheit den Rahmenplan für den Ausbau und Neubau der wissenschaftlichen Hochschulen. Jedes Bundesland meldet bis zum 1. Februar jeden Jahres die Bau- und Beschaffungsvorhaben auf dem Hochschulsektor zur Aufnahme in den Rahmenplan an. Die Anmeldungen werden mit den entsprechenden Unterlagen dem Wissenschaftsrat

---

[1] Vgl. Anhang 6.

zugeleitet, der für den Rahmenplan Empfehlungen ausspricht. Diese Empfehlungen sind Beratungsgrundlage des Planungsausschusses. Will der Planungsausschuß von den Empfehlungen des Wissenschaftsrates abweichen, so soll er dem Vorsitzenden des Wissenschaftsrates Gelegenheit zur Stellungnahme geben. Der vom Planungsausschuß beschlossene Rahmenplan wird der Bundesregierung und den Landesregierungen zugeleitet, die die für die Durchführung des Rahmenplanes erforderlichen Ansätze in die Entwürfe ihrer Haushaltspläne aufnehmen. Die Durchführung des Rahmenplanes ist Aufgabe der Länder.

Außer der Rahmenkompetenz für die allgemeinen Grundsätze des Hochschulwesens (Art. 75 Abs. 1 Ziff. 1 a GG) und der Kompetenz zur Mitwirkung an der Gemeinschaftsaufgabe Ausbau und Neubau von wissenschaftlichen Hochschulen einschließlich der Hochschulkliniken (Art. 91 a Abs. 1 Ziff. 1 GG) ist dem Bund durch das Finanzreformgesetz vom 12. Mai 1969 eine zusätzliche Kompetenz im Bereich von Wissenschaft und Forschung insoweit zuerkannt worden, als Bund und Länder auf Grund von Vereinbarungen bei der Bildungsplanung und bei der Förderung von Einrichtungen und Vorhaben der wissenschaftlichen Forschung von überregionaler Bedeutung zusammenwirken können (Art. 91 b GG). Höchstens von mittelbarer Bedeutung für die Wissenschafts- und Forschungsentwicklung in der Bundesrepublik ist dagegen die Einfügung der konkurrierenden Kompetenz des Bundes zur Regelung der Ausbildungsbeihilfen durch das zweiundzwanzigste Gesetz zur Änderung des Grundgesetzes vom 12. Mai 1969 (Art. 74 Ziff. 13 GG).

Die Betrachtung der neu geschaffenen Bundeskompetenzen im Bereich von Wissenschaft und Forschung regt zur Überlegung an, weshalb dem Bund durch Grundgesetzänderung Teilbereiche der Wissenschafts- und Forschungsförderung zur Regelung neu übertragen worden sind, obwohl die seit Schaffung des Grundgesetzes bestehende konkurrierende Gesetzgebungskompetenz des Bundes zur Forschungsförderung gem. Art. 74 Ziff. 13 GG bisher nicht ausgenutzt worden ist. Einzuräumen ist, daß durch die Änderung des Grundgesetzes durch das Finanzreformgesetz und das zweiundzwanzigste Gesetz zur Änderung des Grundgesetzes vom 12. Mai 1969 eine neue, über Art. 74 Ziff. 13 GG hinausgehende Akzentsetzung insoweit erfolgt ist, als dem Bund die Rahmenkompetenzen hinsichtlich der allgemeinen Grundsätze des Hochschulwesens (Art. 75 Abs. 1 Ziff. 1 a GG) und ein Mitwirkungsrecht bei der Bildungsplanung (Art. 91 b Satz 1, 1. Hälfte GG) zugesprochen worden ist. Das Bildungswesen ist ein Bereich, auf den einzuwirken dem Bund bisher verwehrt war. Ihm gehört nicht nur die Bildungsplanung, sondern gleichfalls die Rahmenkompetenz für die allgemeinen Grundsätze des Hochschulwesens insoweit an, als sich diese Grundsätze auch auf die an den Hochschulen betriebene Lehre beziehen.

Im übrigen handelt es sich bei den durch die Grundgesetzänderungen vom 12. Mai 1969 neu geschaffenen Bundeskompetenzen im kulturellen Bereich ausgesprochen um Materien, die die Forschungsförderung betreffen, für die der Bund bereits gem. Art. 74 Ziff. 13 GG die konkurrierende Gesetzgebungskompetenz hat. Die neu geschaffene Rahmenkompetenz gem. Art. 75 Abs. 1 Ziff. 1 a GG bezieht sich auf die Neuordnung der Hochschulverfassungen und damit zwar teilweise auf die Lehre, d. h. auf das Bildungswesen, zum anderen aber auch unmittelbar auf die an den wissenschaftlichen Hochschulen betriebene Forschung. Von den Hochschulverfassungen hängt es ab, wie die Forschungsinstitute strukturiert sind, ob eine zweckmäßige Verteilung der Forschungsmittel erreicht werden kann, ob die interdisziplinäre Zusammenarbeit gefördert wird, ob insgesamt ein Hochschulbetrieb gewährleistet ist, der eine effektive wissenschaftliche Arbeit möglich macht. Auch das Mitwirkungsrecht des Bundes an der Gemeinschaftsaufgabe „Ausbau und Neubau von wissenschaftlichen Hochschulen einschließlich der Hochschulkliniken" (Art. 91 a Abs. 1 Ziff. 1 GG) bezieht sich auf die Forschungsförderung. Vom Ausbau unseres Hochschulsystems und der modernen Ausstattung der Institute ist die Hochschulforschung unmittelbar abhängig. Daß sich die Kompetenz des Bundes, auf Grund von Vereinbarungen mit den Ländern bei der Förderung von Einrichtungen und Vorhaben der wissenschaftlichen Forschung von überregionaler Bedeutung zusammenzuwirken (Art. 91 b GG) auf die Forschungsförderung bezieht, liegt auf der Hand.

Ob die Neu-Einfügung der Bundeskompetenzen gem. Art. 75 Abs. 1 Ziff. 1 a, Art. 91 a Abs. 1 Ziff. 1 und Art. 91 b GG (ausgenommen die Bildungsplanung) durch Erlaß eines Forschungsförderungsgesetzes gem. Art. 74 Ziff. 13 GG hätte vermieden werden können, hängt von der Beantwortung der Frage ab, wie sich ein Forschungsförderungsgesetz des Bundes auf die allgemeine Wissenschaftsförderung in der Bundesrepublik auswirken würde. Diese Frage ist insbesondere auch deshalb von zentraler Bedeutung, weil die Neu-Einfügung der Bundeskompetenzen gem. Art. 75 Abs. 1 Ziff. 1 a, Art. 91 a Abs. 1 Ziff. 1 und Art. 91 b GG in der öffentlichen Diskussion um die Wissenschaftsförderung in der Bundesrepublik zunehmend als nicht ausreichend angesehen werden. Die steigende Bedeutung der wissenschaftlichen Forschung für alle Bereiche des öffentlichen Lebens erfordert für Forschungseinrichtungen Investitionen in einer Höhe, die die Länder allein nicht aufzubringen in der Lage sind. Es ist daher im folgenden zu untersuchen, ob die Wahrnehmung der gem. Art. 74 Ziff. 13 GG bestehenden Kompetenz eine umfassende, effektive Forschungsförderung durch den Bund ermöglichen würde.

Dabei ist eine weitere Frage von zusätzlicher Bedeutung: Sowohl in Art. 91 a Abs. 1 Ziff. 1 GG wie auch in Art. 91 b GG wird auf die gemeinschaftliche Verantwortung von Bund und Ländern im Bereich der Wissenschaftsförderung abgestellt, mithin das föderalistische Element in der Bundesrepublik betont. Es ist von Interesse, ob ein Forschungsförderungsgesetz des Bundes gleichfalls ein gemeinschaftliches Handeln von Bund und Ländern ermöglichen würde oder ob es der Grundgesetzänderung vom 12. Mai 1969 bedurfte, um ein zulässiges Zusammenwirken von Bund und Ländern in der Wissenschaftsförderung zu erreichen.

B. Die rechtlichen Möglichkeiten der Wissenschaftsförderung durch ein Forschungsförderungsgesetz gem. Art. 74 Ziff. 13 GG

Seit Bestehen des Grundgesetzes hat der Bund die Möglichkeit, von seiner konkurrierenden Gesetzgebungskompetenz gem. Art. 74 Ziff. 13 GG Gebrauch zu machen. Erließe der Bund ein Forschungsförderungsgesetz, so ergäbe sich eine Aufgabenverantwortung des Bundes für die Forschungsförderung, deren Ausmaß sich nach dem Inhalt des Forschungsförderungsgesetzes bestimmte. Es wurde bereits ausgeführt[2], daß der Sachgehalt eines Forschungsförderungsgesetzes des Bundes nur in zwei Komponenten bestehen könnte:

1. in einer Abgrenzung der Zuständigkeiten zwischen Bund und Ländern im Bereich der wissenschaftlichen Forschung;
2. in einer Bestimmung der Grundsätze, nach denen der Bund im Rahmen seiner im Forschungsförderungsgesetz umrissenen Kompetenz tätig werden soll.

Die Abgrenzung der Zuständigkeiten von Bund und Ländern könnte derart erfolgen, daß der Bund nur die Förderung bestimmter Forschungseinrichtungen übernähme, z. B. die der wissenschaftlichen Hochschulen oder die der Forschungseinrichtungen von überregionaler Bedeutung. Das entspräche z. B. annähernd der Regelung, die nunmehr durch Art. 91 a Abs. 1 Ziff. 1 und Art. 91 b Satz 1, 2. Halbsatz GG getroffen worden ist. Ein Forschungsförderungsgesetz könnte aber auch vorsehen, daß der Bund zur Förderung aller Forschungseinrichtungen in der Bundesrepublik befugt wäre. Die Förderung durch den Bund könnte dabei von bestimmten Voraussetzungen abhängig gemacht werden, z. B. der Zustimmung oder der Mitwirkung des Landes, in dem sich die Forschungseinrichtung befindet. Hinsichtlich der Grundsätze, die ein Forschungsförderungsgesetz über die Art der Wahrnehmung

---

[2] Vgl. oben S. 91.

der Förderungskompetenz des Bundes aufstellen könnte, kann auf die Ausführungen S. 91 verwiesen werden.

Wird davon ausgegangen, daß ein Forschungsförderungsgesetz gem. Art. 74 Ziff. 13 GG dem Bund die Aufgabenverantwortung für einen Teilbereich oder sogar für den Gesamtbereich der Forschungsförderung auferlegte, so ergeben sich für die Finanzverantwortung des Bundes folgende Konsequenzen:

Enthielte ein Forschungsförderungsgesetz ausdrücklich die Verpflichtung des Bundes, für bestimmte Forschungseinrichtungen Geldleistungen zu gewähren, so könnte gem. des durch das Finanzreformgesetz vom 12. Mai 1969 in das Grundgesetz eingefügten Art. 104 a Abs. 3 Satz 1 GG im Forschungsförderungsgesetz selbst bestimmt werden, daß die Geldleistungen vom Bund zu tragen sind[3]. Auf eine derartige gesetzliche Bestimmung der Kostentragungspflicht des Bundes könnte allerdings deshalb verzichtet werden, weil hinsichtlich der Finanzverantwortung seit jeher die Fälle unproblematisch waren, in denen Bundesgesetze ausdrücklich eine Ausgabenverantwortung des Bundes normieren. Die Aufgabenverantwortung des Bundes liegt in diesen Fällen unmittelbar in der gesetzlichen Ausgabenverpflichtung. Bezeichnend für diesen Sachverhalt sind z. B. das Erste Wohnungsbaugesetz[4], das Zweite Wohnungsbaugesetz[5] und das Bundesentschädigungsgesetz[6]. Gem. § 14 Abs. 1 des Ersten Wohnungsbaugesetzes beteiligte sich der Bund an der Finanzierung des von den Ländern geförderten sozialen Wohnungsbaus und stellte hier in den Rechnungsjahren 1953 bis 1956 jährlich einen Betrag von mindestens 500 Mill. DM im Bundeshaushalt zur Verfügung. Gem. § 18 des Zweiten Wohnungsbaugesetzes wurde der Betrag von 500 Mill. DM für das Jahr 1957 auf mindestens 700 Mill. DM erhöht, und zwar mit der Maßgabe, daß sich der Betrag in der Folgezeit jährlich um 70 Mill. DM verringern sollte. Gem. § 172 Abs. 1 des Bundesentschädigungsgesetzes werden die Entschädigungslasten vom 1. April 1956 ab vom Bund zur Hälfte, soweit sie Berlin betreffen, zu 60 % getragen. Entsprechend ergäbe sich eine unmittelbare gesetzliche Finanzverantwortung des Bundes, falls in einem Forschungsförderungsgesetz die Gewährung von Geldleistungen durch den Bund zugunsten bestimmter Forschungseinrichtungen festgelegt würde. Das folgt aus Art. 104 a Abs. 1 GG und folgte bereits vor Einfügung von Art. 104 a GG in das Grundgesetz aus Art. 106 Abs. 4 Ziff. 1, 1. Halbsatz GG a. F.

---

[3] Auf die Frage, inwieweit Art. 104, Abs. 3, Satz 2 und Satz 3 GG zur Anwendung kommen könnten, braucht hier zunächst nicht eingegangen zu werden, vgl. aber unten S. 157 f.

[4] In der Fassung vom 25. 8. 1953, BGBl. I, S. 1047.

[5] Vom 27. 6. 1956, BGBl. I, S. 523.

[6] In der Fassung vom 29. 6. 1956, BGBl. I, S. 559.

Enthielte ein Forschungsförderungsgesetz keine ausdrückliche Ausgabenverpflichtung, setzte es jedoch die Mitwirkungspflicht des Bundes bei der Förderung bestimmter Forschungseinrichtungen fest, so ergäbe sich insoweit eine Ausgabenverantwortung des Bundes für die sogenannten Zweckausgaben. Unter „Zweckausgaben" sind nicht die laufenden Kosten des Verwaltungsapparates zu verstehen, der zur Erfüllung einer Aufgabe notwendig ist, sondern die Aufwendungen, die erforderlich sind, um den Zweck eines Gesetzes, z. B. den Ausbau des Fernstraßen- oder des Wassernetzes oder die Ausstattung wissenschaftlicher Institute zu erreichen. Zweckausgaben entstehen nicht durch die Verwaltung, sondern die Verwaltung bezieht sich gerade auf die sachgerechte Verwertung der zur Zweckerreichung notwendigen Mittel. Übernähme der Bund in einem Forschungsförderungsgesetz die Verpflichtung, bestimmte Forschungseinrichtungen, wie z. B. die wissenschaftlichen Hochschulen zu fördern, so hätte hinsichtlich des zu erreichenden Zweckes nur der Bund, nicht aber die Länder eine Sachverantwortung. Es ist daher nur folgerichtig, mit Maunz insoweit eine Ausgabenverantwortung des Bundes abzuleiten[7].

Da der Bund — soweit ihm nicht besondere Zuständigkeiten zustehen — nicht das Recht hat, Forschung selbst zu betreiben, sondern gem. Art. 74 Ziff. 13 GG nur eine Förderungskompetenz besitzt[8], obläge die Durchführung der vom Bund zu finanzierenden Förderungsmaßnahmen den Ländern (Art. 83 GG). Für die Finanzzuweisungen an die Länder wäre § 64 a RHO maßgebend. Die Bestimmungen über den Nachweis der Verwendung der Bundesmittel wären verfassungsrechtlich unproblematisch, soweit sie keine Direktionsrechte enthielten, sondern sich, wie es z. B. bei den Bewilligungsbedingungen des Bundesministers für wissenschaftliche Forschung vom Dezember 1966 der Fall ist[9], auf Vorschriften über die Bereitstellung, Verwendung und den Nachweis der Verwendung beschränkten, die keine Lenkung oder auch nur Beeinflussung der Länderverwaltungen darstellten.

Verfassungsrechtlich nicht ohne Problematik wäre es dagegen, daß ein durch ein Forschungsförderungsgesetz begründetes Mitwirkungsrecht des Bundes bei der Förderung bestimmter Forschungseinrichtun-

---

7 *Maunz* in: Maunz-Dürig, Grundgesetz, Art. 106, Rdnr. 16; so auch *Henle*, Die Förderung von Landesaufgaben aus Bundesmitteln, Schriftenreihe Speyer, Bd. 11, S. 76 und *Kölble*, Gemeinschaftsaufgaben zwischen Bund und Ländern, Schriftenreihe Speyer Bd. 11, S. 43; a. A. *Hettlage*, Finanzarchiv, n. F., Bd. 14, S. 446; ders., VVDStRL 14, S. 16; *Fischer-Menhausen*, DÖV 152, S. 675; ders., DÖV 1956, S. 167.

8 Vgl. dazu oben S. 38 und S. 41 ff.

9 Bewilligungsbedingungen des Bundesministers für wiss. Forschung für die Gewährung von Zuwendungen des Bundes nach § 64 a RHO zur Förderung der wiss. Forschung an Einrichtungen der öffentlichen Hand und an gemeinnützige Einrichtungen — BöwF — Dez. 1966.

gen begriffsnotwendig ein Recht des Bundes einschlösse, die Projekte zu bestimmen, für die die vom Bund bereitgestellten Mittel verwandt werden sollen. Geht man bei der Frage des Vollzuges eines solchen Bundesgesetzes von den im Grundgesetz *ausdrücklich* vorgesehenen Verwaltungstypen aus, so scheidet zunächst der Bundesvollzug durch sogenannte bundeseigene Behörden oder durch bundesunmittelbare Körperschaften oder Anstalten des öffentlichen Rechts als praktische Möglichkeit aus der Betrachtung aus, weil der Bund sich seit Jahren aus Gründen des Kostenaufwandes scheut, auf dem Gebiet der allgemeinen Förderung der wissenschaftlichen Forschung von diesen Möglichkeiten Gebrauch zu machen. Der Verwaltungstyp der Bundesauftragsverwaltung ist auf den Vollzug eines Forschungsförderungsgesetzes nicht anwendbar, weil der Kreis möglicher Auftragsverwaltungen verfassungsrechtlich geschlossen ist und es einer ausdrücklichen Verfassungsänderung bedürfte, um den Vollzug eines Forschungsförderungsgesetzes gem. Art. 85 GG zu ermöglichen[10]. Eine derartige Verfassungsänderung ist zwar durch das Finanzreformgesetz vom 12. Mai 1969 insoweit vorgenommen worden, als Art. 104 a Abs. 3 Satz 2 GG vorsieht, daß Bundesgesetze, die Geldleistungen gewähren und von den Ländern ausgeführt werden, im Auftrage des Bundes durchgeführt werden, wenn im Gesetz bestimmt wird, daß der Bund die Hälfte der Ausgaben oder mehr trägt. Die Anwendbarkeit dieser Vorschrift auf ein Forschungsförderungsgesetz des Bundes muß aber zunächst deshalb dahingestellt bleiben, weil nicht nur von den Fällen ausgegangen werden kann, in denen die Hälfte oder mehr als die Hälfte der Ausgaben von Forschungseinrichtungen vom Bund getragen wird. Außerdem ist es keineswegs zweifelsfrei, ob Art. 104 a Abs. 3 Satz 2 GG auf ein Forschungsförderungsgesetz gem. Art. 74 Ziff. 13 GG anwendbar ist — eine Frage, die in anderem Zusammenhang zu erörtern sein wird[11].

Da somit nicht davon ausgegangen werden kann, daß ein Forschungsförderungsgesetz des Bundes als Auftragsverwaltung durchzuführen ist, bleibt nur die Regelform der Ausführung von Bundesgesetzen, der landeseigene Vollzug gem. Art. 83, Art. 84 GG. Bei diesem Verwaltungstyp geht das Grundgesetz davon aus, daß es sich um die bundesgesetzliche Regelung einer Materie handelt, die entweder in der ausschließlichen Zuständigkeit des Bundes liegt oder die durch Ausübung einer konkurrierenden Zuständigkeit durch den Bund der Gesetzgebungszuständigkeit der Länder entzogen wird. Das bedeutet, daß die Gesetzesinitiative des Bundes die Verwaltungsinitiative der Länder initiiert; es

---

[10] Vgl. *Köttgen*, Der Einfluß des Bundes auf die deutsche Verwaltung, JöR, n. F., Bd. 3, S. 92; *Maunz* in: Maunz Dürig, Grundgesetz, Art. 85, Rdnr. 2, Anm. 1; *Seifert-Geeb*, Das deutsche Bundesrecht I, A 10, S. 156.

[11] Vgl. S. 157 f.

kann ferner bedeuten, daß bei intensiver Durchnormierung einer Materie „die Gesetzesinitiative in der Regel eine vielfach kaum noch verschleierte Verwaltungsinitiative impliziert“[12]. Die Aufteilung der Zuständigkeitsbereiche im Grundgesetz schließt aber grundsätzlich aus, daß eine bundesgesetzliche Regelung landesgesetzliche Befugnisse tangiert, da das Grundgesetz kumulative konkurrierende Zuständigkeiten von Bund und Ländern nicht kennt[13].

Eine Besonderheit im Verhältnis der Zuständigkeiten von Bund und Ländern ist jedoch dann gegeben, wenn es sich, wie im Fall von Art. 74 Ziff. 13 GG, um eine „Förderungskompetenz“ des Bundes handelt. Der Grundsatz des Art. 31 GG: „Bundesrecht bricht Landesrecht“ kommt nur zur Geltung, wenn Bundesrecht und Landesrecht den gleichen Gegenstand behandeln und das Bundesrecht diesen Gegenstand so erschöpfend regelt, daß für eine landesgesetzliche Regelung kein Raum mehr bleibt[14]. Es wurde dargelegt[15], daß eine konkurrierende Gesetzgebungskompetenz des Bundes gem. Art. 74 Ziff. 13 GG im Bereich der wissenschaftlichen Forschung nicht für das Betreiben, das Ausüben von Forschung, sondern nur für die Förderung der Forschung besteht, während die wissenschaftliche Forschung als solche, zumindest soweit nicht Sonderzuständigkeiten des Bundes gegeben sind, in der ausschließlichen Zuständigkeit der Länder liegt. Wirkt der Bund auf Grund eines Forschungsförderungsgesetzes an der Förderung der Forschung mit, fördert er z. B. die Forschung an den wissenschaftlichen Hochschulen und sonstigen wissenschaftlichen Instituten durch Finanzzuweisungen, so wird die Zuständigkeit der Länder im Bereich der wissenschaftlichen Forschung nur in dem Sektor begrenzt, in dem der Bund fördernd tätig wird. Die Zuständigkeiten von Bund und Ländern verhalten sich wie zwei sich schneidende Kreise: die Länder haben die Regelungsbefugnis für die Ausübung der wissenschaftlichen Forschung, wozu zwangsläufig ihre Förderung in jeder Hinsicht gehört; soweit der Bund eine gesetzliche Regelung trifft, die ihn zur finanziellen oder organisatorischen Förderung berechtigt, wird die Regelungsbefugnis der Länder beschränkt. Die Zuständigkeiten von Bund und Ländern decken sich somit zwar nicht, so daß auch hier der Grundsatz voll-

---

[12] *Köttgen,* Der Einfluß des Bundes auf die deutsche Verwaltung, JöR, n. F., Bd. 3, S. 81.

[13] Vgl. *Usteri,* Theorie des Bundesstaates, S. 275/276: „Der Begriff der konkurrierenden Kompetenz im Bundesstaat (ist) überhaupt unmöglich ... die Doppelkompetenz im Bundesstaat überhaupt als solche ein Unding“; vgl. auch *Mangold-Klein,* Grundgesetz, Art. 31, Anm. III, 4.

[14] BVerfGE 1, S. 283 (296); *Maunz* in: Maunz-Dürig, Grundgesetz, Art. 72, Rdnr. 10; *Dernedde,* Der Bund und die Länder, DV 1949, 316; *Herrfahrdt,* BK, Art. 72, Erl. II, 2; *Hamann,* Grundgesetz, Anm. B 2 zu Art. 31; *Mangoldt-Klein,* Grundgesetz, Art. 31, Anm. III, 3.

[15] Vgl. oben S. 38.

ständiger Aufteilung der Zuständigkeiten von Bund und Ländern erhalten bleibt, ihre Ausübung bezieht sich aber auf ein und dieselben Objekte: bestimmte Projekte im Bereich der wissenschaftlichen Forschung.

Diese Sachlage ist für den landeseigenen Vollzug eines Forschungsförderungsgesetzes gem. Art. 83, Art. 84 GG von besonderem Belang. Da ein Förderungsrecht des Bundes die Befugnis einschließt, die zu fördernden Projekte zu bestimmen, wäre das Land, in dessen Hoheitsgebiet das zu fördernde Projekt liegt (das sog. „Sitzland") in vielfacher Weise dem Direktionsrecht des Bundes unterstellt. Würde z. B. vom Bund eine Regelung getroffen, die die finanzielle Förderung eines vom zuständigen Land bisher nicht geplanten Hochschulneubaus vorsieht, so wäre das Land bei Ausführung des Bundesgesetzes verpflichtet, dieses Projekt in Angriff zu nehmen. Es wäre gem. § 64 a RHO weiter gezwungen, die entsprechenden Richtlinien des Bundes für Zuwendungen des Bundes für außerhalb der Bundesverwaltung stehende Stellen und für den Nachweis der Verwendung der Mittel[16] zu beachten. Für Art, Zweck und Höhe der Zuwendungen könnte der Bund Bewilligungsbedingungen festlegen, z. B. „soll" der Bund gem. Ziff. II C 3 der Richtlinien vom 1. April 1953 bei Zuwendungen für Bauvorhaben, bei der Planung und der Vergabe der Bauten sowie bei der Überwachung der Bauausführung und der Baurechnung die Bundes- oder staatliche Bauverwaltung beteiligen. Die bestimmungsgemäße Verwendung der Mittel unterstünde der Kontrolle des Bundesrechnungshofes[17]. Damit entspräche der landeseigene Vollzug eines Forschungsförderungsgesetzes kaum noch dem Verwaltungsprinzip des Art. 84 GG, bei dem der Erlaß allgemeiner Verwaltungsvorschriften durch die Bundesregierung an die Zustimmung des Bundesrates gebunden und die Befugnis, Einzelweisungen zu erteilen, „auf besondere Fälle" beschränkt ist und zudem gleichfalls der Zustimmung des Bundesrates unterliegt. Vielmehr würde auf dem Umweg über § 64 a RHO ein Gesetzesvollzug geschaffen, der durch die Abhängigkeit der Länder von detaillierten Bewilligungsbedingungen des Bundes der weisungsgebundenen Auftragsverwaltung gem. Art. 85 GG gleichkäme.

Die verfassungsrechtliche Situation ähnelt insofern der Regelung, die das Erste Überleitungsgesetz[18] für den Bereich der Besatzungslasten und Kriegsfolgelasten getroffen hat. Gem. § 4 Abs. 2 Ziff. 2 dieses Gesetzes sind in Angelegenheiten von grundsätzlicher oder erheblicher

---

[16] Min. Bl. Fin. 1953, S. 369.

[17] Allg. Bewilligungsbedingungen für die Gewährung von Zuwendungen des Bundes nach § 64 a RHO, Ziff. 8.

[18] Erstes Gesetz zur Überleitung von Lasten und Deckungsmitteln auf den Bund in der Fassung vom 28. April 1955.

finanzieller Bedeutung die obersten Landesbehörden hinsichtlich der wirtschaftlichen Verwaltung der Bundesmittel an die Weisungen der obersten Bundesbehörden gebunden. Sehr zu Recht weist Köttgen[19] darauf hin, daß damit mit Zustimmung des Bundesrats eine dem Art. 84 GG unbekannte Form der Abhängigkeit „der auch hier de jure ‚eigene Angelegenheit' betreibenden Landesverwaltung durch einfaches Bundesgesetz sanktioniert" worden ist, während an sich eine Finanzierungsvorschrift wie Art. 120 GG nur durch die Form der Bundesauftragsverwaltung adäquat behandelt werden kann, bei der die finanzwirtschaftlich unumgänglichen Befugnisse des Bundes bereits durch die reguläre Ordnung des Art. 85 GG gedeckt sind. Immerhin läßt sich die verfassungsrechtliche Zulässigkeit von § 4 des Ersten Überleitungsgesetzes zur Not mit der Sonderregelung begründen, die durch Art. 120 GG getroffen worden ist. Dagegen würde beim Vollzug eines Forschungsförderungsgesetzes nur mit Hilfe von § 64 a RHO eine Weisungsgebundenheit der Länder geschaffen, die der im Grundgesetz enumerativ geregelten Bundesauftragsverwaltung vorbehalten ist und die darum verfassungsrechtlich kaum haltbar erscheint.

Verfassungsrechtlich noch bedenklicher erscheint bei der landeseigenen Ausführung eines Forschungsförderungsgesetzes gem. Art. 84 GG eine weitere Komponente: Bestimmte der Bund die mit Bundesmitteln zu fördernden Projekte und wären die Länder gezwungen, eine derartige bundesgesetzliche Regelung nach den gem. § 64 a RHO zu erlassenden Richtlinien auszuführen, so bliebe die Auswirkung dieser Regelung nicht, wie nach der grundgesetzlichen Ordnung vorgesehen, auf die Verwaltungsführung der Länder beschränkt, sondern könnte gleichzeitig die in der Regelungsbefugnis der Länder verbliebenen Bereiche der wissenschaftlichen Forschung tangieren. Da ein Forschungsförderungsgesetz, selbst wenn es eine weitreichende Förderung der wissenschaftlichen Forschung durch den Bund vorsähe, bereits rein begrifflich nicht den Gesamtbereich der wissenschaftlichen Forschung umfassen könnte, sondern stets auf ein Fördern von Forschungseinrichtungen beschränkt bleiben müßte, wäre es dem Bund verwehrt, über den von ihm gesetzlich in Anspruch genommenen Sektor in Bereiche der wissenschaftlichen Forschung einzugreifen, die in der Regelungsbefugnis der Länder liegen. Ein derartiges Übergreifen des Bundes in den Zuständigkeitsbereich der Länder wäre aber stets dann unvermeidlich, wenn durch ein Forschungsförderungsgesetz des Bundes den Ländern, bzw. dem betroffenen Land ein Gebrauchmachen der Regelungsbefugnis hinsichtlich der Ausübung der Forschung oktroyiert würde. Das wird besonders deutlich, wenn man sich vergegenwärtigt,

---

19 *Köttgen*, Der Einfluß des Bundes auf die deutsche Verwaltung, JöR, n. F., Bd. 3, S. 88.

daß der Bund durchaus in der Lage wäre, auf Grund eines Forschungsförderungsgesetzes Finanzierungsmittel für den Neubau einer wissenschaftlichen Hochschule vorzusehen. Nach der ausdrücklichen Regelung des Grundgesetzes müßte das zu der Folgerung führen, daß das betroffene Land zur Ausführung eines derartigen Bundesgesetzes verpflichtet wäre, eine Folgerung, die deshalb unhaltbar ist, weil sie einen Verstoß gegen die Zuständigkeitsverteilung des Grundgesetzes darstellte: Die Regelungsbefugnis der Länder für das Ausüben und Betreiben von Forschung läge nicht mehr in der Eigenverantwortung der Länder, sondern könnte durch den Bund veranlaßt und bestimmt werden. Daraus erhellt, daß eine Förderungskompetenz des Bundes rechtlich nicht einer sonstigen ausschließlichen oder konkurrierenden Gesetzgebungskompetenz des Bundes gleichgestellt werden kann, daß sie vielmehr in einer noch näher zu bestimmenden Abhängigkeit von dem Funktionsträger zu sehen ist, dem die Kompetenz über die zu fördernden Bereiche zusteht.

Es kommt eine weitere Überlegung hinzu, die insbesondere die faktischen Gegebenheiten in der Verfassungswirklichkeit in Betracht zieht. Der Grundgedanke der Förderungskompetenz des Bundes liegt darin, daß die Effektivität wissenschaftlicher Forschungseinrichtungen insbesondere durch verstärkten Einsatz finanzieller Mittel gesteigert wird. Das ist in der Verfassungswirklichkeit bisher durch die Verwaltungsabkommen zwischen Bund und Ländern zur Förderung von Wissenschaft und Forschung vom 4. Juni 1964 und vom 8. Februar 1968 erreicht worden, die beide ein Zusammenwirken von Bund und Ländern in der Bestimmung der zu fördernden Projekte und in der Aufbringung der finanziellen Mittel vorsehen und eine sachgerechte Berücksichtigung der Prioritäten bei der Förderung insbesondere dadurch erzielt haben, daß die Empfehlungen des Wissenschaftsrates berücksichtigt wurden, die nach dem Abkommen vom 8. Februar 1968 „als Grundlage“ für die Planung des weiteren Ausbaus der wissenschaftlichen Hochschulen dienen. Um diese Wirksamkeit der Bemühungen von Bund und Ländern im Bereich der Forschung zu erhalten und, wenn möglich, zu steigern, gäbe es nach der *ausdrücklichen* grundgesetzlichen Ordnung durch den Bund und den landeseigenen Vollzug des Gesetzes durch die Länder nur die Möglichkeit, daß die Länder die ihnen verbliebene Regelungsbefugnis gleichfalls auf die Projekte bezögen, die der Bund durch seine gesetzliche Regelung zur Förderung vorgesehen hätte. Nur dann würde die Effektivität bestimmter Forschungseinrichtungen gesteigert. Das hätte jedoch verfassungsrechtlich die Folge, daß der Bund durch Ausüben der ihm zustehenden Förderungskompetenz gleichzeitig den Inhalt und die Sachrichtung der zuständigkeitseigenen Regelung der Länder bestimmte, so daß eine unabhängige Ausübung der staatlichen Befugnisse und die Erfüllung der staatlichen Aufgaben durch die

Länder insoweit nicht mehr gewährleistet wäre. Auf der anderen Seite würde dann, wenn die Länder jeweils eine eigenständige Regelung des in ihrer Zuständigkeit verbleibenden Bereichs der wissenschaftlichen Forschung vornähmen und diese Regelung von der des Bundes in der Bestimmung der primär zu fördernden Projekte abwiche, eine Situation eintreten, die dem Grundgedanken des Art. 74 Ziff. 13 GG, der Erreichung einer größeren Effektivität wissenschaftlicher Forschungseinrichtungen, diametral entgegengesetzt wäre und zudem der Forschungspolitik von Bund und Ländern der letzten Jahre vollkommen widerspräche: Die Länder vollzögen einerseits die bundesgesetzliche Regelung und förderten — auf Grund von § 64 a RHO weitgehend weisungsgebunden — die vom Bund bestimmten Forschungsprojekte; andererseits könnten sie auf Grund der ihnen verbleibenden Zuständigkeit im Forschungsbereich die Akzente der landeseigenen Förderungspolitik selbst bestimmen und Projekten eine besondere Förderung angedeihen lassen, die vom Bund als durch Bundesmittel für förderungswürdig bestimmt worden wären.

Daß eine derartige Situation zwar theoretisch denkbar ist, praktisch aber nicht eintreten wird, weil jedes Land seine wissenschaftlichen Forschungseinrichtungen nur dann leistungsfähig erhalten kann, wenn zu seiner Förderung alle verfügbaren Bundes- und Landesmittel eingesetzt werden, liegt auf der Hand und wird durch die Forschungspolitik der vergangenen Jahre bewiesen[20].

Das bedeutet, daß die Länder im Interesse einer wirksamen Forschungspolitik auf Grund eines Forschungsförderungsgesetzes des Bundes gezwungen wären, die vom Bund bestimmten Projekte auch zum Objekt der landeseigenen Förderung zu machen. Die Sachlage ist hier eine andere als im Fall der sehr häufig praktizierten Hingabe zweckgebundener Bundeszuschüsse zu den Kosten der Landesverwaltung. Soweit die Bundeszuschüsse lediglich auf Grund eines Haushaltstitels des Bundeshaushalts bereitgestellt werden, ohne daß eine Finanzverantwortung des Bundes besteht[21], wurde und wird die Verteilung des Bundeszuschusses häufig von einer Interessenquote des jeweiligen Landes abhängig gemacht. Gemäß Ziff. II C 13 Abs. 2 a der Richtlinien der Bundesregierung vom 1. April 1953 betreffend Zuwendungen des Bundes an außerhalb der Bundesverwaltung stehende Stellen und für den Nachweis der Verwendung der Mittel nach § 64 a Abs. I RHO sind durch den Bewilligungsbescheid insbesondere „die

---

[20] Daß es den Ländern unbenommen bleibt, in den Fällen, in denen die Förderung von Forschungseinrichtungen allein durch Bundesmittel sachlich ausreichend ist, landeseigene Förderungsmaßnahmen anderen als den vom Bund bestimmten Projekten zuzuwenden, ist selbstverständlich.

[21] Diese Situation bestand und besteht, wie auf S. 121 f. dargelegt, insbesondere in der Förderung der Forschung durch den Bund.

Leistungen, mit denen der Empfänger und andere Stellen sich an den Aufgaben beteiligen", zu regeln. Der Bundeszuschuß kann aber zumindest theoretisch keinem Land oktroyiert werden; seine Annahme und die Bewilligung der entsprechenden „Interessenquote" liegen in der Kompetenz der Landesparlamente, so daß insoweit verfassungsrechtlich keine Einwendungen erhoben werden können, wenngleich praktisch ohne Frage eine recht massive Beeinflussung der Landespolitik vorliegt. Köttgen bezeichnet die Praxis der zweckgebundenen Bundeszuschüsse zu den Kosten der Landesverwaltung als „parakonstitutionell" und weist darauf hin, daß eine planmäßige Mediatisierung der Länder allein mit Hilfe der akumulierten Finanzmacht des Bundes verfassungswidrig wäre[22]. Während die Praxis der zweckgebundenen Bundeszuschüsse, die von einer Interessenquote der Länder abhängig gemacht werden, wegen der Mitwirkung der Landesparlamente in ihrem jetzigen Ausmaß noch vertretbar erscheint, wäre die verfassungsrechtliche Situation beim landeseigenen Vollzug eines Forschungsförderungsgesetzes eine wesentlich andere. Die Länder hätten in diesem Fall nicht einmal theoretisch die Möglichkeit, die Verwendung von Bundesmitteln für bestimmte Projekte der wissenschaftlichen Forschung abzulehnen. Sie wären auf Grund der verfassungsmäßigen Ordnung des Grundgesetzes gezwungen, ein Forschungsförderungsgesetz des Bundes zu vollziehen. Sie wären damit aus den oben dargelegten Gründen auch gezwungen, den in ihrer Zuständigkeit verbliebenen Bereich der wissenschaftlichen Forschung den Grundsätzen anzupassen, die der Bund in seinem Forschungsförderungsgesetz bestimmen würde.

Es ergibt sich somit, daß die alleinige Bestimmung der zu fördernden Projekte durch den Bund, sowohl aus rechtlichen wie auch aus tatsächlichen Erwägungen bedenklich erscheint. Aus rechtlichen Erwägungen, weil die Bestimmung der mit Bundesmitteln zu fördernden Projekte die Länder zwingen würde, von ihrer Regelungsbefugnis im Bereich der Forschung Gebrauch zu machen; aus tatsächlichen, weil Sinn und Zweck von Art. 74 Ziff. 13 GG in einer verstärkten Förderung von Forschungseinrichtungen liegt, die nur dann erreicht würde, wenn die Länder ihre eigene Regelungsbefugnis auf die Projekte bezögen, die durch ein Förderungsgesetz des Bundes vorgesehen wären. Die Ausübung einer Länderkompetenz, die inhaltlich durch die Planungen und gesetzlichen Regelungen des Bundes bestimmt wird, ist aber keine eigenständige Kompetenzwahrnehmung. Dem Grundgesetz ist eine „gebundene" Kompetenz der Länder nur im Fall des Art. 75 GG, bei der Rahmengesetzgebung des Bundes bekannt, bei der die Länder

---

[22] *Köttgen*, Der Einfluß des Bundes auf die deutsche Verwaltung, JöR, n. F., Bd. 3, S. 90.

gehalten sind, die vom Bund erlassenen Rahmengesetze auszufüllen, so daß sie eine eigenständige Regelung nur im Rahmen der vom Bund gesetzten Grundsätze und Richtlinien treffen können. Außerhalb der speziellen Regelung von Art. 75 GG ist die Ausübung der staatlichen Befugnisse und die Erfüllung der staatlichen Aufgaben in die Eigenverantwortung der Länder gegeben „so weit dieses Grundgesetz keine andere Regelung trifft oder zuläßt“ (Art. 30 GG). Da das Grundgesetz dem Bund in Art. 74 Ziff. 13 GG nur eine Förderungskompetenz für den Bereich der wissenschaftlichen Forschung zuweist, die selbst bei weitestgehender Wahrnehmung durch den Bund nicht die Zuständigkeit der Länder für den Betrieb und die Ausübung wissenschaftlicher Forschung auszuschließen vermag[23], erscheint es verfassungsrechtlich nicht haltbar, daß der Bund durch die Ausübung einer von ihm nur teilweise geregelten und nach dem Grundgesetz nur teilweise zu regelnden Gesetzesmaterie gleichzeitig die Ausübung der in der Zuständigkeit der Länder verbleibenden Materie mitbestimmt. Ein derartiges Übergreifen von Bundeszuständigkeiten in Länderzuständigkeiten ist mit Art. 30 GG, der ein maßgebliches Prinzip unserer Verfassung verkörpert, nicht vereinbar.

Das Übergreifen von Bundeszuständigkeiten ist auch nicht aus dem Grundsatz der „Kompetenz der Konnexität“[24] oder der Kompetenz kraft „Sachzusammenhanges“ zu rechtfertigen. Eine Kompetenz der Konnexität oder des Sachzusammenhanges wird angenommen, „wenn eine dem Bund ausdrücklich zugewiesene Materie verständigerweise nicht geregelt werden kann, ohne daß zugleich eine nicht ausdrücklich zugewiesene andere Materie mitgeregelt wird, wenn also ein Übergreifen in nicht ausdrücklich zugewiesene Materien unerläßliche Voraussetzung ist für die Regelung einer der Bundesgesetzgebung zugewiesenen Materie“[25]. Eine derartige Ableitung ungeschriebener Kompetenzen des Bundes ist aber stets an die Vorschriften des gesetzten Verfassungsrechts gebunden[26]. Das Grundgesetz hat dem Bund ausdrücklich nur eine „Förderungskompetenz“ zugewiesen und damit den Ländern insoweit die ausschließliche Gesetzgebungskompetenz für kulturelle

---

[23] Vgl. oben S. 38 f.

[24] *Triepel,* Föderalismus und Revision der Weimarer Verfassung, Zeitschrift für Politik 1924, XIV. Bd., Heft 3, S. 193; vgl. auch *Triepel,* Die Kompetenzen des Bundesstaates und die geschriebene Verfassung, Festgabe für Paul Laband, S. 292.

[25] BVerfGE 3, 407 (421).

[26] Vgl. *Triepel,* Die Kompetenzen des Bundesstaates und die geschriebene Verfassung, Festgabe für Paul Laband, S. 324/325: „Jede Reichskompetenz muß ... an der Hand des Rechts bewiesen werden. Haben wir keine ausdrückliche Bestimmung über eine Zuständigkeit, so können wir den nötigen Beweis für ihre Existenz niemals erbringen, ohne uns an die in den Vorschriften des gesetzten Verfassungsrechts anzulehnen ...“

Aufgaben überlassen, die das Bundesverfassungsgericht als „Kernstück der Eigenstaatlichkeit der Länder" bezeichnet[27]. Mit Recht betont Konow, daß die Länder eigene, vom Bund nicht abgeleitete und von (unmittelbaren) verfassungsrechtlichen Einflußmöglichkeiten des Bundes freie Staatsgewalt nur in den Bereichen ausüben, in denen ihnen das Recht der Gesetzgebung zusteht[28]. Nur insoweit können die Länder eigenverantwortlich politische Entscheidungen treffen, während sie bei der Ausführung von Bundesgesetzen den vielfältigen gesetzlichen Einflußrechten des Bundes unterstehen. Wollte man dem Bund als ungeschriebene Konnexzuständigkeit eine Regelungsbefugnis zubilligen, die sich über die in Art. 74 Ziff. 13 GG zuerkannte Kompetenz auf den landeseigenen Bereich der Bestimmung über Forschungseinrichtungen erstreckte, so wäre das eine Beschränkung der ohnehin nicht zahlreichen ausschließlichen Gesetzgebungskompetenzen der Länder, die einen einschneidenden Eingriff in die Eigenstaatlichkeit der Länder darstellte. Die „häufige Einengung der Länderrechte" durch die sog. Kompetenz der Konnexität, „in denen das Reich von einer ihm an sich zustehenden Gesetzgebungsbefugnis Gebrauch macht, im Zusammenhang mit dem Hauptgegenstand aber gleichzeitig Gegenstände regelt, die sonst der Gesetzgebung der Länder unterworfen sind", wurde bereits in der berühmten Denkschrift der Bayerischen Staatsregierung von 1926 gerügt[29]. Nach der Rechtsprechung des Bundesverfassungsgerichts müßte eine Konnexzuständigkeit des Bundes zudem „unerläßlich", d. h. das einzige Mittel sein, um die Regelung einer der Bundesgesetzgebung nicht zugewiesenen Materie zu ermöglichen[30]. Durch die Akzentsetzung dieser Rechtsprechung wird eine Problematik aufgeworfen, die weit über die Frage der Berechtigung des Bundes zur Wahrnehmung einer Konnexzuständigkeit im Fall des Art. 74 Ziff. 13 GG hinausgreift:

Haben die Länder die ausschließliche Kompetenz hinsichtlich des Betriebs von Forschungseinrichtungen — abgesehen von der hier bewußt ausgeklammerten Ressortforschung und Großforschung — und ist diese Zuständigkeit, die zwangsläufig auch das „Fördern" dieser Forschungseinrichtungen einschließt, nur insoweit beschränkt, als der Bund von seinem Gesetzgebungsrecht gem. Art. 74 Ziff. 13 GG Gebrauch macht, so treffen sich Bund- und Länderkompetenzen in der Regelung der gleichen Materie. Wesentlich ist dabei, daß Bund und Länder nicht nur verschiedene konkrete Bereiche der gleichen Gesetzesmaterie

---

27 BVerfGE 6, 346 f.; BVerfGE 12, S. 229.

28 *Konow*, Kooperativer Föderalismus und Gemeinschaftsaufgaben, DÖV 1966, S. 368 (371).

29 Denkschrift der Bayerischen Staatsregierung über die fortschreitende Aushöhlung der Eigenstaatlichkeit der Länder unter der Weimarer Verfassung, München 1926, S. 4.

30 BVerfGE 3, 407 (421).

regeln, sondern daß die Wahrnehmung der dem Bund zustehenden und der den Ländern zustehenden Kompetenz auf die gleichen konkreten Bereiche ein und derselben Gesetzesmaterie bezogen sind. Das ergibt sich einmal rein terminologisch aus dem Begriff „Förderung" in Art. 74 Ziff. 13 GG; es ergibt sich ferner aus den Beratungen im Parlamentarischen Rat, in denen davon ausgegangen wurde, daß die Förderung der wissenschaftlichen Forschung „nicht mehr Landessache allein" sein könne[31]. Zudem zeigt die Verfassungswirklichkeit, daß allein das Zusammenwirken von Bund und Ländern bei der Förderung konkreter Objekte im Bereich der wissenschaftlichen Forschung eine wirksame Förderung darstellt[32]. Es stellt sich daher die Frage, ob nicht Art. 74 Ziff. 13 GG auf eine Gemeinschaftsaufgabe von Bund und Ländern hinweist, deren konkrete Ausprägung sich aus dem ausdrücklichen Wortlaut des Grundgesetzes zwar nicht unmittelbar ergibt, die aber aus dem Verfassungstext ableitbar ist.

Die Problematik der Gemeinschaftsaufgaben zwischen Bund und Ländern wurde insbesondere von Kölble und Klein auf dem 29. Staatswissenschaftlichen Fortbildungskursus der Hochschule für Verwaltungswissenschaften Speyer 1961 aufgeworfen[33]. Dabei wurde der Begriff der „Gemeinschaftsaufgabe" allerdings von beiden Autoren so weit gefaßt, daß ihm fast alle Formen der Mitwirkung von Bund und Ländern an der Erfüllung eines bestimmten Aufgabenkreises subsumiert werden können. So bezeichnet Kölble den Vollzug von Bundesgesetzen nach Art. 84 und Art. 85 GG als „Aufgaben, die das Grundgesetz dem Bund und den Ländern zur gemeinschaftlichen Erfüllung zugewiesen hat"[34]. Ferner rechnen für Kölble zum Kreise der Gemeinschaftsaufgaben die Fälle, in denen das Grundgesetz es zuläßt, daß Bundesgesetze z. T. von den Landesverwaltungen, z. T. in bundeseigener Verwaltung ausgeführt werden[35]. Auch Klein will den Begriff der Gemeinschaftsaufgabe in einem sehr weiten Sinn verstanden sehen, nämlich „in dem Sinne einer irgendwie gearteten Beteiligung bzw. Einflußnahme des einen Partners an der bzw. auf die Erfüllung der Aufgaben des

---

[31] Vgl. dazu oben S. 37 f.

[32] Vgl. die Verwaltungsabkommen zwischen Bund und Ländern zur Förderung von Wissenschaft und Forschung vom 4. Juni 1964 und vom 8. Februar 1968 und die zur Erfüllung dieser Verwaltungsabkommen im Bundeshaushalt und in den Landeshaushalten ausgewiesenen Haushaltstitel.

[33] Vgl. *Kölble*, Gemeinschaftsaufgaben zwischen Bund und Ländern sowie zwischen den Ländern. Arten, Formen und Ziele, Schriftenreihe Speyer, Bd. 11, S. 17 und *Klein*, Verfassungsrechtliche Grenzen der Gemeinschaftsaufgaben, Schriftenreihe Speyer, Bd. 11, S. 125.

[34] *Kölble*, a.a.O., S. 18 ff.

[35] Fall des Art. 87 b, Abs. 2 GG und die Verwaltungskomplexe, die in Art. 87 d, 89, 90 und 108 GG geregelt sind, d. h. die Bundeswasserstraßen-, die Bundesstraßen-, die Luftverkehrsverwaltung sowie die Finanzverwaltung.

jeweils anderen Partners"[36]. Klein rechnet wie Kölble zu den Gemeinschaftsaufgaben von Bund und Ländern die Wahrnehmung verschiedener Funktionen hinsichtlich ein und derselben Aufgabe, d. h. der Funktion der Gesetzgebung durch den Bund, der der Gesetzesausführung durch die Länder. Er sieht ferner eine Gemeinschaftsaufgabe auch dann als gegeben an, wenn die Beteiligung des einen Partners sich unmittelbar auf die Aufgabenerfüllung des anderen auswirkt, wie z. B. das Setzen der Organisations- und Verfahrensgesetze durch den Bund gem. Art. 84 Abs. 1 GG, oder die Aufgabenerfüllung des anderen Partners mittelbar berührt, wie z. B. das Verteilen des Steueraufkommens aus der Einkommens- und der Körperschaftssteuer gem. Art. 106 Abs. 4 GG a. F. durch den Bund auf Bund und Länder. Eine derartige Klassifizierung von Gemeinschaftsaufgaben ist zwar theoretisch möglich, praktisch aber nichtssagend, weil sie die Gemeinschaftlichkeit allein aus dem allgemeinen Gesichtspunkt ableitet, daß bis zur abschließenden Erfüllung einer Aufgabe verschiedene Funktionen durch verschiedene Funktionsträger wahrgenommen werden müssen. Dabei wird zudem übersehen, daß die Regelungen im Grundgesetz insgesamt darauf abgestellt sind, eine gewisse Trennschärfe im Verhältnis von Bund- und Landessphären zu erreichen[37]. In den ihnen vom Grundgesetz zugewiesenen Aufgabenbereichen sind Bund und Länder jeweils eigenverantwortlich. Das ist auch der Fall, soweit z. B. im Fall des Art. 84 Abs. 2 GG dem Bund die Zuständigkeit zum Erlaß allgemeiner Verwaltungsvorschriften eingeräumt ist oder die grundgesetzliche Möglichkeit besteht, daß dem Bund durch zustimmungsbedürftiges Bundesgesetz die Befugnis verliehen wird, für besondere Fälle Einzelweisungen zu erteilen (Art. 84 Ziff. 5 GG). Auch hier sind die Willens- und Handlungssphären von Bund und Ländern getrennt: Die Länder sind in der Ausführung der Bundesgesetze, der allgemeinen Verwaltungsvorschriften und der Einzelweisungen in den ihnen vom Grundgesetz belassenen Bereich von keinem anderen Willensträger abhängig.

Die grundgesetzliche Regelung, die durch Art. 74 Ziff. 13 GG für die Zuständigkeitsverteilung im Bereich der Forschung getroffen worden ist, weist dagegen auf einen wesentlich engeren Begriff der Gemeinschaftsaufgabe von Bund und Ländern hin, als auf denjenigen, der von Kölble und Klein umrissen wurde. Die aufgezeigte Konsequenz, die sich bei landeseigenem Vollzug eines Forschungsförderungsgesetzes des Bundes ergäbe, nämlich das Übergreifen der Bundeszuständigkeit in die für das Betreiben und das Ausüben von Forschung entstehende

---

[36] *Klein*, Verfassungsrechtliche Grenzen der Gemeinschaftsaufgaben, Schriftenreihe Speyer, Bd. 11, S. 126.

[37] Vgl. *Köttgen*, Der Einfluß des Bundes auf die deutsche Verwaltung, JöR, n. F., Bd. 11, S. 304.

Zuständigkeit der Länder, die mit der ausdrücklichen Zuständigkeitsverteilung zwischen Bund und Ländern nicht vereinbar erscheint, ließe sich nur bei einer Wertung der Aufgabenbereiche bei Bund und Ländern vermeiden, *die die Mitverantwortung beider Funktionsträger für die gleichen konkreten Bereiche berücksichtigte.* Nach der ausdrücklichen grundgesetzlichen Zuständigkeitsverteilung hat jedes Land hinsichtlich der landeseigenen Forschungseinrichtungen ein Bestimmungs-, Planung- und Finanzierungsrecht. Gleichzeitig hätte der Bund bei Erlaß eines Forschungsförderungsgesetzes ein im Ausmaß sich nach dem Gesetzesinhalt bestimmendes Förderungsrecht, das begrifflich nicht nur eine Finanzierungsverantwortung, sondern gleichfalls eine Sachverantwortung hinsichtlich der Festlegung der zu fördernden landeseigenen Projekte umschlösse. Das Förderungsrecht des Bundes schränkte das ausschließliche Bestimmungsrecht der Länder hinsichtlich der Forschungseinrichtungen ein, vermöchte es aber andererseits auch bei weitestgehender Inanspruchnahme der gem. Art. 74 Ziff. 13 GG bestehenden Kompetenzen nicht vollständig auszuschließen, da die Kompetenz der Länder bezüglich des Betreibens der Forschungseinrichtungen ein aliud gegenüber der reinen Förderungskompetenz des Bundes enthält. Es wurde dargelegt[38], daß Sinn und Zweck von Art. 74 Ziff. 13 GG in der Kumulation der Bestrebungen von Bund und Ländern liegt, bestimmte konkrete Projekte im Bereich der Forschung zu fördern. Dieser Zweck könnte, da die alleinige Bestimmung der zu fördernden Projekte durch den Bund die Zuständigkeitsverteilung des Grundgesetzes durchbrechen würde[39], nur dadurch erreicht werden, daß Bund und Länder gem. der ihnen vom Grundgesetz auferlegten Mitverantwortung gemeinsam die zu fördernden Projekte bestimmten. Das bedeutet, daß Bund und Länder — z. B. in einem Planungsausschuß — sich über die vorrangig zu fördernden Forschungseinrichtungen zu einigen hätten und die Durchführung der gefaßten Beschlüsse nach der grundgesetzlichen Zuständigkeitsverteilung in der Aufgabenverantwortung der Länder läge[40].

Ob ein derartiges Zusammenwirken von Bund und Ländern verfassungsrechtlich zulässig wäre, könnte fraglich sein, da das Grundgesetz

---

[38] Vgl. oben S. 134.

[39] Vgl. oben S. 133 f.

[40] Vgl. dazu das Vorwort von Erich Becker zu Bd. 11 der Schriftenreihe Speyer, S. 6, der erklärt, daß zu den „Gemeinschaftsaufgaben" nur solche öffentlichen Aufgaben gerechnet werden könnten, „die als eigene Angelegenheiten der beteiligten Aufgabenträger im Wege der Koordinierung mehrerer Gemeinwesen entweder aufgrund eines Verwaltungsabkommens durch eine gemeinsam getragene Verwaltungseinheit oder entsprechend einer Vereinbarung durch ein Gemeinwesen zugleich für andere Gemeinwesen erfüllt werden"; vgl. dazu *Köttgen,* Der Einfluß des Bundes auf die deutsche Verwaltung und die Organisation der bundeseigenen Verwaltung, JöR, n. F., Bd. 11, S. 304/305.

bisher in seinen ausdrücklichen Regelungen nur von getrennten Entscheidungs- und Handlungssphären von Bund und Ländern ausging und für ein gemeinsames Handeln von Bund und Ländern die Einfügung der verfassungsändernden Art. 91 a und 91 b in das Grundgesetz für nötig erachtet wurde. Hinzu kommt, daß das Grundgesetz für die Fälle, in denen sich, wie bei Art. 74 Ziff. 13 GG, aus ausdrücklichen Bestimmungen eine eng gekoppelte Mitverantwortung von Bund und Ländern ergibt, keine Regelung über die Modalitäten des Zusammenwirkens trifft. Gegen die Zulässigkeit eines Zusammenwirkens von Bund und Ländern wäre jedenfalls dann nichts einzuwenden, wenn ihm grundgesetzliche Normen nicht entgegenstünden. Fest steht allerdings, daß ein Forschungsförderungsgesetz des Bundes eine echte Mitverantwortung nur zwischen dem Bund und jedem einzelnen Land, nicht aber zwischen Bund und der Gesamtheit der Länder untereinander bewirken würde, weil ein Bundesgesetz mit dem oben[41] fixierten Inhalt keine Abgrenzung der Zuständigkeitsbereiche der Länder untereinander bewirken würde. Das ist aber insofern unproblematisch, als eine Kompetenzbegrenzung der Länder untereinander insoweit durch Vereinbarung zulässig ist[42]. Im folgenden wird daher die Möglichkeit eines Zusammenwirkens der Länder auf der Basis einer Ländervereinbarung als verfassungsrechtlich zulässig vorausgesetzt und die Untersuchung darauf beschränkt, inwieweit Bund und Länder in einem gemeinsamen Beschlußorgan tätig werden können. Eine Entscheidung darüber ist nur möglich, wenn ein Modell des Gremiums aufgezeigt wird, dem die Wahrnehmung der „Gemeinschaftsaufgaben" im Bereich der Forschung obliegen sollte.

Dabei ist zunächst zu fragen, ob es zureichend ist, bei der Zusammensetzung eines solchen Gremiums allein von einer aus der Verfassung ableitbaren Mitverantwortung von Bund und Ländern auszugehen, ob nicht vielmehr bei dem Problemkreis der staatlichen Förderung von wissenschaftlichen Einrichtungen die Mitverantwortung der eigentlichen Betroffenen: der in den wissenschaftlichen Einrichtungen tätigen Wissenschaftler zu berücksichtigen ist. Mit „berücksichtigen" ist nicht nur gemeint, daß ein staatliches Gremium, das über die Förderung bestimmter wissenschaftlicher Einrichtungen zu entscheiden hätte, die auf Grund von Art. 5 Abs. 3 GG bestehende Wissenschaftsfreiheit respektieren müßte; die Frage geht vielmehr dahin, ob aus Art. 5 Abs. 3 GG eine echte Mitverantwortung der Vertreter der Wissenschaft gefolgert werden kann oder muß, die ein Mitbestimmungsrecht über die Prioritäten in der staatlichen Wissenschaftsförderung einschließt. Diese Frage stellt sich zwar bei jeder wissenschaftlichen Institution, die mit

---

41 S. 91.
42 Vgl. oben S. 52.

staatlichen Mitteln gefördert wird; sie soll hier am Beispiel der wissenschaftlichen Hochschulen abgehandelt werden, weil die Modalitäten der Förderung der wissenschaftlichen Hochschulen zur Zeit besonders umstritten und von besonderer Aktualität sind.

Ein verfassungsrechtlicher Rückblick auf die Entwicklung der Wissenschaftsfreiheit ergibt, daß ihre erste rechtliche Fixierung als Nachwirkung der Karlsbader Beschlüsse erfolgte, in denen zwar eine „unmittelbare Einmischung in das Wissenschaftliche und die Lehrmethoden" abgelehnt wurde, die jedoch mit Hilfe von Regierungsbevollmächtigten ein offenes Vorgehen gegen verderbliche Lehren ankündigten[43]. Die Diskussion vor der Frankfurter Nationalversammlung ging ganz allgemein um die Unabhängigkeit der Staatsschulen gegenüber Weisungen der Regierung hinsichtlich der Lehrinhalte und Lehrmethoden. Entsprechend wurde in den Beratungen des Verfassungsausschusses der Nationalversammlung die „Freiheit der Wissenschaft und ihrer Verbreitung durch Unterricht, unter Vorbehalt des gesetzlichen Befähigungsausweises für Lehrer an öffentlichen Anstalten" verlangt[44]. Dennoch wurde in § 152 der Paulskirchenverfassung die allgemeine Unterrichtsfreiheit nicht berücksichtigt, sondern die Fassung gewählt: „Die Wissenschaft und ihre Lehre ist frei", wobei man sich darüber einig war, daß mit dieser Formulierung die Universitäten vor einer Verletzung der akademischen Lehrfreiheit geschützt werden sollten[45]. In die Weimarer Reichsverfassung wurde die Wissenschaftsfreiheit im wesentlichen mit der Begründung übernommen, daß die „Freiheit der Forschung und ihrer Lehre maßgebend geworden ist für den inneren und äußeren Universitätsbetrieb"[46]. In den parlamentarischen Beratungen zu Art. 5 Abs. 3 GG wurde der Umfang der Wissenschaftsfreiheit kaum erörtert; die Debatte ging vornehmlich um die Treueklausel, d. h. um Art. 5 Abs. 3 Satz 2 GG[47].

Die bei der heutigen Erörterung um Art. 5 Abs. 3 GG im Mittelpunkt stehende Frage, inwieweit die Wissenschaftsfreiheit ein reines Individualrecht ist oder eine institutionelle Garantie für die wissenschaftlichen Hochschulen gewährt, wurde zur Zeit der Weimarer Reichsverfassung aktuell. Allerdings hatte Friedrich Paulsen bereits Ende des 19. Jahrhunderts die Lehrfreiheit als das „Grundrecht der deutschen Universität" bezeichnet[48]. Carl Schmitt versuchte mit der Lehre von der

---

[43] Vgl. *Walter A. E. Schmidt,* Die Freiheit der Wissenschaft, S. 51.

[44] *Droysen,* Die Verhandlungen des Verfassungsausschusses der deutschen Nationalversammlung, 1. Teil, S. 363.

[45] Vgl. zu den Diskussionen um die Verfassung von § 152 Paulskirchenverfassung: *Walter A. E. Schmidt,* Die Freiheit der Wissenschaft, S. 66 ff.

[46] Verhandlungen der Verfassunggebenden Deutschen Nationalversammlung, Sten. Ber., S. 1673.

[47] Vgl. JöR, Bd. 1, n. F., S. 89.

[48] *Paulsen,* Preuß. Jahrb. 1898, S. 515.

institutionellen Garantie der Einschränkung der Grundrechte durch einfache Gesetze entgegenzutreten. „Schutznormen und -einrichtungen" sollten die „Verteidigung und Umhegung der Freiheit gewährleisten"[49]. Dieser Ansatz der Lehre der institutionellen Garantien zeigt bereits, daß ihre verfassungstheoretischen Voraussetzungen durch die Schaffung von Art. 19 GG entfallen sind[50]. Dennoch wird auch bei der Interpretation von Art. 5 Abs. 3 GG weitgehend von einem „Grundrecht der Universität" ausgegangen, aus dem die Berechtigung akademischer Selbstverwaltung abgeleitet wird[51].

Für das hier zur Debatte stehende Problem, inwieweit sich aus Art. 5 Abs. 3 GG eine echte Mitverantwortung von Vertretern der wissenschaftlichen Hochschulen für das Was und Wie staatlicher Forschungsförderung ergibt, ist zunächst entscheidend, daß den an den wissenschaftlichen Hochschulen tätigen Hochschullehrern gem. Art. 5 Abs. 3 Satz 1 GG Wissenschafts-, Forschungs- und Lehrfreiheit als Individualrecht zusteht. Dieses Individualrecht der Angehörigen des Lehrkörpers der Universität wird allerdings dadurch eingeschränkt, daß sie mit ihrer Berufung bzw. Einstellung in den Hochschuldienst korporative Pflichten, wie z. B. bestimmte Lehrverpflichtungen übernehmen[52]. Es wird ferner dadurch eingeschränkt, daß die persönliche Wissenschaftsfreiheit — soweit sie dem Wissenschaftler in seiner Person als Hochschullehrer zusteht — immer nur im Rahmen der Sachmittel verwirklicht wird, die dem Forschenden vom Staat zur Verfügung gestellt werden. Jede Beschränkung des durch Art. 5 Abs. 3 Satz 1 GG

---

49 *Carl Schmitt*, Freiheitsrechte und institutionelle Garantien der Reichsverfassung, 1931, jetzt in: Verfassungsrechtliche Aufsätze 1958, S. 140 (169); Smend beendete 1927 auf der Münchener Tagung der deutschen Staatsrechtslehrer sein Referat mit den Worten: „... eine Schranke für den Gesetzgeber, ein tief verpflichtendes Privileg unseres Standes, das Grundrecht der deutschen Universität", VVDStRL 4, S. 44 (73); Anschütz bejahte die Lehre von der institutionellen Garantie in seinem Kommentar zur Weimarer Reichsverfassung erst von der 14. Auflage (1933), S. 662 an.

50 Vgl. dazu *Hans Klein*, Gedanken über neuere Entwicklungen im Hochschulrecht, AöR, Bd. 90, S. 136.

51 *Köttgen*, Die Freiheit der Wissenschaft und die Selbstverwaltung der Universität in: Die Grundrechte, Bd. II, S. 303; ders., Das Grundrecht der Deutschen Universität, S. 23 ff.; *Thieme*, Deutsches Hochschulrecht, S. 43; *Wolff*, Die Rechtsgestalt der Universität, S. 12; *Raiser*, Die Universität im Staat, S. 8; *Mangoldt-Klein*, Das Bonner Grundgesetz, Art. 5, Anm. IV, 3 d; *Klein*, Gedanken über neuere Entwicklungen im Hochschulrecht, AöR, Bd. 90, S. 137 nimmt eine Konnex- oder Komplementärgarantie an, die das jeweils betroffene Grundrecht zwecks zusätzlicher Absicherung schützend umgibt"; für den Individualcharakter von Art. 5 Abs. 3 GG; *Wernicke*, BK, Art. 5, Anm. II 3 a; *Wehrhahn*, Lehrfreiheit und Verfassungstreue in: Recht und Staat, Bd. 183/184, S. 47; *Scheuner* in H. J. Wolff, Die Rechtsgestalt der Universität, Diskussionsbeitrag, S. 32; *Roellecke*, Wissenschaftsfreiheit als institutionelle Garantie, JZ 1969, S. 726 f.

52 *Staff*, Das Hessische Hochschulgesetz, Anm. zu 93, S. 35.

gewährten Individualrechts ist jedoch dann als unzulässig anzusehen, wenn sie die Wissenschaftsfreiheit in ihrem Wesensgehalt antastet (Art. 19 Abs. 2 GG)[53]. Als Minimum für den gem. Art. 5 Abs. 3 Satz 1 GG garantierten Freiheitsbereich kann angesehen werden, daß die an den wissenschaftlichen Hochschulen betriebene Wissenschaft und Forschung keiner staatlichen Lenkung unterliegen darf, daß also die Forschungsinhalte nicht vom Staat bestimmt werden dürfen.

Daraus ergibt sich im heutigen Industriestaat, der von den Ergebnissen moderner Forschung weitgehend abhängig ist, ein Spannungsverhältnis zwischen Wissenschaft und Staat, das nicht allein unter dem Gesichtspunkt einer Respektzone gesehen werden darf, die die Wissenschaftsfreiheit für den Staat darstellt. Die Zeiten, in denen ein Ausspruch möglich war, wie er im Gutachten von Altenstein über den Humboldtschen Entwurf steht: „Die Wissenschaft hat in sich selbst das Gegenmittel gegen alles, was ihr und der Bildung durch sie zum Verderben gereichen könnte“[54], sind bereits deshalb vorbei, weil die heutige wissenschaftliche Forschung, insbesondere auf naturwissenschaftlichem Gebiet und zunehmend auch in den Sozialwissenschaften, ein Finanzvolumen erfordert, das eine besondere Abhängigkeit vom Staat bewirkt. Diese Abhängigkeit wird zwar gemindert, nicht aber behoben, falls — wie es in einigen neueren Hochschulgesetzentwürfen vorgesehen ist — die Hochschulen für den laufenden Bedarf Globalzuweisungen erhalten. Für die Zielrichtung der an den wissenschaftlichen Hochschulen betriebenen Forschung kommt es weniger auf den laufenden Bedarf an Finanzmitteln an als auf die staatlichen Mittel, die für den Ausbau (und damit für die Einrichtung) oder Neubau der großen wissenschaftlichen Institute zur Verfügung gestellt werden oder verweigert werden. Hier werden die Akzente gesetzt; hier wird darüber entschieden, ob der Atomforschung der Vorrang eingeräumt wird (bei Zurverfügungstellung entsprechender Reaktoren) oder der Kulturpflanzen-Züchtung (bei Zurverfügungstellung des entsprechenden Geländes und der entsprechenden Institute). Es ist weitgehend illusorisch, wenn Köttgen 1954 schreibt: „Welchen Gegenständen sich Forschung und Lehre allerdings im Einzelfall zuwenden, bleibt insbesondere insoweit wissenschaftlicher Autonomie überlassen, als hier keinerlei staatliche Verbotstafeln errichtet werden dürfen[55].“ Das mochte richtig sein, als Otto Hahn und Lise Meitner an einem einfachen Labortisch Forschungsergebnisse erzielten, die praktisch ein neues Zeitalter einleiteten; es ist falsch in einer Zeit, in der naturwissenschaftliche Forschung von

[53] BVerfGE v. 16. 1. 1963, Bd. 15, S. 256 (264).

[54] Abgedr. bei Müsebeck, Das preußische Kultusministerium vor 100 Jahren, S. 277.

[55] *Köttgen*, Die Freiheit der Wissenschaft und die Selbstverwaltung der Universität in: Die Grundrechte, Bd. II, S. 305.

einer Vielzahl komplizierter und aufwendiger Apparaturen abhängig ist, die der Staat zur Verfügung stellen muß[56]. Da der Staat wiederum nicht über unbegrenzte Mittel im Kulturetat verfügt, ist er gezwungen, Prioritäten zu setzen. Diese Prioritäten bestimmen den Bereich, in dem sich die Freiheit von Wissenschaft und Forschung an den einzelnen Hochschulen ereignen kann.

Da die technischen Einrichtungen der Institute bzw. die Existenz oder Nicht-Existenz bestimmter Institute mit der dazugehörigen Apparatur nicht nur den indifferenten äußeren Rahmen für die wissenschaftliche Forschung darstellt, sondern durch die Spezialisierung der heutigen technischen Einrichtungen auch den Inhalt und die Zielrichtung der Forschung zumindest mitbestimmt, wird durch die Abhängigkeit der wissenschaftlichen Hochschulen von staatlichen Mitteln ein Ausmaß von staatlicher Bestimmung der Forschungsinhalte erreicht, das im Hinblick auf Art. 5 Abs. 3 GG nicht unproblematisch erscheint. Zumindest ist es geboten, die Abgrenzungen von Wissenschaftsfreiheit und staatlicher Einflußnahme neu zu überdenken. Dabei darf nicht hindern, daß eine massive Einflußnahme des Staates auf die Bestimmung der Forschungsinhalte sicherlich nicht in jeder Disziplin möglich ist, sondern vorrangig in den naturwissenschaftlichen Bereichen, die von der Zurverfügungstellung von Spezialeinrichtungen abhängig sind. Die Schaffung von Gesetzen wie auch ihre Auslegung hat stets die Grenzfälle, die meistens die Einfallstore der Illegalität sind, in ihre Betrachtung mit einzubeziehen.

Es ist nicht nur von der oben konstatierten Tatsache auszugehen, daß bei der heutigen technischen Entwicklung die Bestimmung, für welche Zwecke staatliche Mittel zur Verfügung gestellt werden, gleichzeitig eine Mitbestimmung der Forschungsinhalte ist. Es ergibt sich außerdem aus der zunehmenden Spezialisierung der Wissenschaften, daß zum sachgerechten Einsatz staatlicher Mittel die intime Kenntnis des jeweiligen Wissenschaftsbereichs und seiner Entwicklungsmöglichkeiten gehört[57]. Das wird heute bei der staatlichen Förderung der wis-

---

[56] *Becker-Kluge*, Kulturpolitik und Ausgabenkontrolle, S. 103: „Es ist heute nicht mehr möglich, der Universität einfach unbewohnte Schlösser zur Verfügung zu stellen, wie es noch bei den preußischen Universitätsgründungen des 19. Jahrhunderts möglich war.“ Im Bundesbericht Forschung I (Januar 1965), S. 7 heißt es: „Die zunehmende Spezialisierung, die immer zahlreicheren wissenschaftlichen Informationen und Daten und der dadurch bedingte höhere personelle Bedarf und apparative Aufwand haben in den letzten Jahrzehnten die Organisationsformen der Forschungsarbeit gewandelt. Der einzelne Forscher ist in allen Disziplinen auf Zusammenarbeit und auf Unterstützung durch Hilfskräfte und wissenschaftliche Geräte aller Art angewiesen ...“

[57] Vgl. *Becker-Kluge*, Kulturpolitik und Ausgabenkontrolle, S. 73; „Ähnlich können in Fragen der Finanzierung nur Instanzen innerhalb des Bereichs der Wissenschaft übersehen, wo die Schwerpunkte der Finanzierung liegen müssen.“

senschaftlichen Hochschulen insofern berücksichtigt, als gem. § 9 Abs. 3 des Hochschulbauförderungsgesetzes[58] die Empfehlungen des Wissenschaftsrates Beratungsgrundlage des Planungsausschusses sind. Es sei in diesem Zusammenhang noch einmal an die Personalstruktur des Wissenschaftsrates erinnert. Er setzt sich aus 39 Mitglieder zusammen, von denen 17 Mitglieder Regierungsvertreter von Bund und Ländern sind, während 22 Mitglieder „Wissenschaftler oder anerkannte Persönlichkeiten des öffentlichen Lebens sind oder durch ihre dienstliche oder Berufstätigkeit der Wissenschaft und ihrer Förderung nahestehen“[59]. Durch diese personelle Zusammensetzung des Wissenschaftsrates ist es möglich und gem. Art. 6 des Verwaltungsabkommens über den Wissenschaftsrat sogar ausdrücklich festgesetzt, daß die Empfehlungen der Vollversammlung des Wissenschaftsrates von den Vertretern der Wissenschaft in der wissenschaftlichen Kommission unter fachlichen und wissenschaftlichen Gesichtspunkten und von den Regierungsvertretern in der Verwaltungskommission unter verwaltungsmäßigen und finanziellen Gesichtspunkten vorbereitet werden. Es wurde bei der Prüfung der Verfassungsmäßigkeit des Wissenschaftsrates dargelegt, daß die Empfehlungen des Wissenschaftsrates zwar keine bindende Wirkung für die parlamentarische Willensbildung haben, daß sie aber faktisch die Regierungsentscheidungen hinsichtlich der Förderung der wissenschaftlichen Forschung bestimmen. Das durch Art. 5 Abs. 3 GG garantierte Selbstbestimmungsrecht der Wissenschaftler wird damit in gleichsam verschleierter Form berücksichtigt: Im Wissenschaftsrat, d. h. im außerparlamentarischen Bereich, haben die Vertreter der Wissenschaft ein echtes Mitbestimmungsrecht, das mittelbar im parlamentarischen Bereich Wirksamkeit erlangt, weil die Empfehlungen des Wissenschaftsrates Grundlage der staatlichen Forschungsförderung sind. Es ereignet sich damit eine Legitimation der außerparlamentarischen Repräsentation gesellschaftlicher Kräfte, zu denen heute die Wissenschaft in besonderem Maße gehört, die in dieser Form überflüssig wäre, wenn eine rechtliche Möglichkeit bestünde, Vertretern der Wissenschaft ein echtes Mitbestimmungsrecht in staatlichen Gremien einzuräumen, in denen Regierungsentscheidungen über den Bereich der Wissenschaft und Forschung gefällt werden. Ein Mitbestimmungsrecht von Wissenschaftlern im Bereich von Wissenschaft und Forschung könnte nur aus Art. 5 Abs. 3 GG abgeleitet werden.

Wie das Bundesverfassungsgericht in seiner Entscheidung vom 16. 1. 1953[60] ausgeführt hat, wird die an den wissenschaftlichen Hochschulen

---

[58] Vgl. Anhang 6.
[59] Art. 4 des Verwaltungsabkommens zwischen Bund und Ländern über die Errichtung eines Wissenschaftsrates vom 5. 9. 1957.
[60] BVerfGE, Bd. 15, S. 256 (264).

betriebene Forschung und Lehre in dem Ausmaß durch Art. 5 Abs. 3 Satz 1 GG geschützt, das „sich im Laufe der geschichtlichen Entwicklung in den einzelnen Ländern als unerläßlich für eine freie Betätigung der Universitäten" herausgebildet hat. Kennzeichnend für die derzeitige Situation von Wissenschaft und Forschung im Gesamtstaat ist die Abhängigkeit des Staates von den Erkenntnissen der wissenschaftlichen Forschung und die Abhängigkeit der wissenschaftlichen Forschung von den Finanzmitteln des Staates[61]. Daß der Staat nicht Milliardenbeträge für die wissenschaftliche Forschung zur Verfügung stellen kann, ohne Einfluß auf eine Verwendung zu nehmen, die dem Staat für seine Gesamtentwicklung vorrangig erscheint, ergibt sich aus der verfassungsmäßig festgelegten Verantwortung der staatlichen Organe. Ob die an den wissenschaftlichen Hochschulen tätigen Wissenschaftler[62] bei der Zweckbestimmung staatlicher Gelder im Bereich der Hochschule ein Mitwirkungsrecht haben, hängt davon ab, ob aus Art. 5 Abs. 3 GG insoweit Organisationsprinzipien ableitbar sind[63]. Das wäre der Fall, wenn die Mitwirkung von Wissenschaftlern in staatlichen Gremien unerläßlich für die Wahrung des durch Art. 5 Abs. 3 GG garantierten Freiheitsbereiches wäre. Art. 5 Abs. 1 Satz 1 GG gewährt vorrangig ein Abwehrrecht gegen jegliche Fremdbestimmung von wissenschaftlicher Forschung und Lehre[64]. Dagegen ist ein Leistungsanspruch auf Gewährung staatlicher Mittel zur Verwirklichung der individuellen Wissenschafts-, Forschungs- und Lehrfreiheit aus Art. 5 Abs. 3 Satz 1 GG nicht herleitbar. Das ist für die Fragestellung, inwieweit ein Mitbestimmungsrecht der an den wissenschaftlichen Hochschulen tätigen Wissenschaftler für die Zweckbestimmung staatlicher Mittel besteht aber insofern unerheblich, als es hier allein um die rechtlichen Folgerungen aus der Tatsache geht, *daß* der Staat die Sachmittel für die wissenschaftliche Forschung und Lehre der an den Hochschulen tätigen Wissenschaftler bereitstellt oder verweigert. Dieser Sachverhalt wird in der Literatur zwar als Einengung der Wissenschaftsfreiheit charakterisiert[65]; rechtliche Konsequenzen werden daraus nicht gezogen. Offenbar bleibt bei der rechtlichen Betrachtung unberücksichtigt, daß z. B. in der Einsetzung oder Verweigerung bestimmter Haus-

---

[61] Vgl. dazu die Ausführungen im Bundesbericht Forschung I, Stand: Januar 1965, S. 7.

[62] Es muß in diesem Rahmen dahingestellt bleiben, welche an den wissenschaftlichen Hochschulen tätigen Gruppen im einzelnen als an der wissenschaftlichen Forschung und Lehre beteiligt anzusehen sind.

[63] Vgl. dazu Fernsehurteil, BVerfGE, Bd. 12, S. 205 (262/263).

[64] Vgl. *Geck*, Die Stellung der Studenten in der Universität, VVDStRL 27, S. 143 (161).

[65] Vgl. aus der neueren Literatur vor allem *Geck*, Die Stellung der Studenten in der Universität, VVDStRL 27, S. 143 (161/162).

haltsmittel für die Reaktorentwicklung in Kernforschungsanlagen[66], in der Ausweisung von Mitteln für Projekte der Weltraumkunde[67], in der Bewilligung der Mittel für Großrechenanlagen, die oft von der Anschaffung eines ganz bestimmten Computertyps abhängig gemacht werden, was den Zwang zur vollständigen Umprogrammierung und neuen Erprobung der in den Hochschulinstituten bereits vorhandenen Programme bedeutet, — daß in alledem nicht nur eine Einengung der Wissenschaftsfreiheit, sondern eine Lenkung der wissenschaftlichen Forschung zu sehen ist. Gerade wenn die jüngsten Diskussionen um Inhalt und Reichweite des durch Art. 5 Abs. 3 Satz 1 GG gewährten Freiheitsbereichs in Betracht gezogen werden[68], muß konstatiert werden, daß die — um mit Geck zu sprechen — „freiheitseinschränkende Fremdbestimmung" nicht mehr auf das „unbedingt Notwendige" begrenzt ist. Staatliche Organe bestimmen den Bereich, in dem Wissenschafts- und Lehrfreiheit verwirklicht werden kann. Das durch Art. 5 Abs. 3 GG gewährte Grundrecht bleibt gleichsam in einem eng begrenzten gesellschaftlichen Raum, ohne in den Gesamtbereich staatlichen Handelns hinüberzuwirken. Gegen eine derartige Begrenzung von Grundrechtsfunktionen hat sich vor allem Luhmann gewandt, der feststellt[69]: „Die Garantie von Freiheiten ist nichts anderes als eine Garantie von Kommunikationschancen." Dieser Wertung der Grundrechte entspricht das Fernsehurteil des Bundesverfassungsgerichts[70], in dem betont wird, daß die Veranstaltung von Rundfunkdarbietungen so organisiert werden muß, daß „alle in Betracht kommenden Kräfte in ihren Organen Einfluß haben und im Gesamtprogramm zu Wort kommen können ...". Diese Interpretation von Art. 5 GG als organisationsrechtliche Norm muß in den Freiheitsbereich der an den wissenschaftlichen Hochschulen tätigen Wissenschaftler übernommen werden, weil in diesem Bereich einer der Gefahrenpunkte liegt, „in denen das politische System dazu tendiert, über eine spezifische Funktion der Herstellung verbindlicher Entscheidungen hinauszugreifen und sie unter politischen Gesichtspunkten ... zu integrieren"[71]. Die Festlegung von Haushaltsmitteln allein unter politischen Gesichtspunkten widerspricht bei dem derzeitigen Grad der Abhängigkeit wissenschaftlicher Forschung und

---

[66] Vgl. z. B. den Bundeshaushalt für das Rechnungsjahr 1968, Einzelplan 3103 A — 970.

[67] Vgl. den Bundeshaushaltsplan für das Rechnungsjahr 1968, Einzelplan 3104 — 650.

[68] Insbes. die Referate von Rupp und Geck auf der Bochumer Tagung der Deutschen Staatsrechtslehrer im Oktober 1968 über die Stellung der Studenten in der Universität und die anschließende Diskussion, VVDStRL 27, vgl. vor allem *Rupp*, S. 127; *Geck*, S. 164/165; Diskussionsbeitrag *Vogel*, S. 201; Diskussionsbeitrag *Weber*, S. 215.

[69] *Luhmann*, Grundrechte als Institution, Berlin 1965, S. 23.

[70] BVerfGE, Bd. 12, S. 205 (262/263).

[71] *Luhmann*, Grundrechte als Institution, S. 97.

Lehre von staatlichen Mitteln Art. 5 Abs. 3 GG, der unzweifelhaft der Wissenschaft und Forschung einen Bereich einräumt, der der unbegrenzten staatlichen Verfügung entzogen sein soll. Es liegt insofern eine echte Kompetenzbegrenzung der staatlichen Organe vor[72], die sich nur in der Weise realisieren kann, daß das ausschließliche Bestimmungsrecht des Staates hinsichtlich der mit staatlichen Mitteln zu fördernden Forschungsprojekte eingeschränkt wird durch ein Mitbestimmungsrecht der an den wissenschaftlichen Hochschulen tätigen Wissenschaftler. Art. 5 Abs. 3 Satz 1 GG gewährt daher bei einer Auslegung, die das gegenwärtige Spannungsverhältnis von Wissenschaft und Staat berücksichtigt, nicht nur ein Abwehrrecht, sondern ein echtes Teilhaberecht.

Dieses Teilhaberecht der an den wissenschaftlichen Hochschulen tätigen Wissenschaftler wird allerdings dadurch modifiziert, daß die wissenschaftlichen Hochschulen Körperschaften des öffentlichen Rechts, d. h. mitgliedschaftlich organisierte Verbände sind. Aus der Eingliederung der Wissenschaftler in die Hochschulkorporation folgt, daß der einzelne Wissenschaftler, soweit er wissenschaftliche Forschung an der Hochschule betreibt, nur in dem Bereich tätig werden kann, den ihm die wissenschaftliche Hochschule an Sach- und Personalmitteln zur Verfügung zu stellen in der Lage ist. Der einzelne Wissenschaftler wird insoweit durch die hochschuleigenen Organe vertreten, die für die Gesamtheit der Mitglieder der Hochschulkorporation handeln, d. h. u. a. dem Staat gegenüber die Ansprüche anmelden[73], deren Verwirklichungsgrad das Ausmaß der Betätigung in der wissenschaftlichen Forschung entscheidend mitbestimmen. Das bedeutet, daß nicht jeder einzelne an der Hochschule tätige Wissenschaftler sein aus Art. 5 Abs. 3 Satz 1 GG abgeleitetes Mitbestimmungsrecht bei der staatlichen Forschungsförderung geltend machen kann; das Teilhaberecht jedes Wissenschaftlers wird vielmehr durch ein Hochschulorgan repräsentiert.

Da es jedoch technisch unmöglich erscheint, daß in einem Beschlußorgan von Bund, Ländern und Wissenschaftlern die Wissenschaftler durch Organe jeder einzelnen wissenschaftlichen Hochschule vertreten werden, wären in einem noch zu regelnden Wahlverfahren die Vertreter der wissenschaftlichen Hochschulen zu wählen, die bei der staatlichen Bestimmung der Prioritäten in der Forschungsförderung die fachlichen Gesichtspunkte geltend zu machen hätten[74]. Dadurch würde zwar nicht die individuelle Wissenschaftsfreiheit eines jeden an der

---

[72] Vgl. dazu BVerwGE, Bd. 22, S. 299 (310/311).

[73] Vgl. z. B. die in § 14, Abs. 2, Ziff. 1 u. § 22, Abs. 2 getroffene Regelung im Hessischen Hochschulgesetz vom 16. 5. 1966, GVBl., S. 121.

[74] Die gewählten Wissenschaftler müßten jeweils eine der Grunddisziplinen vertreten, so daß in dem im Hochschulbauförderungsgesetz vorgesehenen Planungsausschuß die entscheidenden Fachrichtungen geltend gemacht werden.

Hochschule tätigen Wissenschaftlers gewahrt, was, solange Forschungen von Fremdfinanzierungen abhängig sind, ohnehin nie in vollem Maße möglich ist —, es würde jedoch erreicht, daß die wissenschaftlichen Hochschulen autonom eine Güterabwägung unter den förderungswürdigen Forschungsprojekten treffen und die entsprechenden Entscheidungen bei der staatlichen Festsetzung der Prioritäten in der Forschungsförderung zur Geltung bringen könnten.

Die Annahme eines derartigen Mitbestimmungsrechts der Wissenschaft ist die einzig denkbare Lösung, die eine gem. Art. 5 Abs. 3 GG unzulässige Lenkung der Wissenschaft und Forschung soweit wie möglich zu vermeiden versucht, andererseits aber die Regierungsverantwortung in dem Maße berücksichtigt, als sie nach der Verfassung besteht, d. h. mit der Begrenzung, die Art. 5 Abs. 3 GG für die staatliche Gewalt darstellt. Die sich aus dieser Interpretation der Wissenschaftsfreiheit ergebende Kooperation von Staat und Wissenschaft wird zudem dem strukturellen Wandel, der sich durch die wachsende Technisierung der Wissenschaften ereignet hat, nicht nur dadurch gerecht, daß sie einer staatlichen Verfügung über den Wissenschaftsbereich Einhalt gebiet, sie legt auch die Position der Wissenschaft im staatlichen Gefüge, die sich in der Verfassungswirklichkeit nicht nur im Wissenschaftsrat, sondern in einer Vielzahl wissenschaftlicher Beiräte manifestiert, offen und ordnet sie in das Verfassungssystem ein[75]. Daß das hier entwickelte Mitbestimmungsrecht der Wissenschaftler bei der staatlichen Forschungsförderung nicht nur den an den wissenschaftlichen Hochschulen tätigen Wissenschaftlern, sondern den Wissenschaftlern jeder vom Staat finanzierten Forschungseinrichtung zusteht, ergibt sich unmittelbar aus Art. 5 Abs. 3 GG.

Bei einem Modell für ein zentrales Gremium, das über alle vorrangig zu fördernden Forschungseinrichtungen in der Bundesrepublik und den dafür aufzuwendenden Finanzbedarf zu beschließen hätte, ist daher nicht nur von einer sich aus der Zuständigkeitsverteilung des Grundgesetzes ergebenden Gemeinschaftsaufgabe von Bund und Ländern auszugehen, sondern von einer Mitverantwortung der Regierungsvertreter von Bund und Ländern *und* von Vertretern der an den zu fördernden Institutionen tätigen Wissenschaftler, die gemäß einem noch zu bestimmenden Wahlverfahren zu entsenden wären. In welchem Rahmen ein Zusammenwirken von Bund, Ländern

---

[75] Vgl. zu diesem Fragenkreis das Bergedorfer Gespräch zum Thema „Wissenschaftliche Experten und politische Praxis — das Problem der Zusammenarbeit in der heutigen Demokratie" vom 18. Juli 1966, Bergedorfer Gespräche zu Fragen der freien, industriellen Gesellschaft, Protokoll Nr. 23, insbes. S. 29 ff. und S. 38; für eine staatlich-universitär gemischte Verwaltungsinstitution zur Entscheidung über Hochschulfinanzen vgl. auch *Gerber*, DUZ 1954, S. 6 (9).

und Wissenschaftlern verfassungsrechtlich zulässig ist, ist zu untersuchen.

Nach den bisherigen Erörterungen müßten bei einem gemeinschaftlichen Gremium folgende Voraussetzungen vorliegen:

1. Es müßte sich entsprechend der grundgesetzlichen Aufgabenverantwortung aus Vertretern von Bund, Ländern und von in den zu fördernden Institutionen tätigen Wissenschaftlern zusammensetzen.
2. Die von dem Gremium hinsichtlich der Bestimmung der zu fördernden Projekte gefaßten Beschlüsse müßten Verbindlichkeit für Bund und Länder erlangen, da es ihre Funktion sein muß, Einzelentscheidungen von Bund und Ländern durch eine gemeinschaftliche Entscheidung zu ersetzen.

Für die Struktur und den Verfahrensmodus des Gremiums — es sei im folgenden seiner Aufgabe entsprechend Planungsausschuß genannt — ergibt sich folgendes:

Jedes Land müßte einen stimmberechtigten Vertreter entsenden, weil bei der Bestimmung der zu fördernden Forschungseinrichtungen und der Festsetzung der aufzubringenden Finanzmittel nicht nur die faktischen, sondern auch die rechtlichen Interessen eines jeden Bundeslandes unmittelbar berührt werden. Den 11 Vertretern der Länder müßten die Vertreter des Bundes gleichberechtigt gegenüberstehen. Das bedeutet nicht, daß der Bund gleichfalls 11 Vertreter in einen Planungsausschuß entsenden müßte. Die Vertreter des Bundes können ihre Stimmen ohnehin nur einheitlich abgeben, weil sie „die Bundesregierung" vertreten, der nach außen nur eine einheitliche Willensabgabe möglich ist. Unter diesen Umständen bietet sich hinsichtlich der Zahl der Vertreter des Bundes die Verwaltungskommission des Wissenschaftsrates als Modell an, die gem. Art. 5 Ziff. 3, Art. 4 Ziff. 3 des Verwaltungsabkommens zwischen Bund und Ländern über die Errichtung eines Wissenschaftsrates vom 5. September 1957 aus 17 Mitgliedern besteht, von denen die Bundesregierung sechs Mitglieder, die Landesregierungen je ein Mitglied entsenden. Gem. Art. 7 Ziff. 3 des Verwaltungsabkommens haben die Vertreter des Bundes insgesamt 11 Stimmen, die — wie bereits betont wurde — nur einheitlich abgegeben werden können. Mit dieser Lösung wird einmal erreicht, daß Bund und Länder jeweils die gleiche Stimmenzahl haben, andererseits wird eine zu große Mitgliederzahl in der Verwaltungskommission ohne sachlichen Nachteil vermieden, da davon auszugehen ist, daß sechs Vertreter des Bundes, die überdies eine besondere fachliche Zuständigkeit hätten, die Sachargumente des Bundes genauso vertreten und diskutieren können wie 11 Vertreter.

Für die Mitgliederzahl der Vertreter der Wissenschaft in einem Planungsausschuß folgt aus der Verfassung keine feste Größe. Aus Art. 5 Abs. 3 GG ergibt sich lediglich, daß Vertretern der Wissenschaft eine aktive Mitverantwortung, d. h. ein Mitbestimmungsrecht bei der staatlichen Forschungsförderung zusteht; jede Forschungseinrichtung, die vom Staat finanziert wird, wie z. B. die wissenschaftlichen Hochschulen oder die Max-Planck-Gesellschaft, müßte in einem Planungsausschuß vertreten sein, was nicht besagt, daß jede Forschungseinrichtung durch institutseigene Vertreter repräsentiert werden muß. Es wäre durchaus angängig, den Vertretern von Bund und Ländern die gleiche Zahl von Vertretern der Wissenschaft gegenüberzustellen oder auch eine geringere Zahl als hinreichend für die Wahrnehmung der Interessen der Wissenschaft anzusehen. Entscheidender Gesichtspunkt für die Zusammensetzung eines Planungsausschusses für die staatliche Forschungsförderung muß jedoch sein, daß bei der Beschlußfassung im Planungsausschuß die Sachverantwortung aller drei Gruppen, der Vertreter des Bundes, der Länder und der Wissenschaft, für den Bereich der wissenschaftlichen Forschung zur Geltung kommen muß: Da sich das Mitbestimmungsrecht von Bund und Ländern aus der Zuständigkeitsverteilung des Grundgesetzes ergibt und das Mitbestimmungsrecht der Vertreter der Wissenschaft unmittelbar aus Art. 5 Abs. 3 Satz 1 GG abgeleitet ist, darf keine der Gruppen bei der Beschlußfassung unberücksichtigt bleiben, weil sonst der verfassungsrechtlichen Situation nicht entsprochen würde. Eine zweckmäßige Lösung für die Beschlußfassung in einem Planungsausschuß wäre, insbesondere im Hinblick auf die Tatsache, daß Beschlußorgane nicht zu große Mitgliederzahlen haben sollten, dann gegeben, wenn den Vertretern der Wissenschaft gegenüber den Vertretern von Bund und Ländern eine Drittelparität zustünde. Es ergäbe sich dann hinsichtlich der Mitgliederzahl des Planungsausschusses und der Beschlußfassung folgendes:

Die Länder entsenden je einen Vertreter; der Bund sechs Vertreter, denen insgesamt 11 Stimmen zukommen; diesen staatlichen Repräsentanten stehen 11 Vertreter der Wissenschaft gegenüber. Im Vorsitz des Planungsausschusses wechseln sich, entsprechend der gleichberechtigten Aufgabenverantwortung, in jährlichem Wechsel ein Vertreter des Bundes, ein Vertreter der Länder und ein Vertreter der Wissenschaftler ab[76]. Die Beschlußfassung erfolgt, wie es auch in § 7

---

[76] In § 7 Abs. 1 des Gesetzes „über die Gemeinschaftsaufgaben Ausbau und Neubau von wissenschaftlichen Hochschulen“ (Hochschulbauförderungsgesetz — vgl. Anhang 6) ist für die Zusammensetzung eines Planungsausschusses folgendes bestimmt: „Für die gemeinsame Rahmenplanung bilden die Bundesregierung und die Regierungen der Länder einen Planungsausschuß. Ihm gehören der Bundesminster für wissenschaftliche Forschung als Vorsitzender,

Abs. 2 Hochschulbauförderungsgesetz vorgesehen ist, mit einer Mehrheit von zwei Dritteln der Stimmen.

Problematisch ist die Frage, inwieweit die Beschlüsse eines Planungsausschusses eine bindende Wirkung entfalten könnten. Daß eine im Planungsausschuß zwischen Bund, Ländern und Wissenschaftlern hinsichtlich der zu fördernden Forschungseinrichtungen und der aufzubringenden Finanzmittel zustandegekommene Einigung keine bindende Wirkung auf das Bundesparlament und die Landesparlamente ausüben kann, ergibt sich aus der Tatsache, daß die gesetzliche Feststellung des Haushaltsplanes in der Eigenverantwortung der Parlamente liegt, die durch einen Ausschuß der Exekutive nicht eingeschränkt werden kann. Andererseits widerspricht es den politischen Gegebenheiten, daß der Haushaltsausschuß bzw. das Parlament auf Kapitel und Titel des vom Kabinett festgestellten Haushaltsentwurfes verzichtet, wenn sie sich auf eine gesetzliche oder vertragliche Verpflichtung der Regierung beziehen. Entscheidend ist daher, ob die Exekutive durch Beschlüsse des Planungsausschusses verpflichtet werden kann, entsprechende Etatansätze in ihren Entwurf zum Haushaltsgesetz aufzunehmen. Eine derartige Verpflichtung ist unmittelbar aus dem Verfassungstext ableitbar:

Es wurde dargelegt, daß, falls der Bund ein Forschungsförderungsgesetz erlassen würde, infolge der Zuständigkeitsverteilung des Grundgesetzes im Bereich der wissenschaftlichen Forschung und der gem. Art. 5 Abs. 3 GG bestehenden Wissenschaftsfreiheit eine echte Gemeinschaftsaufgabe zwischen Bund, Ländern und Vertretern der Wissenschaft bestünde[77]. Die Ausübung der Kompetenz des Bundes hinsichtlich der Förderung wissenschaftlicher Forschungseinrichtungen wäre an die Ausübung der Kompetenz der Länder für den gleichen Bereich gebunden und umgekehrt; die Kompetenzen von Bund und Ländern wären wiederum durch die sich aus Art. 5 Abs. 3 GG erge-

---

der Bundesminister der Finanzen und ein Minister (Senator) jedes Landes an; eine Vertretung ist zulässig." Eine entsprechende Lösung ist in § 5 Abs. 1 eines Gegenentwurfs der Länder vorgeschlagen worden, der von einer Arbeitsgruppe des Hochschulausschusses erarbeitet wurde (Stand: 30. September 1968). Der Gegenentwurf der Länder geht von einem turnusmäßigen Wechsel des Ausschußvorsitzenden zwischen dem Bundesminister für wissenschaftliche Forschung und einem Ländervertreter aus, was bei einer Konzeption, die die Gruppe der Wissenschaftler nicht berücksichtigt, der verfassungsrechtlichen Aufgabenverantwortung entspricht, während das Hochschulbauförderungsgesetz dem Bundesvertreter einen Vorrang einräumt, der ihm rechtlich nicht zukommt.

[77] Wobei bereits oben, S. 142 darauf hingewiesen wurde, daß aufgrund eines Forschungsförderungsgesetzes eine echte Gemeinschaftsaufgabe nur zwischen dem Bund und jedem einzelnen Land bestünde, so daß für die Kompetenzabgrenzung zwischen den einzelnen Ländern eine — verfassungsrechtlich zulässige — Ländervereinbarung notwendig wäre.

bende Mitverantwortung der Wissenschaftler begrenzt. Durch eine derartige verfassungsmäßige Kompetenzbegrenzung würde auch die Exekutive gebunden, d. h. ihre politische Entscheidungsgewalt bestünde nur im Rahmen der von der Verfassung zugewiesenen Kompetenz. Das bedeutet, daß eine Verpflichtung der Exekutive von Bund und Ländern, das Ergebnis der in einem Planungsausschuß von Bund, Ländern und Wissenschaftlern erzielten Einigung in die Entwürfe der Haushaltspläne aufzunehmen, der verfassungsrechtlichen Situation entspräche, die bei Erlaß eines Forschungsförderungsgesetzes gegeben wäre. Das Bundesverfassungsgericht hat zwar in seiner Entscheidung vom 27. 4. 1959 „die selbständige politische Entscheidungsgewalt der Regierung, ihre Funktionsfähigkeit zur Erfüllung ihrer verfassungsmäßigen Aufgaben, ihre Sachverantwortung gegenüber Volk und Parlament“ als zwingende Gebote der demokratischen, rechtsstaatlichen Verfassung betont[78]. Es hat gleichzeitig auf die Entscheidung des Bayerischen Verfassungsgerichtshofes hingewiesen[79], in der es heißt, der Grundsatz der Rechtsstaatlichkeit verlange, „daß ein Staatsorgan, das eine Entscheidung zu treffen hat, dafür die Verantwortung trägt. Verantwortung kann nicht tragen, wer in seiner Entscheidung inhaltlich in vollem Umfang an die Willensentscheidung eines anderen gebunden ist“. Die notwendige Eigenverantwortung der Exekutive und ihre Entscheidungsgewalt innerhalb der ihr zustehenden Kompetenz bliebe jedoch auch dann erhalten, wenn sie an die von Bund, Ländern und Wissenschaftlern gefaßten Beschlüsse gebunden wäre. Die Mitglieder des Ausschusses, soweit sie Vertreter der Regierungen von Bund und Ländern wären, blieben gegenüber den Regierungen weisungsgebunden und ihnen in vollem Maße verantwortlich. Insoweit wäre ein Verstoß gegen das Prinzip des demokratischen Rechtsstaates im Sinne des Art. 28 Abs. 1 Satz 1 GG nicht gegeben[80]. Die Eigenverantwortung und Entscheidungsgewalt der Exekutive würde auch nicht dadurch beeinträchtigt, daß eine Bindung an Beschlüsse erfolgte, die durch Überstimmung des Vertreters der jeweiligen Regierung zustande kommen könnten. Erließe der Bund gem. Art. 74 Ziff. 13 GG ein Forschungsförderungsgesetz, so ergäbe sich, wie oben[81] ausgeführt wurde, eine echte Gemeinschaftsaufgabe von Bund und Ländern für die staatliche Forschungsförderung. Die Entscheidungsgewalt von Bund und Ländern wäre wiederum durch eine aus Art. 5 Abs. 3 Satz 1 GG abgeleitete Mitverantwortung der Wissenschaftler eingeschränkt. Damit läge eine sich *aus der Verfassung ergebende* Kompetenzbegrenzung für Bund und Länder vor, die eine Einschränkung der Befugnisse der Regierungs-

78 BVerfGE 9, S. 268 (281).
79 BayVfGH, n. F., Bd. 4, Teil II, S. 30 ff., 47.
80 Vgl. dazu BVerfGE 9, S. 268 (283/284).
81 Vgl. oben S. 140 ff.

vertreter dahingehend zur Folge hätte, daß sie in ihrer Willensbildung durch Funktionsträger begrenzt werden könnten, denen die Verfassung eine Mitverantwortung für den zu entscheidenden Aufgabenbereich zugewiesen hat[82]. Bund und Länder könnten daher über den Bereich der Forschungsförderung, soweit er durch ein Forschungsförderungsgesetz zur Gemeinschaftsaufgabe geworden wäre, nicht mehr allein entscheiden; sie wären an die Beschlüsse des gemeinsamen, aus Vertretern von Bund, Ländern und Wissenschaftlern bestehenden Planungsausschusses gebunden, so daß sich die Verpflichtung der Exekutive von Bund und Ländern ergäbe, die den Beschlüssen entsprechenden Etatansätze in die Haushaltsentwürfe aufzunehmen.

Es ergibt sich somit, daß Art. 74 Ziff. 13 GG die Möglichkeit eröffnet — und bereits seit Bestehen des Grundgesetzes eröffnet hat —, ein Forschungsförderungsgesetz zu erlassen, auf Grund dessen der Bund wissenschaftliche Forschungseinrichtungen fördern kann, und zwar in dem vom Gesetz bestimmten Umfang. Eine derartige Förderung wissenschaftlicher Forschungseinrichtungen stellte nach der Kompetenzordnung unserer Verfassung und bei Einordnung der gem. Art. 5 Abs. 3 GG gewährten Wissenschaftsfreiheit als Teilhaberecht eine Gemeinschaftsaufgabe von Bund, Ländern und der an den zu fördernden Forschungseinrichtungen tätigen Wissenschaftler dar.

C. Ergebnis der in Teil III vorgenommenen Untersuchungen

Als Ergebnis der im Teil III der Arbeit vorgenommenen Untersuchungen zeichnet sich folgendes ab:

1. Der Bund hat seit Bestehen des Grundgesetzes gem. Art. 74 Ziff. 13 GG eine konkurrierende Gesetzgebungskompetenz zum Erlaß eines Forschungsförderungsgesetzes, von der er bisher keinen Gebrauch gemacht hat. Er hat ferner seit der Änderung des Grundgesetzes durch das Finanzreformgesetz vom 12. Mai 1969 und durch das zweiundzwanzigste Gesetz zur Änderung des Grundgesetzes vom 12. Mai 1969 Kompetenzen für Teilbereiche der Forschungsförderung: Gem. Art. 75 Abs. 1 Ziff. 1 a GG für die allgemeinen Grundsätze des Hochschulwesens, die für die Effektivität der Forschung an den wissenschaftlichen Hochschulen von unmittelbarer Bedeutung sind; gem. Art. 91 a Abs. 1 Ziff. 1 a GG ein Mitwirkungsrecht an der Gemeinschaftsaufgabe „Ausbau und Neubau von wissenschaftlichen Hochschulen einschließlich der Hochschulkliniken"; gem. Art. 91 b Satz 1, 2. Halbsatz GG das Recht, auf Grund von Vereinbarungen mit den Ländern bei der Förderung

[82] Vgl. zur Zulässigkeit derartiger Kompetenzbegrenzungen: BVerwGE v. 5. 11. 1965; BVerwGE, Bd. 22, S. 299 (310/311).

von Einrichtungen und Vorhaben der wissenschaftlichen Forschung von überregionaler Bedeutung mitzuwirken. Da die durch die Grundgesetzänderung eingefügten Bundeskompetenzen, soweit sie die Forschungsförderung betreffen, von Art. 74 Ziff. 13 GG mit umfaßt werden, hätte eine Grundgesetzänderung in diesem Bereich durch Erlaß eines Forschungsförderungsgesetzes vermieden werden können. Eine Grundgesetzänderung war auch nicht erforderlich, um ein Zusammenwirken von Bund und Ländern, wie es in Art. 91 a und Art. 91 b GG vorgesehen ist, zu ermöglichen. Vielmehr ergäbe sich mit dem Erlaß eines Forschungsförderungsgesetzes des Bundes unmittelbar aus der Verfassung eine Gemeinschaftsaufgabe von Bund und Ländern. An dieser Gemeinschaftsaufgabe „Wissenschaftsförderung" wären gem. Art. 5 Abs. 3 Satz 1 GG Vertreter der an den von Bund und Ländern zu fördernden Institutionen zu beteiligen, was deshalb von besonderer Bedeutung ist, weil ohne die Sachkenntnis und die Sachnähe der Wissenschaftler keine Wissenschaftsförderung erreicht werden kann, die dem Stand wissenschaftlicher Erkenntnis real entspricht.

2. Wenngleich die Neu-Einfügung von Art. 75 Abs. 1 Ziff. 1 a, Art. 91 a Abs. 1 Ziff. 1 und Art. 91 b GG, soweit sich diese Artikel auf die Forschungsförderung beziehen, durch Erlaß eines Forschungsförderungsgesetzes gem. Art. 74 Ziff. 13 GG hätte vermieden werden können, hindert sie doch nicht daran, eine umfassende Mitwirkung des Bundes bei der Forschungsförderung dadurch zu ermöglichen, daß nunmehr die konkurrierende Gesetzgebungskompetenz des Bundes gem. Art. 74 Ziff. 13 GG ausgenutzt und ein Forschungsförderungsgesetz erlassen wird. Das Ausmaß einer zulässigen Mitwirkung des Bundes an der Wissenschaftsförderung bestimmt sich dabei nach dem Inhalt des Forschungsförderungsgesetzes, der die Mitwirkungsbefugnis des Bundes auf die Förderung bestimmter Forschungseinrichtungen beschränken oder generell eine Förderung aller wissenschaftlichen Forschungseinrichtungen unter noch näher zu bestimmenden Voraussetzungen zulassen kann.

3. Erläßt der Bund ein Forschungsförderungsgesetz gem. Art. 74 Ziff. 13 GG, so ist hinsichtlich der Finanzverantwortung des Bundes folgendes zu beachten: Würden im Forschungsförderungsgesetz als Förderungsmaßnahmen Geldleistungen gewährt, so käme grundsätzlich Art. 104 a Abs. 3 GG zur Anwendung. Das bedeutet, daß in dem Fall, in dem der Bund im Forschungsförderungsgesetz die Hälfte oder mehr als die Hälfte der Ausgaben für die Förderung einer Forschungseinrichtung übernähme, das Forschungsförderungsgesetz von den Ländern als Auftragsverwaltung durchzuführen wäre (Art. 104 a Abs. 3 Satz 2 GG). Die Durchführung eines Bundesgesetzes als Auftragsverwaltung hat — insbesondere im Hinblick auf Art. 85 Abs. 3 GG —

zur Folge, daß der Bund der bestimmende Partner bei der Wahrnehmung einer Aufgabe ist. Das widerspräche der oben[83] festgestellten Rechtslage, daß mit dem Erlaß eines Forschungsförderungsgesetzes des Bundes eine sich unmittelbar aus der Verfassung ergebende Gemeinschaftsaufgabe von Bund und Ländern vorliegt, für die Bund und Länder in gleichem Umfang die Verantwortung tragen. Da Art. 104 a Abs. 3 Satz 2 GG nur eine Kostentragungsnorm ist, vermag sie nicht die Zuordnung von Sachkompetenzen zu ändern. Die Anwendbarkeit von Art. 104 a Abs. 3 Satz 2 GG müßte daher für ein Forschungsförderungsgesetz des Bundes ausdrücklich ausgeschlossen werden[84]. Das Ausmaß der Kostentragungspflicht von Bund und Ländern bei der Gemeinschaftsaufgabe „Wissenschaftsförderung" bestimmt sich nach dem Ausmaß der Sachverantwortung, die der Bund in einem Forschungsförderungsgesetz übernähme.

---

83 Vgl. S. 140 f.

84 Durchaus folgerichtig sehen daher auch die gleichzeitig mit Art. 104 a GG in das Grundgesetz eingefügten Art. 91 a, Abs. 4, Satz 1 und 2 und Art. 91 b, Satz 2 GG für den Bereich der Gemeinschaftsaufgaben von Bund und Ländern spezielle Bestimmungen für die Kostentragung vor, schließen also die Regelung von Art. 104 a, Abs. 3, Satz 2 GG aus.

Anhang

Anhang 1

Staatsabkommen der Länder der Bundesrepublik Deutschland über die Finanzierung wissenschaftlicher Forschungseinrichtungen vom 24. 3. 1949 (Königsteiner Abkommen)

Die Länder der Bundesrepublik Deutschland betrachten die Förderung der wissenschaftlichen Forschung grundsätzlich als eine Aufgabe der Länder. Sie bejahen die Notwendigkeit, gemeinsam die materiellen Voraussetzungen zu schaffen, daß Wissenschaft und Forschung befähigt werden, einen wirksamen Beitrag zum kulturellen und wirtschaftlichen Wiederaufbau Deutschlands zu leisten. Die Gesamtheit der Länder hält sich daher verpflichtet, größere Forschungseinrichtungen von überregionaler Bedeutung durch Zuschüsse aus öffentlichen Mitteln finanziell sicherzustellen. Haushaltsmittel der Bundesrepublik Deutschland sind nur für Forschungseinrichtungen mit ausgesprochen behördlichem Charakter und mit einem Aufgabenbereich für die Gesamtheit der Länder in Anspruch zu nehmen oder für Zweckforschungseinrichtungen, die ausschließlich oder überwiegend im Dienst einer zentralen Verwaltung stehen. Reine Zweckforschungseinrichtungen sollen vorwiegend von den interessierten Kreisen finanziert werden.

Zwischen den Ländern Baden, Bayern, Hessen, Niedersachsen, Nordrhein-Westfalen, Rheinland-Pfalz, Schleswig-Holstein, Württemberg-Baden, Württemberg- Hohenzollern, vertreten durch ihre Ministerpräsidenten, der Hansestadt Hamburg, vertreten durch den Senat, und der Freien Hansestadt Bremen, vertreten durch den Präsidenten des Senats, wird deshalb das folgende Abkommen geschlossen:

Artikel 1

(1) Die Vertragschließenden verpflichten sich, für deutsche wissenschaftliche Forschungseinrichtungen, deren Aufgaben und Bedeutung über den allgemeinen Wirkungsbereich eines einzelnen Landes hinausgehen und deren Zuschußbedarf die finanzielle Leistungskraft eines einzelnen Landes übersteigt, die zur Erfüllung der Forschungsaufgaben erforderlichen Mittel nach den Bestimmungen dieses Abkommens gemeinsam aufzubringen.

(2) Als solche Forschungseinrichtungen werden zunächst die in der Anlage zu diesem Abkommen aufgeführten Einrichtungen anerkannt.

Artikel 2

Die Vertragschließenden gehen davon aus, daß die von den Ländern gemeinsam zu finanzierenden Forschungseinrichtungen nicht gleichzeitig Zuschüsse aus dem Haushalt der Bundesrepublik erhalten, um die für Forschungszwecke verfügbaren öffentlichen Mittel wirtschaftlich zu verwenden und die Haushaltsklarheit zu wahren. Ausgenommen ist der Ersatz von Kosten für Sonderforschungsaufträge, die zentrale Stellen im Rahmen ihrer Zuständigkeit diesen Forschungseinrichtungen erteilen.

Artikel 3

(1) Die wissenschaftliche Forschung ist frei, soweit sie sich im Rahmen der Gesetze hält.

(2) Damit die verfügbaren öffentlichen Mittel wirtschaftlich verwendet werden, ist zu vermeiden, daß Forschungseinrichtungen sich mit gleichen Aufgabengebieten befassen, sofern nicht sachlich gerechtfertigte Gründe dies erforderlich machen. Dies ist laufend zu überprüfen.

Artikel 4

Die Vertragschließenden sind darüber einig, daß den Ländern im Senat der Max-Planck-Gesellschaft eine angemessene Vertretung einzuräumen ist.

Artikel 5

Die Vertragschließenden stellen jährlich den Gesamtbedarf der gemeinsam aufzubringenden Mittel fest. Sie können die Bereitstellung dieser Mittel davon abhängig machen, daß die Länder, in denen die Forschungseinrichtungen ihren Sitz haben, einen angemessenen Teil des Zuschusses dieser Einrichtungen selbst decken.

Artikel 6

Der Gesamtbetrag der gemeinsam aufzubringenden Mittel wird auf die einzelnen Länder zu zwei Dritteln nach dem Verhältnis ihrer Steuereinnahmen und zu einem Drittel nach dem Verhältnis ihrer Bevölkerungszahl umgelegt. Die Steuereinnahmen erhöhen oder vermindern sich um die Beträge, welche die Länder im Rahmen eines allgemeinen Finanzausgleichs von anderen Ländern erhalten oder an andere Länder abführen.

Artikel 7

Das Abkommen wird zunächst auf fünf Jahre abgeschlossen; es tritt mit Wirkung vom 1. April 1949 in Kraft.

Artikel 8

Die von den Vertragschließenden ausgefertigten Ratifikationsurkunden werden bei dem Hessischen Ministerium für Erziehung und Volksbildung als vorläufige Geschäftsstelle hinterlegt.

Durchführungsbestimmungen zum Staatsabkommen der Länder der Bundesrepublik Deutschland über die Finanzierung wissenschaftlicher Forschungseinrichtungen

Die Vertragschließenden vereinbaren zur Durchführung des Staatsabkommens über die Finanzierung wissenschaftlicher Forschungseinrichtungen das Folgende:

§ 1

Die Kultusminister und die Finanzminister der Länder treffen gemeinsam die zur Durchführung des Staatsabkommens erforderlichen Anordnungen und Entscheidungen. Die Beschlüsse werden mit Zweidrittel-Mehrheit gefaßt.

§ 2

Die Kultus und Finanzminister bestimmen alljährlich, in welchem Umfange die wissenschaftlichen Forschungseinrichtungen unterstützt werden, und ob das Staatsabkommen auf weitere wissenschaftliche Forschungseinrichtungen Anwendung finden soll.

§ 3

Die verwaltungsmäßige Zuständigkeit und die haushaltsrechtliche Verantwortung des Landes, in dem die wissenschaftliche Forschungseinrichtung ihren Sitz hat, werden durch die Bestimmungen des Staatsabkommens nicht berührt.

§ 4

(1) Zur Vorbereitung der von den Kultusministern und den Finanzministern zu treffenden Entscheidungen wird ein Verwaltungsausschuß gebildet, der aus je einem Vertreter des Kultusministeriums und des Finanzministeriums jedes Landes besteht.

(2) Die Beschlüsse des Verwaltungsausschusses werden mit Zweidrittel-Mehrheit gefaßt.

(3) Die laufenden Geschäfte des Verwaltungsausschusses werden von einer Geschäftsstelle geführt, deren Kosten nach den Bestimmungen dieses Abkommens von den Ländern gemeinsam getragen werden.

§ 5

(1) Der Verwaltungsausschuß hat insbesondere folgende Aufgaben:

a) den Entwurf des jährlichen Gesamthaushaltsplanes aufzustellen und die von den Forschungseinrichtungen vorgelegten Rechnungen zu prüfen;

b) die Vorschläge zur Erweiterung, Einschränkung oder Ausschaltung von Forschungseinrichtungen oder zur Übernahme neuer Forschungseinrichtungen auszuarbeiten;

c) Maßnahmen zu beraten und vorzuschlagen, um das wissenschaftliche Forschungswesen zu rationalisieren und wirtschaftlich zu gestalten.

(2) Der Verwaltungsausschuß kann zur Durchführung seiner Aufgaben Unterausschüsse einsetzen oder Sachverständige hinzuziehen.

§ 6

Die laufenden Geschäfte des Verwaltungsausschusses werden bis zur Einrichtung einer Geschäftsstelle (§ 4 Absatz 3) vom Kultusministerium des Landes Hessen geführt.

§ 7

Das Finanzministerium des Landes Hessen regelt bis auf weiteres den Überweisungsverkehr unter den Ländern.

§ 8

Für die zur Max-Planck-Gesellschaft gehörenden Forschungseinrichtungen gelten folgende Bestimmungen:

a) die vertragschließenden Länder müssen im Senat der Max-Planck- Gesellschaft angemessen vertreten sein;

b) die Forschungseinrichtungen der Max-Planck-Gesellschaft werden nur dann berücksichtigt, wenn sie als förderungswürdig anerkannt werden;

c) damit die Unabhängigkeit der Forschungstätigkeit gewährleistet bleibt, sollen die nach Überprüfung der Haushaltsanforderungen bewilligten Zuschußbeträge den einzelnen Forschungseinrichtungen ohne haushaltsmäßigen Einzelnachweis gewährt werden.

Staatsabkommen der Länder der Bundesrepublik Deutschland betr. die Verlängerung des Staatsabkommens über die Finanzierung wissenschaftlicher Forschungseinrichtungen

Die Länder Baden-Württemberg, Bayern, Berlin, Hessen, Niedersachsen, Nordrhein-Westfalen, Rheinland-Pfalz, Schleswig-Holstein, die Freie Hansestadt Bremen und die Freie Hansestadt Hamburg schließen folgendes Abkommen:

Artikel 1

Das am 30./31. März 1949 abgeschlossene Staatsabkommen der Länder der Bundesrepublik Deutschland über die Finanzierung wissenschaftlicher Forschungseinrichtungen einschließlich der hierzu vereinbarten Durchführungsbestimmungen wird mit Wirkung vom 1. April 1954 um fünf Jahre mit folgender Maßgabe verlängert:

1. Als Forschungseinrichtungen nach Artikel 1 des Staatsabkommens werden die in der anliegenden Übersicht nach dem Stande vom 1. April 1953 aufgeführten Einrichtungen anerkannt. Die Kündigungsfrist für das Ausscheiden einer Forschungseinrichtung aus dieser Übersicht beträgt ein Jahr.
2. Die vom Bund und den Ländern gemeinsam finanzierte Deutsche Forschungsgemeinschaft gilt als Forschungseinrichtung im Sinne dieses Abkommens.
3. In das Staatsabkommen sollen nur solche Forschungseinrichtungen aufgenommen werden, die sich in ihrer wissenschaftlichen Forschungsarbeit bereits bewährt haben.
4. Aus dem Staatsabkommen sollen grundsätzlich keine einmaligen Ausgaben, insbesondere Bauausgaben, geleistet werden. Dies gilt nicht für die zur Max-Planck-Gesellschaft gehörenden Forschungseinrichtungen.
5. Gem. Art. 5 des Staatsabkommens werden folgende Interessenquoten bestimmt:

   a) Für Forschungsinstitute der Max-Planck-Gesellschaft .... 12,5 %

   b) für Länderinstitute — außer Bibliotheken und Museen .... 25 %

   c) für Bibliotheken .... 30 %

   d) für Museen .... 30 %

   Für die Deutsche Forschungsgemeinschaft, die Generalverwaltung und die Auslandsinstitute der Max-Planck-Gesellschaft wird keine Interessenquote berechnet.
6. Als Steuereinnahmen im Sinne des Art. 6 Abs. 1 des Staatsabkommens gelten die im Länderfinanzausgleich zugrunde gelegten Steuereinnahmen der Länder (§ 4 des Gesetzes über den Finanzausgleich unter den Ländern in den Rechnungsjahren 1953 und 1954 — BGBl. I, S. 446).

Artikel 2

Die von den Vertragschließenden angefertigten Ratifikationsurkunden werden bei dem Hessischen Ministerium für Erziehung und Volksbildung — Geschäftsstelle des Staatsabkommens — hinterlegt.

Anmerkung:

1. Entnommen aus dem Gesetz- und Verordnungsblatt für das Land Nordrhein-Westfalen vom 20. April 1954, Nr. 22, S. 119.

2. Zu Art. 1 Ziff. 1 des Verlängerungsabkommens von 1954:

Anstelle der Liste der Einrichtungen nach dem Stand vom 1. 4. 1953 ist eine von der Geschäftsstelle des Staatsabkommens aufgestellte Übersicht nach dem Stande vom 31. 3. 1959 angefügt.

Zweites Verlängerungsabkommen des Königsteiner Abkommens vom 19. 2. 1959

Artikel 1

Das am 30./31. März 1949 abgeschlossene Staatsabkommen der Länder der Bundesrepublik Deutschland über die Finanzierung wissenschaftlicher Forschungseinrichtungen einschließlich der hierzu vereinbarten Durchführungsbestimmungen und der zusätzlichen Bestimmungen des ersten Verlängerungsabkommens vom 12. Februar 1954 wird mit Wirkung ab 1. April 1959 um weitere 5 Jahre verlängert.

Artikel 2

Dem Saarland steht es frei, diesem Staatsabkommen zu einem von ihm zu bestimmenden Zeitpunkt beizutreten.

Artikel 3

Die von den Vertragschließenden ausgefertigten Ratifikationsurkunden werden bei dem Hessischen Ministerium für Erziehung und Volksbildung — Geschäftsstelle des Staatsabkommens — hinterlegt.

Wissenschaftliche Forschungseinrichtungen, die nach dem Staatsabkommen von den Ländern gemeinsam zu finanzieren sind (Stand: 1. 3. 1960)

Deutsche Forschungsgemeinschaft, Bad Godesberg

Max-Planck-Gesellschaft zur Förderung der Wissenschaften e. V., Göttingen (Aufstellung gesondert)

Baden-Württemberg

Deutsches Hirnforschungs-Institut, Neustadt i. Schwarzwald
Fraunhofer-Institut, Freiburg
Astronomisches Recheninstitut, Heidelberg
Institut für Virusforschung, Heidelberg
Heiligenberg-Institut, Heiligenberg

Bayern

Deutsches Museum, München
Germanisches Nationalmuseum, Nürnberg
Institut für Wirtschaftsforschung, München
Monumenta Germaniae Historica, München
Institut für Zeitgeschichte, München
Zentralinstitut für Kunstgeschichte, München
Deutsches Geodätisches Forschungsinstitut, München

Berlin

Deutsches Institut für Wirtschaftsforschung
Institut für Zuckerindustrie

Bremen

Institut für Meeresforschung, Bremerhaven

Hamburg

Hamburgisches Weltwirtschafts-Archiv
Bernhard-Nocht-Institut für Schiffs- und Tropenkrankheiten
Stiftung zur Erforschung der spinalen Kinderlähmung

Hessen

Paul-Ehrlich-Institut, Frankfurt/Main
Forschungsinstitut Senckenberg, Frankfurt/Main

Niedersachsen

Akademie für Raumforschung und Landesplanung, Hannover
Institut für Erdölforschung, Hannover
Amt für Bodenforschung, Hannover
Vogelwarte Helgoland
Technische Informationsbibliothek a. d. Bibliothek der Technischen Hochschule Hannover

Nordrhein-Westfalen

Rheinisch-Westfälisches Institut f. Wirtschaftsforschung, Essen
Institut für Spektrochemie und angewandte Spektroskopie, Dortmund
Zoologisches Forschungs-Institut und Museum Koenig, Bonn

Rheinland-Pfalz

Römisch-Germanisches Zentralmuseum, Mainz
Institut für Europäische Geschichte, Mainz

Schleswig-Holstein

Institut für Weltwirtschaft, Kiel
Tuberkulose Forschungsinstitut, Borstel
Institute der Max-Planck-Gesellschaft, die im Rahmen des Staatsabkommens finanziert werden (Stand: 1. 3. 1960)

Baden-Württemberg

MPI f. Kernphysik, Heidelberg
MPI f. ausländisches öffl. Recht u. Völkerrecht, Heidelberg
MPI f. ausländisches öffl. Recht u. Völkerrecht, Abt. Berlin
MPI f. Metallforschung, Stuttgart
MPI f. Medizinische Forschung, Heidelberg
— Institut f. Chemie —
— Institut f. Physik —
— Institut f. Physiologie —
Forschungsstelle f. Spektroskopie in der MPG, Hechingen/Hohenzollern
MPI f. Virusforschung, Tübingen
MPI f. Biologie, Tübingen

Bayern

MPI f. Silikatforschung, Würzburg
MPI f. Silikatforschung, Zweigstelle Berlin
Deutsche Forschungsanstalt f. Psychiatrie (MPI), München
— Hirnpathologisches Institut —
— Klinisches Institut —

MPI f. Eiweiß- und Lederforschung, München
MPI f. Biochemie, München
MPI f. Zellchemie, München
MPI f. Verhaltensphysiologie, Seewiesen
MPI f. Verhaltensphysiologie, Seewiesen Abt. Kramer/Aschoff, Walddorf
MPI f. Verhaltensphysiologie Abt. Kramer/Aschoff, Vogelwarte Radolfzell
MPI f. Physik und Astrophysik, München
— Institut für Physik —
— Institut für Astrophysik —
— Arbeitsgruppe Num. Rechenmaschinen —
MPI f. Bioenergetik, München

Berlin

MPI f. vergleichende Erbbiologie u. Erbpathologie, Berlin
— Abt. f. Gewebezüchtung —
Fritz-Haber-Institut der MPG, Berlin
Institut f. Elektronenmikroskopie, Berlin
MPI f. Zellphysiologie, Berlin

Hamburg

MPI f. ausländisches und internationales Privatrecht, Hamburg
Forschungsstelle f. Kulturpflanzenzüchtung der MPG, Hamburg-V

Hessen

MPI f. Biophysik, Frankfurt
MPI f. Hirnforschung
— Neuroanatomische und Neuropathologische Abt. Giessen —
— Abt. f. klinische Psychiatrie u. Konstitutionsf., Marburg —
— Physiologische Abt., Göttingen
— Abt. f. Tumorforschung u. experimentelle Pathologie, Köln —
— Abtlg. f. allgemeine Neurologie, Köln —
William G. Kerckhoff-Herzforschungsinstitut der MPG, Bad Nauheim
Gmelin-Institut f. anorganische Chemie u. Grenzgebiete i. d. MPG, Frankfurt

Niedersachsen

Generalverwaltung der MPG, Göttingen einschl. Verwaltungsst. Berlin u. Geschäftsstelle Düsseldorf
MPI für Aeronomie, Lindau
— Institut für Stratosphären-Physik —
— Institut der Ionosphären-Physik —
MPI f. Strömungsforschung, Göttingen
— Abtlg. Reibungsforschung, Göttingen —
MPI f. physikalische Chemie, Göttingen
MPI f. Meeresbiologie, Wilhelmshaven
Medizinische Forschungsanstalt der MPG, Göttingen
MPI f. Geschichte, Göttingen
MPI f. Tierzucht u. Tierernährung, Mariensee
Zentrale Hilfsbetriebe der MPG, Göttingen

Nordrhein-Westfalen

MPI f. Kohlenforschung, Mülheim
— Abtlg. f. Strahlenchemie, Mülheim —
MPI f. Eisenforschung, Düsseldorf
MPI f. Arbeitsphysiologie, Dortmund

MPI f. Züchtungsforschung (Erwin-Baur-Institut), Köln-Vogelsang
MPI f. Züchtungsforschung, Zweigstelle Rosenhof
MPI f. Ernährungsphysiologie, Dortmund

Rheinland-Pfalz

MPI f. Chemie, Mainz
MPI für Landarbeit u. Landtechnik, Bad Kreuznach

Schleswig-Holstein

Hydrobiologische Anstalt der MPG, Plön
Limnologische Station Niederrhein, Krefeld
Limnologische Flußstation Freudenthalm Schlitz

Ausland

Bibliotheca Hertziana (MPI), Rom

Leistungen der Länder im Rahmen des Königsteiner Staatsabkommens von 1949 bis 1960 (Stand: 20. 10. 1970) in DM

	1949	1950	1951
Max-Planck-Gesellschaft	12 453 000	11 859 600	13 835 100
Dt. Forschungsgemeinschaft	2 000 000	3 567 000	5 000 000
Länderinstitute	6 171 000	6 491 300	7 895 500
insgesamt	20 624 000	21 917 900	26 730 600

	1952	1953	1954
Max-Planck-Gesellschaft	15 609 000	17 808 000	22 038 900
Dt. Forschungsgemeinschaft	6 000 000	6 000 000	6 500 000
Länderinstitute	9 719 100	11 929 000	11 569 000
insgesamt	31 328 100	35 737 000	40 107 900

	1957	1960	1963
Max-Planck-Gesellschaft	29 876 100	41 738 300	71 029 000
Dt. Forschungsgemeinschaft	8 000 000	10 000 000	24 000 000
Länderinstitute	14 227 600	18 178 400	30 617 000
insgesamt	52 103 700*	69 916 700*	125 646 000

	1966	1968	1970
Max-Planck-Gesellschaft	99 548 000	116 840 000	134 888 000
Dt. Forschungsgemeinschaft	67 500 000	83 750 000	131 550 000
Länderinstitute	59 582 000	75 306 000	63 851 000
insgesamt	226 630 000	275 896 000	330 289 000

* Aufgrund des zwischen Bund und Ländern am 5. 9. 1957 abgeschlossenen Verwaltungsabkommens über den Ausbau der Ingenieurschulen, das am 17. 11. 1958 verlängert wurde, trugen im Rechnungsjahr 1957 bzw. 1958

1957		1958	
der Bund	21 964 650 DM	der Bund	24 343 250 DM
die Länder	30 139 050 DM	die Länder	33 817 050 DM

** Die aufgeführten Zahlen stellen ausschließlich Länderleistungen dar.

Anhang 2

Abkommen über die Finanzierung neuer wissenschaftlicher Hochschulen (vom 4. Juni 1964)

In der Überzeugung, daß die Förderung der wissenschaftlichen Forschung und Lehre außerordentliche Anstrengungen erfordert, sind die Länder entschlossen, ein zusätzliches Investitionsprogramm für die Errichtung neuer Hochschulen gemeinsam zu finanzieren. Die Länder sind dabei gewillt, neuen Gedanken für die Gestaltung dieser Hochschulen Raum zu geben, in der Erwartung, damit auch die Neuordnung der bestehenden Hochschulen zu fördern.

Zwischen

dem Land Baden-Württemberg,
dem Freistaat Bayern,
dem Land Berlin,
der Freien Hansestadt Bremen,
der Freien Hansestadt Hamburg,
dem Land Hessen,
dem Land Niedersachsen,
dem Land Nordrhein-Westfalen,
dem Land Rheinland-Pfalz,
dem Saarland und
dem Land Schleswig-Holstein

wird deshalb das folgende Abkommen geschlossen:

Artikel 1

Die Länder der Bundesrepublik Deutschland errichten einen Investitionsfonds in Höhe von 3 075 Mill. DM. An diesen Fonds, der als Verrechnungsvermögen geführt wird, entrichten die einzelnen Länder folgende Beträge:

Baden-Württemberg	371,5 Mill. DM
Bayern	494,0 Mill. DM
Berlin	48,5 Mill. DM
Bremen	44,0 Mill. DM
Hamburg	135,0 Mill. DM
Hessen	205,5 Mill. DM
Niedersachsen	212,5 Mill. DM
Nordrhein-Westfalen	1 394,5 Mill. DM
Rheinland-Pfalz	84,5 Mill. DM
Saarland	26,6 Mill. DM
Schleswig-Holstein	58,4 Mill. DM
	3 075,0 Mill. DM

(2) Die von den einzelnen Ländern zu erbringenden Leistungen sind in 15 gleichen Jahresbeträgen aufzubringen.

Artikel 2

(1) Die Verwaltung des Investitionsfonds wird einem Verwaltungsrat übertragen, der sich eine Geschäftsordnung nach Maßgabe der nachstehenden Grundsätze gibt.

(2) Der Verwaltungsrat besteht aus je einem Vertreter der Kultus- und der Finanzminister bzw. -senatoren der Länder. Den Vorsitz führt jeweils der Vertreter des Kultusministers des Landes, das den Vorsitz in der Ministerpräsidentenkonferenz führt.

(3) Der Verwaltungsrat beschließt mit Zweidrittel-Mehrheit. Bei der Zuweisung von Mitteln haben sich die Vertreter des Landes, auf dessen Vorhaben sich der Beschluß bezieht, der Stimme zu enthalten.

(4) Die Geschäftsstelle für das Königsteiner Staatsabkommen übernimmt die verwaltungstechnischen Aufgaben des Verwaltungsrates.

Artikel 3

(1) In die gemeinsame Finanzierung werden die Baukosten (einschließlich innerer Aufschließung und Ersteinrichtung, jedoch ohne Grunderwerb und äußere Aufschließung) der folgenden neuen wissenschaftlichen Hochschulen bis zu dem nachfolgenden Kostenaufwand in den einzelnen Ländern einbezogen:

Universität Bochum	1 400 Mill. DM
Universität Bremen	600 Mill. DM
Universität Konstanz	500 Mill. DM
Universität Regensburg	800 Mill. DM
Technische Hochschule Dortmund	800 Mill. DM
	4 100 Mill. DM

(2) Mehrausgaben über die Vertragssumme (Art. 3 Abs. 1) hinaus trägt das Sitzland. Minderausgaben, die einem Gründerland entstehen, ermäßigen im vollen Umfang den in Art. 4 Abs. 2 genannten Auszahlungsanspruch des betreffenden Gründerlandes. Sie verringern den Finanzierungsbeitrag der Länder nach Maßgabe des in Art. 1 aufgestellten Finanzierungsschlüssels.

(3) Als Minderausgaben im Sinne von Art. 3 Abs. 2 gelten auch Investitionszuschüsse des Bundes zu dem in Art. 3 Abs. 1 aufgeführten Investitionsprogramm, falls der Bund seine finanzielle Beteiligung an diesem Abkommen wünscht.

(4) Der Bund kann diesem Abkommen beitreten und sich finanziell beteiligen.

Artikel 4

(1) Von den in Artikel 3 aufgeführten Gesamtkosten hat das Sitzland 25 v. H. selbst aufzubringen.

(2) Die weiteren 75 v. H. der in Artikel 3 aufgeführten Kosten werden aus dem Fonds finanziert. Im einzelnen sind an die Länder folgende Beiträge aus dem Fonds zu zahlen:

Baden-Württemberg	375 Mill. DM
Bayern	600 Mill. DM
Berlin	—
Bremen	450 Mill. DM
Hamburg	—
Hessen	—
Niedersachsen	—
Nordrhein-Westfalen	1 650 Mill. DM
Rheinland-Pfalz	—
Saarland	—
Schleswig-Holstein	—
	3 075 Mill. DM

Artikel 5

(1) Die Zuweisung der Mittel aus dem Investitionsfonds erfolgt durch den Verwaltungsrat nach Maßgabe der für das Jahr zur Verfügung stehenden Beträge und nach dem jeweiligen Stand des Baufortschritts.

(2) Der Verwaltungsrat hat spätestens bis zum 1. Juli eines jeden Jahres einen Finanzplan aufzustellen, nach dem im nächstfolgenden Rechnungsjahr die Zuschüsse an die einzelnen Länder gezahlt werden sollen.

Artikel 6

Das Abkommen wird auf die Dauer von 15 Jahren abgeschlossen. Die von den Vertragschließenden ausgefertigten Ratifikationsurkunden werden bei der Geschäftsstelle des Königsteiner Staatsabkommens hinterlegt. Das Abkommen tritt mit Wirkung vom 1. Januar 1965 in Kraft.

Bonn, den 4. Juni 1964

Anhang 3

Verwaltungsabkommen zwischen Bund und Ländern über die Errichtung eines Wissenschaftsrates (vom 5. 9. 1957)

Die Bundesregierung und die Regierungen der Länder der Bundesrepublik haben folgendes vereinbart:

Artikel 1

Die Vertragschließenden errichten gemeinsam einen Wissenschaftsrat.

Artikel 2

Der Wissenschaftsrat hat die Aufgabe:

1. auf der Grundlage der von Bund und Ländern im Rahmen ihrer Zuständigkeit aufgestellten Pläne einen Gesamtplan für die Förderung der Wissenschaften zu erarbeiten und hierbei die Pläne des Bundes und der Länder aufeinander abzustimmen. Hierbei sind die Schwerpunkte und Dringlichkeitsstufen zu bezeichnen,
2. jährlich ein Dringlichkeitsprogramm aufzustellen,
3. Empfehlungen für die Verwendung derjenigen Mittel zu geben, die in den Haushaltsplänen des Bundes und der Länder für die Förderung der Wissenschaft verfügbar sind.

Artikel 3

1. Die Bundesregierung und die Landesregierungen werden die Empfehlungen des Wissenschaftsrats bei der Aufstellung ihrer Haushaltspläne im Rahmen der haushaltsmäßigen Möglichkeiten berücksichtigen.
2. Die zuständigen Behörden des Bundes und der Länder unterstützen die Arbeit des Wissenschaftsrats durch laufende Unterrichtung und durch Auskünfte. Der Verkehr mit den Landesstellen ist über die für Angelegenheiten der Kulturverwaltung zuständige oberste Landesbehörde, der Verkehr mit den Bundesstellen über das Bundesministerium des Innern zu leiten.

Artikel 4

1. Der Wissenschaftsrat besteht aus 39 Mitgliedern. Die Mitglieder sollen Wissenschaftler oder anerkannte Persönlichkeiten des öffentlichen Lebens

sein oder durch ihre dienstliche oder Berufstätigkeit der Wissenschaft und ihrer Förderung nahestehen.

2. 22 Mitglieder beruft der Bundespräsident, und zwar 16 auf gemeinsamen Vorschlag der Deutschen Forschungsgemeinschaft, der Max-Planck- Gesellschaft und der Westdeutschen Rektorenkonferenz und sechs auf gemeinsamen Vorschlag der Bundesregierung und der Landesregierungen. Diese Mitglieder werden auf drei Jahre berufen, Wiederberufung ist zulässig.
3. 17 Mitglieder werden von den Regierungen des Bundes und der Länder entsandt, und zwar entsenden die Bundesregierung sechs Mitglieder, die Landesregierungen je ein Mitglied. Für jedes Mitglied ist ein ständiger Stellvertreter zu bestellen.
4. Der Wissenschaftsrat wählt jährlich aus seiner Mitte einen Vorsitzenden und dessen Stellvertreter, Wiederwahl ist zulässig.

Artikel 5

1. Der Wissenschaftsrat tritt als Vollversammlung oder in Kommissionen zusammen.
2. Es werden eine Wissenschaftliche Kommission und eine Verwaltungskommission gebildet.
3. Der Wissenschaftlichen Kommission gehören die vom Bundespräsidenten berufenen Mitglieder, der Verwaltungskommission die von den Regierungen entsandten Mitglieder an.
4. Der Vorsitzende einer Kommission und zwei weitere von der Kommission bestimmte Mitglieder nehmen an den Sitzungen der anderen Kommissionen mit beratender Stimme teil.

Artikel 6

1. Die Beschlüsse der Vollversammlung des Wissenschaftsrats werden von der Wissenschaftlichen Kommission unter fachlichen und wissenschaftlichen Gesichtspunkten und von der Verwaltungskommission unter verwaltungsmäßigen und finanziellen Gesichtspunkten vorbereitet.
2. Die Verwaltungskommission äußert sich ferner Bund und Ländern gegenüber gutachtlich über die Finanzierung der vom Wissenschaftsrat festgestellten Schwerpunktvorhaben.

Artikel 7

1. Die Vollversammlung des Wissenschaftsrats wird vom Vorsitzenden einberufen. Auf Verlangen einer Kommission oder von zehn Mitgliedern hat er sie einzuberufen.
2. Zur ersten Sitzung der Vollversammlung lädt der Bundespräsident ein, er führt in ihr den Vorsitz.
3. Die Vollversammlung und die Kommissionen fassen ihre Beschlüsse mit einer Mehrheit von zwei Dritteln der abgegebenen Stimmen, sie sind beschlußfähig, wenn die Mehrheit ihrer Mitglieder anwesend ist. Die von der Bundesregierung entsandten Mitglieder führen insgesamt elf Stimmen, im übrigen hat jedes Mitglied eine Stimme. Die vom Bundespräsidenten berufenen Mitglieder können bei Verhinderung im Einzelfalle ein anderes berufenes Mitglied zur Stimmabgabe ermächtigen.
4. Das weitere Verfahren regelt der Wissenschaftsrat durch eine Geschäftsordnung.

Artikel 8

Der Wissenschaftsrat bedient sich einer im Einvernehmen mit Bund und Ländern einzurichtenden Geschäftsstelle.

Artikel 9

Die persönlichen und sachlichen Ausgaben des Wissenschaftsrats werden je zur Hälfte vom Bund und von den Ländern getragen. Der Gesamtbetrag der von den Ländern hierfür aufzubringenden Mittel wird auf die einzelnen Länder zu zwei Dritteln nach dem Verhältnis ihrer Steuereinnahmen und zu einem Drittel nach dem Verhältnis ihrer Bevölkerungszahl umgelegt. Hierbei erhöhen oder vermindern sich die Steuereinnahmen um die Beträge, welche die Länder im Rahmen des allgemeinen Finanzausgleichs von anderen Ländern erhalten oder an andere Länder abführen.

Artikel 10

Dieses Abkommen wird zunächst auf drei Jahre abgeschlossen. Es tritt mit dem Tag der Unterzeichnung in Kraft.

Bonn, den 5. September 1957.

Anhang 4

Verwaltungsabkommen zwischen Bund und Ländern zur Förderung von Wissenschaft und Forschung (vom 4. Juni 1964)

Am 4. Juni wurde in Bonn das Verwaltungsabkommen zwischen Bund und Ländern zur Förderung von Wissenschaft und Forschung unterzeichnet. Die Bundesregierung und die Regierungen der Länder der Bundesrepublik haben zur Förderung von Wissenschaft und Forschung folgende gemeinsame Maßnahmen vereinbart:

I.

Bund und Länder werden ihre gemeinsamen Bemühungen um den weiteren Ausbau der wissenschaftlichen Hochschulen fortsetzen. Dabei sollen die Empfehlungen des Wissenschaftsrates berücksichtigt werden. Bund und Länder treffen Vorsorge, für diesen Zweck in der Zeit von 1964 bis 1966 vorbehaltlich der Beschlußfassung der gesetzgebenden Körperschaften jährlich je 250 Mill. DM, insgesamt jährlich 500 Mill. DM, bereitzustellen.

II.

Für die Dauer der Laufzeit des Staatsabkommens der Länder vom 19. Februar 1959 (Königsteiner Abkommen) tragen Bund und Länder den jährlichen allgemeinen Zuschußbedarf der Deutschen Forschungsgemeinschaft und der Max-Planck-Gesellschaft einschließlich der erforderlichen Baumaßnahmen je zur Hälfte. — Für die Prüfung und Festsetzung des jährlich von Bund und Ländern gemeinsam aufzubringenden Zuschußbetrages wird ein Verwaltungsausschuß gebildet. In diesen Ausschuß entsendet jedes Land einen, der Bund 6 stimmberechtigte Vertreter. Für Entscheidungen ist — wie beim Königsteiner Abkommen — eine Mehrheit von zwei Drittel der Stimmen erforderlich. In die Finanzierung können weitere Forschungseinrichtungen durch einstimmigen Beschluß des Verwaltungsausschusses einbezogen werden.

III.

Die Mittel für die Durchführung des Honnefer Modells einschließlich der hierfür erforderlichen Verwaltungskosten des Deutschen Studentenwerks werden von Bund und Ländern gemeinsam, und zwar unter Berücksichtigung der von den Ländern gewährten Gebührenerlaßquote, je zur Hälfte aufgebracht. — Die Richtlinien für die gemeinsamen Maßnahmen der Studentenförderung werden von Bund und Ländern im gegenseitigen Einverständnis festgelegt.

IV.

Zur gegenseitigen Unterrichtung und zur gegenseitigen Abstimmung über die finanzielle Förderung von Wissenschaft und Forschung bilden Bund und Länder eine Ständige Kommission.

Schlußprotokoll

Bei Abschluß des Verwaltungsabkommens zwischen dem Bund und den Ländern zur Förderung von Wissenschaft und Forschung vom 4. Juni 1964 erklärten die Vertragspartner ihre Übereinstimmung in folgenden Punkten:

1. Es wird festgestellt, daß die Länder über den gemeinsam aufzubringenden Betrag hinaus weitere Ausgaben für den Ausbau der wissenschaftlichen Hochschulen tragen, ihre Gesamtleistung also die des Bundes übersteigt.

Anhang 5

Verwaltungsabkommen zwischen Bund und Ländern zur Förderung von Wissenschaft und Forschung (vom 8. Februar 1968)

Die Bundesregierung und die Regierungen der Länder der Bundesrepublik Deutschland vereinbaren, anschließend an das Verwaltungsabkommen vom 4. Juni 1964 zur Förderung von Wissenschaft und Forschung, folgende gemeinsame Maßnahmen:

I.

1. Bund und Länder werden ihre gemeinsamen Bemühungen um den weiteren Ausbau der wissenschaftlichen Hochschulen fortsetzen. Als Grundlage für diesen Ausbau dienen die Empfehlungen des Wissenschaftsrates (Jahresempfehlungen und mehrjährige Planungen).

2. Bund und Länder werden Vorsorge treffen — vorbehaltlich der Zustimmung der gesetzgebenden Körperschaften —, die für den Ausbau der Hochschulen in den Jahren 1967 bis 1969 erforderlichen Mittel bereitzustellen, der Bund in den Jahren

1967	530 Mill. DM,
1968	630 Mill. DM,
1969	730 Mill. DM.

3. Bei den einzelnen Bauvorhaben — einschließlich der Kosten für Ersteinrichtung — sollen Bundeszuschüsse und Ländermittel gleich hoch sein. Abweichende bisherige Regelungen bleiben unberührt. Die Kosten für den Grunderwerb des einzelnen Bauvorhabens werden auf die Länderleistungen angerechnet.

4. Die Länder gehen bei der Aufstellung der Baupläne von den Empfehlungen des Wissenschaftsrates über die Raumplanung und technischen Einrichtungen aus.

II.

Für die Dauer der Laufzeit des Staatsabkommens der Länder vom 19. 2. 1959 (Königsteiner Abkommen) tragen Bund und Länder den jährlichen allgemeinen Zuschußbedarf der Deutschen Forschungsgemeinschaft und der Max-Planck-Gesellschaft einschließlich der erforderlichen Baumaßnahmen je zur Hälfte.

Der Verwaltungsausschuß, der nach dem Verwaltungsabkommen vom 4. Juni 1964 für die Prüfung und Feststellung des jährlich von Bund und Ländern gemeinsam aufzubringenden Zuschußbetrages gebildet ist, bleibt bestehen. In diesen Ausschuß entsendet jedes Land einen, der Bund sechs stimmberechtigte Vertreter. Für Entscheidungen ist die Mehrheit von zwei Dritteln der Stimmen erforderlich. In die Finanzierung können weitere Forschungseinrichtungen durch einstimmigen Beschluß des Verwaltungsausschusses einbezogen werden. Die Beschlüsse des Verwaltungsausschusses ergehen unter dem Vorbehalt der Zustimmung der gesetzgebenden Körperschaften oder der an deren Stelle hierzu ermächtigten Organe.

Bund und Länder können jeweils im Einvernehmen mit der anderen Seite darüber hinausgehende Leistungen für bestimmte Vorhaben und Programme erbringen.

III.

Die Mittel zur Durchführung der Studienförderung nach dem Honnefer Modell an den wissenschaftlichen Hochschulen einschließlich der Förderung von zugewanderten Studenten — Stipendien, Darlehen, Gebührenerlaß — sowie die hierfür erforderlichen Verwaltungskosten des Deutschen Studentenwerkes werden gemeinsam von Bund und Ländern je zur Hälfte aufgebracht. Die Richtlinien für die gemeinsamen Maßnahmen der Studentenförderung werden von Bund und Ländern im gegenseitigen Einverständnis festgelegt.

IV.

Die nach dem Verwaltungsabkommen vom 4. Juni 1964 gebildete Ständige Kommission mit den dort festgelegten Aufgaben bleibt bestehen.

Schlußprotokoll

Bei Abschluß des Verwaltungsabkommens zwischen der Bundesregierung und den Regierungen der Länder zur Förderung von Wissenschaft und Forschung vom 8. Februar 1968 erklären die Vertragspartner ihre Übereinstimmung in folgenden Punkten:

1 Eine Beteiligung des Bundes an der Finanzierung neuer wissenschaftlicher Hochschulen soll gesondert vereinbart werden. Die Länder werden weitere Neugründungen von wissenschaftlichen Hochschulen (einschließlich neuer Fakultäten) und medizinischen Akademien nur auf Empfehlung des Wissenschaftsrates vornehmen.

2. Mittel, die einem Land durch einen Bauträger, eine Finanzierungsgesellschaft oder in anderer Weise vorgeschossen werden, werden als Landesleistungen anerkannt mit der Maßgabe, daß der Bund nicht an den

dadurch entstehenden Mehrkosten (Zinsendienst und Verwaltungskosten) beteiligt wird.

3. Bund und Länder haben bereits bisher den Studentenwohnheimbau gemeinsam gefördert; die Zuständigkeit dafür soll jedoch im Rahmen der Finanzreform endgültig geregelt werden. Wenn im Zuge dieser Reform der Bund an der Mitfinanzierung des Studentenwohnheimbaues weiterhin beteiligt bleibt, soll geprüft werden, ob diese Materie in das Abkommen einzubeziehen ist.

4. Das Abkommen wird geschlossen unter dem Vorbehalt
   a) der Auffassungen von Bund und Ländern über die Kompetenzen und Mitverantwortlichkeiten nach dem Grundgesetz,
   b) der Neuregelung der finanziellen Beziehungen von Bund und Ländern auf Grund der Empfehlungen der zu diesem Zweck eingesetzten Gutachter-Kommission.

Das Verwaltungsabkommen gilt deshalb bis zu dieser Neuregelung, längstens jedoch für die Dauer — inbegriffen etwaiger Verlängerungen — des Königsteiner Staatsabkommens, sofern das Verwaltungsabkommen nicht von einer der beiden Seiten vorher gekündigt wird.

Die Kündigung ist unter Einbehaltung einer Frist von sechs Monaten nur zum Schluß eines Kalenderjahres — erstmals zum 31. Dezember 1970 — zulässig.

Anhang 6

Gesetz über die Gemeinschaftsaufgabe „Ausbau und Neubau von wissenschaftlichen Hochschulen" (Hochschulbauförderungsgesetz)

Vom 1. September 1969, BGBl. 1969 Teil I, S. 1556

Der Bundestag hat mit Zustimmung des Bundesrates das folgende Gesetz beschlossen:

§ 1

Gemeinschaftsaufgabe

Der Ausbau und Neubau von wissenschaftlichen Hochschulen einschließlich der Hochschulkliniken wird von Bund und Ländern nach Maßgabe dieses Gesetzes als Gemeinschaftsaufgabe wahrgenommen.

§ 2

Allgemeine Grundsätze

Die Gemeinschaftsaufgabe soll so erfüllt werden, daß die wissenschaftlichen Hochschulen als Bestandteil des gesamten Forschungs- und Bildungssystems künftigen Anforderungen genügen. Bund und Länder haben bei der Erfüllung der Gemeinschaftsaufgabe darauf hinzuwirken, daß

1. die wissenschaftlichen Hochschulen nach Fachrichtungen, Zahl, Größe und Standort ein zusammenhängendes System bilden, durch das ein ausreichendes und ausgeglichenes Angebot an Forschungs- und Ausbildungsplätzen gewährleistet wird;

2. Forschungsschwerpunkte an den wissenschaftlichen Hochschulen unter Berücksichtigung der hochschulfreien Forschungseinrichtungen gefördert werden;
3. die baulichen Voraussetzungen für ein ausgewogenes Verhältnis von Forschung und Lehre und für eine funktionsgerechte Hochschulstruktur und Neuordnung des Studiums geschaffen werden;
4. eine möglichst günstige Ausnutzung der vorhandenen und neuen Einrichtungen unter Berücksichtigung der voraussehbaren Nachfrage nach Studienplätzen und des langfristig zu erwartenden Bedarfs gewährleistet ist.

§ 3

Ausbau und Neubau

Zum Ausbau und Neubau von wissenschaftlichen Hochschulen gehören im Sinne dieses Gesetzes die Ausgaben für folgende Zwecke:

1. Gesamtplanung einschließlich der gesondert im Rahmenplan ausgewiesenen Vorstudien sowie Einzelplanung; Ausgaben für die Gesamtplanung und die Vorstudien können auch dann berücksichtigt werden, wenn sie die Gesamtplanung auf neue wissenschaftliche Hochschulen oder Hochschuleinrichtungen bezieht, die noch nicht in die Anlage gemäß § 4 aufgenommen sind;
2. Erwerb der für die einzelnen Bauvorhaben erforderlichen bebauten und unbebauten Grundstücke, einschließlich der Kosten für ihre Freimachung; die Grundstücksfläche ist nach dem zulässigen Maß der baulichen Nutzung zu bemessen; bei nicht erschlossenem Bauland werden zusätzlich höchstens 25 vom Hundert der Grundstücksfläche als Erschließungsanteil für öffentliche Straßen, Wege und Versorgungsleitungen berücksichtigt;
3. Bauten sowie Erschließung und Entschädigung an Dritte in dem für die Baumaßnahme erforderlichen Umfang, Ersteinrichtung, Außenanlagen, Baunebenleistungen, besondere Betriebseinrichtungen und Zubehör, wenn die Gesamtkosten für das jeweilige Vorhaben eine Million Deutsche Mark übersteigen;
4. Beschaffung der gesondert im Rahmenplan ausgewiesenen wissenschaftlichen Großgeräte, wenn die Kosten für das einzelne Gerät einschließlich Zubehör 500 000 Deutsche Mark übersteigen;
5. Erwerb von Grundstücken innerhalb des in dem Rahmenplan ausgewiesenen Hochschulgeländes, deren Verwendungszeitpunkt beim Erwerb noch nicht endgültig feststeht (vorsorglicher Grunderwerb).

§ 4

Wissenschaftliche Hochschulen

(1) Wissenschaftliche Hochschulen im Sinne dieses Gesetzes sind die in der Anlage zu diesem Gesetz aufgeführten wissenschaftlichen Hochschulen mit ihren Einrichtungen nach dem Stand vom 1. Januar 1969.

(2) Der Bundesminister für wissenschaftliche Forschung wird ermächtigt, durch Rechtsverordnung mit Zustimmung des Bundesrates weitere Hochschulen oder Hochschuleinrichtungen in die Anlage aufzunehmen, die nach Landesrecht als wissenschaftliche Hochschule errichtet oder einer wissenschaftlichen Hochschule ein- oder angegliedert sind und deren Einbeziehung

in die Gemeinschaftsaufgabe wegen der Bedeutung für die Gesamtheit wissenschaftspolitisch erforderlich ist. Vor Erlaß der Rechtsverordnung soll der durch Verwaltungsabkommen zwischen der Bundesregierung und den Landesregierungen errichtete Wissenschaftsrat gehört werden.

§ 5

Gemeinsamer Rahmenplan

(1) Für die Erfüllung der Gemeinschaftsaufgabe wird ein gemeinsamer Rahmenplan aufgestellt.

(2) Der Rahmenplan ist für den Zeitraum der Finanzplanung aufzustellen, bis zum 1. Juli eines jeden Jahres sachlich zu prüfen, der Entwicklung anzupassen und um ein weiteres Jahr fortzuführen. Die mehrjährige Finanzplanung des Bundes und der Länder ist zu berücksichtigen.

§ 6

Inhalt des Rahmenplans

Der Rahmenplan gliedert sich in Angaben über:

1. den gegenwärtigen Ausbaustand und die dem Rahmenplan zugrunde liegenden Zielvorstellungen;
2. die Bauvorhaben und die Beschaffungsvorhaben (wissenschaftliche Großgeräte, vorsorglicher Grunderwerb), jeweils nebst Kosten;
3. die zunächst nur zur Planung vorgesehenen Vorhaben und die für die Erfüllung der Gemeinschaftsaufgabe erforderlichen Vorstudien, jeweils nebst Kosten;
4. die vom Bund und von jedem Land für die Erfüllung der Gemeinschaftsaufgabe im nächsten Jahr bereitzustellenden und für die folgenden Jahre des Planungszeitraumes jeweils vorzusehenden Mittel.

§ 7

Planungsausschuß

(1) Für die gemeinsame Rahmenplanung bilden die Bundesregierung und die Landesregierungen einen Planungsausschuß. Ihm gehören der Bundesminister für wissenschaftliche Forschung als Vorsitzender, der Bundesminister der Finanzen und ein Minister (Senator) jedes Landes an; eine Vertretung ist zulässig.

(2) Der Planungsausschuß beschließt mit einer Mehrheit von drei Vierteln der Stimmen. Die Stimmenzahl des Bundes entspricht der Zahl der Länder. Jedes Land hat eine Stimme.

(3) Der Planungsausschuß gibt sich eine Geschäftsordnung.

§ 8

Anmeldung zum Rahmenplan

(1) Bis zum 1. Februar jedes Jahres gibt jedes Land seine allgemeinen und langfristigen Ziele auf dem Gebiet des Hochschulbaus dem Bundesminister für wissenschaftliche Forschung bekannt und meldet dabei die in

§ 6 Nr. 2 und 3 genannten Vorhaben zur Aufnahme in den Rahmenplan an. Mit der Anmeldung gilt die Zustimmung des Landes gemäß Artikel 91 a Abs. 3 Satz 2 des Grundgesetzes als erteilt. Die Zustimmung kann bis zur Beschlußfassung über den Rahmenplan widerrufen werden.

(2) Die Anmeldung zu § 6 Nr. 2 enthält zu den Bauvorhaben eine allgemeine Erläuterung, Angaben über das Raumprogramm und die Dringlichkeit sowie eine Kostenschätzung nach Erfahrungssätzen; zu den Beschaffungsvorhaben eine allgemeine Erläuterung sowie Angaben über die Kosten. Die Anmeldung enthält ferner Angaben über Folgekosten.

(3) Bei Vorhaben nach § 6 Nr. 3 genügen Angaben über die Ziele und Kosten der Planung oder Vorstudien sowie eine vorläufige Schätzung der Kosten einer späteren Ausführung.

(4) Für Anmeldungen zur Änderung des Rahmenplans gelten die Absätze 1 bis 3 sinngemäß.

§ 9

Beteiligung des Wissenschaftsrates

(1) Die Unterlagen nach § 8 sind zunächst dem Wissenschaftsrat zu übersenden.

(2) Der Wissenschaftsrat soll unbeschadet seiner übrigen Aufgaben bis zum 15. April jedes Jahres Empfehlungen für den Rahmenplan aussprechen.

(3) Empfehlungen nach Absatz 2 sind Beratungsgrundlage des Planungsausschusses. Der Planungsausschuß gibt dem Vorsitzenden des Wissenschaftsrates Gelegenheit zur Stellungnahme, soweit er von den Empfehlungen abweichen will.

(4) Der Planungsausschuß übersendet dem Vorsitzenden des Wissenschaftsrates eine Ausfertigung des aufgestellten Rahmenplans.

§ 10

Verfahren nach Aufstellung des Rahmenplans

Der Planungsausschuß leitet den Rahmenplan der Bundesregierung und den Landesregierungen zu. Die Bundesregierung und die Landesregierungen nehmen die für die Durchführung des Rahmenplans im nächsten Jahr erforderlichen Ansätze in ihre Entwürfe der Haushaltspläne auf.

§ 11

Durchführung des Rahmenplans

(1) Die Durchführung des Rahmenplans ist Aufgabe der Länder.

(2) Die Landesregierungen unterrichten die Bundesregierung und den Bundesrat auf Verlangen über die Durchführung des Rahmenplans und den allgemeinen Stand der Gemeinschaftsaufgabe. Sie sollen außerdem regelmäßig den Wissenschaftsrat unterrichten.

§ 12

Erstattung

(1) Der Bund erstattet vorbehaltlich der Bestimmung des Artikels 91 a Abs. 4 Satz 4 des Grundgesetzes jedem Land auf Grund der Abrechnungen

für die in § 6 Nr. 2 und 3 genannten Vorhaben die Hälfte der dem Land nach Maßgabe des Rahmenplans entstandenen Ausgaben.

(2) Der Bund leistet bis zur voraussichtlichen Höhe des nach Absatz 1 von ihm zu erstattenden Betrages entsprechend dem Stand der Maßnahmen und den bereitgestellten Haushaltsmitteln Vorauszahlungen an das Land. Zur Feststellung des Mittelbedarfs und des Baufortschritts teilt der zuständige Landesminister (Senator) dem Bundesminister für wissenschaftliche Forschung die Höhe der verausgabten Mittel sowie Stand und voraussichtliche Entwicklung der Vorhaben mit.

(3) Soweit die in § 3 Nr. 5 genannten Grundstücke innerhalb von zehn Jahren nach Erwerb oder einer von dem Planungsausschuß bestimmten längeren Frist nicht für die Gemeinschaftsaufgabe gemäß § 3 Nr. 2 in Anspruch genommen werden, zahlt das Land an den Bund einen Betrag in Höhe der Hälfte des Verkehrswertes zurück. Das gleiche gilt, wenn ein auf Grund des Rahmenplans durchgeführtes Vorhaben zweckentfremdet wird, es sei denn, der Planungsausschuß billigt eine andere Verwendung im Rahmen der Gemeinschaftsaufgabe.

§ 13

Aufstellung des ersten Rahmenplans

(1) Die Laufzeit des ersten Rahmenplans beginnt am 1. Januar 1972.

(2) Unterlagen nach § 8 für die Aufstellung des ersten Rahmenplans sind dem Wissenschaftsrat bis zum 1. Juli 1970 zu übersenden. Bis zum 1. Januar 1971 soll der Wissenschaftsrat hierzu Empfehlungen aussprechen. Der erste Rahmenplan soll bis zum 1. März 1971 aufgestellt sein.

§ 14

Übergangsregelung

(1) Bei der Festsetzung des Erstattungsbetrages nach § 12 werden — vorbehaltlich der Regelung in Absatz 2 — nur Ausgaben für Leistungen zugrunde gelegt, die nach dem Inkrafttreten dieses Gesetzes erbracht werden.

(2) Bei Vorhaben, die bereits vor dem Inkrafttreten dieses Gesetzes von Bund und Ländern gemeinschaftlich finanziert wurden, sind bei der Festsetzung des Erstattungsbetrages nach § 12 Ausgaben des Bundes und der Länder für frühere Leistungen nach Maßgabe der bisherigen Beteiligungssätze anzurechnen.

(3) Für die Zeit bis zum Beginn der Laufzeit des ersten Rahmenplans sollen Bund und Länder Vereinbarungen über die Fortsetzung der bereits bisher gemeinsam geförderten Vorhaben und die Planung und Finanzierung weiterer Vorhaben treffen. Die Vereinbarungen sollen den Grundsätzen dieses Gesetzes entsprechen.

§ 15

Berlin-Klausel

Dieses Gesetz gilt nach Maßgabe des § 13 Abs. 1 des Dritten Überleitungsgesetzes vom 4. Januar 1952 (Bundesgesetzbl. I S. 1) auch im Land Berlin. Rechtsverordnungen, die auf Grund dieses Gesetzes erlassen werden, gelten im Land Berlin nach § 14 des Dritten Überleitungsgesetzes.

§ 16

Inkrafttreten

Dieses Gesetz tritt am 1. Januar 1970 in Kraft.

Anlage

Rheinisch-Westfälische Technische Hochschule Aachen
Freie Universität Berlin
Technische Universität Berlin
Universität Bielefeld
Ruhr-Universität Bochum
Rheinische Friedrich-Wilhelms-Universität Bonn
Technische Universität Braunschweig
Universität Bremen
Technische Universität Clausthal
Technische Hochschule Darmstadt
Universität Dortmund
Universität Düsseldorf
Friedrich-Alexander-Universität Erlangen-Nürnberg
Johann-Wolfgang-Goethe-Universität Frankfurt
Albert-Ludwigs-Universität Freiburg im Breisgau
Justus-Liebig-Universität Gießen
Georg-August-Universität Göttingen
Universität Hamburg
Technische Universität Hannover
Tierärztliche Hochschule Hannover
Medizinische Hochschule Hannover
Ruprecht-Karl-Universität Heidelberg
Universität (Landwirtschaftliche Hochschule) Hohenheim
Universität Fridericiana Karlsruhe (Technische Hochschule)
Christian-Albrechts-Universität Kiel
Universität zu Köln
Universität Konstanz
Medizinische Akademie Lübeck
Johannes-Gutenberg-Universität Mainz
Universität (Wirtschaftshochschule) Mannheim
Philipps-Universität Marburg
Ludwig-Maximilians-Universität München
Technische Hochschule München
Westfälische Wilhelms-Universität Münster
Universität Regensburg
Universität des Saarlandes
Universität (Technische Hochschule) Stuttgart
Eberhard-Karls-Universität Tübingen
Universität (Medizinisch- Naturwissenschaftliche Hochschule) Ulm
Bayerische Julius-Maximilians-Universität Würzburg

Anhang 7

Verwaltungsabkommen zwischen Bund und Ländern über die Errichtung einer gemeinsamen Kommission für Bildungsplanung vom 25. Juni 1970

Die Bundesregierung und die Regierungen der Länder der Bundesrepublik Deutschland schließen auf der Grundlage des Artikels 91 des Grundgesetzes folgendes Abkommen:

Artikel 1

Die Bundesregierung und die Regierungen der Länder errichten eine gemeinsame Kommission für Bildungsplanung (Komission). Sie ist das ständige Gesprächsforum für alle Bund und Länder gemeinsam berührenden Fragen des Bildungswesens und der Forschungsförderung.

Artikel 2

Die Komission hat im Bereich der Bildungsplanung folgende Aufgaben:

1. einen gemeinsamen langfristigen Rahmenplan für eine abgestimmte Entwicklung des gesamten Bildungswesens vorzubereiten,
2. mittelfristige Stufenpläne für die Verwirklichung der bildungspolitischen Ziele des Rahmenplans vorzubereiten,
3. Empfehlungen zur Koordinierung vollzugsreifer Teilpläne des Bundes und der Länder auszusprechen,
4. Programme für die Durchführung vordringlicher Maßnahmen vorzubereiten,
5. unter Berücksichtigung der Bedarfsfeststellungen des Bundes und der Länder den voraussichtlichen Finanzbedarf für die Verwirklichung der Pläne und Programme zu ermitteln und Vorschläge für die Finanzierung und die Bereitstellung der erforderlichen Mittel durch Bund und Länder auszuarbeiten (gemeinsames Bildungsbudget),
6. die von den Regierungschefs des Bundes und der Länder (Regierungschefs) verabschiedeten Pläne fortlaufend zu überprüfen und die notwendigen Änderungen vorzuschlagen (Fortschreibung),
7. Vorhaben im Bereich der Bildungsforschung und der Bildungsplanung anzuregen und gegebenenfalls Vereinbarungen zwischen Bund und Ländern über einzelne Vorhaben und Einrichtungen der Bildungsforschung und der Bildungsplanung von überregionaler Bedeutung vorzubereiten,
8. den internationalen Erfahrungsaustausch in der Bildungsplanung zu fördern.

Artikel 3

(1) Für die Maßnahmen des Bundes und der Länder in der allgemeinen Forschungsförderung gilt Artikel 2 Nr. 1, 4, 5 und 6 entsprechend; der Finanzbedarf für die allgemeine Forschungsförderung ist in das gemeinsame Bildungsbudget einzubeziehen.

(2) Maßnahmen der allgemeinen Forschungsförderung sind mit der Forschungsplanung im Bereich der Großforschung und der Ressortforschung abzustimmen.

(3) Die Kommission kann Vereinbarungen über Forschungsvorhaben und -einrichtungen von überregionaler Bedeutung anregen und vorbereiten.

Artikel 4

Die Kommission erarbeitet Vorschläge für die gemeinsame Errichtung und Fortentwicklung überregionaler Informationssysteme für das Bildungswesen und für die Forschungsförderung.

Artikel 5

Die Regierungschefs können der Kommission durch einstimmigen Beschluß weitere Aufgaben zuweisen.

Artikel 6

(1) Die Kommission stimmt ihre Tätigkeit mit der Forschungs- und Finanzpolitik und den wichtigsten Bereichen der Gesellschaftspolitik, insbe-

sondere der Wirtschafts-, Arbeitsmarkt- und Sozialpolitik unter Beachtung der Ziele der Raumordnung und Landesplanung ab. Die Finanzierungsvorschläge und die Stufenpläne sind mit den Finanzplanungen von Bund und Ländern abzustimmen.

(2) Bei der Erfüllung ihrer Aufgaben berücksichtigt die Kommission die Empfehlungen des Deutschen Bildungsrates und des Wissenschaftsrates sowie die Beschlüsse und Empfehlungen der Konferenzen der Fachminister der Länder und die Fachplanungen des Bundes; sie gibt den zuständigen Konferenzen der Fachminister der Länder Gelegenheit zu Stellungnahmen.

(3) Die Bundesregierung und die Regierungen der Länder stellen der Kommission die notwendigen Daten und Unterlagen zur Verfügung.

Artikel 7

(1) Der Kommission gehören sieben Vertreter der Bundesregierung und je ein Vertreter der Landesregierungen an. Stellvertretung und die Bestellung von beratenden Mitgliedern ist zulässig. Mitglieder, stellvertretende und beratende Mitglieder sollen Minister, Staatssekretäre oder Parlamentarische Staatssekretäre sein.

(2) Die Vertreter der Bundesregierung führen elf Stimmen, die einheitlich abgegeben werden, die Vertreter der Landesregierungen je eine Stimme.

(3) Die Kommission faßt ihre Beschlüsse mit einer Mehrheit von drei Vierteln der Stimmen der Mitglieder.

(4) Überstimmte Mitglieder können ihre abweichende Auffassung in einem besonderen Votum niederlegen (Minderheitsvotum).

(5) Die Kommission kann Ausschüsse einsetzen, denen auch andere als die in Absatz 1 genannten Vertreter der Bundesregierung und der Landesregierungen angehören können.

(6) Das Nähere über das Verfahren regelt die von der Kommission zu beschließende Geschäftsordnung.

Artikel 8

Der Vorsitzende der Kommission wird für ein Jahr abwechselnd aus dem Kreis der Vertreter der Bundesregierung und aus dem Kreis der Vertreter der Landesregierungen bestellt.

Artikel 9

(1) Die Empfehlungen der Kommission und die Minderheitsvoten werden den Regierungschefs zur Beratung und Beschlußfassung vorgelegt.

(2) Ein Beschluß setzt die Zustimmung von mindestens neun Regierungschefs voraus. Er bindet nur diejenigen, die ihm zugestimmt haben.

(3) Beschlüsse der Regierungschefs können auch im Umlaufverfahren herbeigeführt werden.

Artikel 10

(1) Zur Erledigung der laufenden Geschäfte der Kommission und zur technischen Vorbereitung der Beratungen der Kommission wird eine gemeinsame Geschäftsstelle am Sitz der Bundesregierung eingerichtet.

(2) Der Leiter der Geschäftsstelle und sein Stellvertreter werden vom Bund vorgeschlagen; der Stellvertreter kann von den Ländern vorgeschlagen werden.

(3) Die Geschäftsstelle untersteht den fachlichen Weisungen des Vorsitzenden der Kommission.

(4) Die Geschäftsstelle sorgt für die gleichmäßige und unverzügliche Unterrichtung der Mitglieder der Kommission und der Regierungschefs. Jedes Mitglied der Kommission und jeder Regierungschef kann jederzeit Auskunft verlangen und sich über die Arbeit der Geschäftsstelle unterrichten lassen.

(5) Die Geschäftsstelle soll bei der Erfüllung ihrer Aufgaben mit dem Sekretariat der Ständigen Konferenz der Kultusminister der Länder, dem Beauftragten der Konferenz der Landesfinanzminister und den Geschäftsstellen des Deutschen Bildungsrates und des Wissenschaftsrates zusammenarbeiten. Auf Ersuchen des Vorsitzenden der Kommission werden die genannten Einrichtungen bei Aufgaben, die in ihren Geschäftsbereich fallen, die Geschäftsstelle der Kommission unterstützen.

Artikel 11

Die persönlichen und sachlichen Ausgaben der Geschäftsstelle trägt der Bund, mit Ausnahme der persönlichen Ausgaben, die durch die Mitarbeit von Landesbediensteten in der Geschäftsstelle entstehen. Diese Ausgaben werden von dem entsendenden Land getragen.

Artikel 12

(1) Das Abkommen wird für unbestimmte Zeit geschlossen. Es kann mit einer Frist von einem Jahr erstmals zum 31. Dezember 1974 gekündigt werden.

(2) Unbeschadet des Absatzes 1 werden die Bundesregierung und die Regierungen der Länder in Verhandlungen über eine Änderung der Artikel 10 und 11 eintreten, wenn eine der beteiligten Regierungen nach dem 31. Dezember 1971 darum ersucht.

(3) Das Abkommen tritt am 1. Juli 1970 in Kraft.

Anhang 8

Wissenschaftsausgaben des Bundes nach Ressorts und ausgewählten Förderungsprogrammen 1966 bis 1968

Ressorts/Programme	1966	1967[a)]	1968[a)]
	Ist	Ist	Soll
	Millionen DM		
Bundeskanzleramt	–	1,8	3,9
Auswärtiges Amt	4,5	3,4	3,7
Bundesministerium des Innern	186,0	194,5	206,5
Bundesministerium der Justiz	0,2	0,1	0,1
Bundesministerium der Finanzen	0,0	0,0	0,0
Bundesministerium für Wirtschaft	110,3	148,2	174,3
Bundesministerium für Landwirtschaft und Forsten	83,1	86,3	96,1
Bundesministerium für Arbeit und Sozialordnung	0,7	0,9	1,1
Bundesministerium für Verkehr	71,6	96,0	36,7
Bundesministerium der Verteidigung	760,6	968,9	986,9
Bundesministerium für Gesundheitswesen	27,0	32,6	40,7
Bundesministerium für wirtschaftliche Zusammenarbeit	2,5	2,8	3,2
Bundesministerium für Wohnungswesen und Städtebau	24,9	26,8	26,3
Bundesministerium für Vertriebene, Flüchtlinge und Kriegsgeschädigte	0,5	0,4	0,5
Bundesministerium für gesamtdeutsche Fragen	5,8	5,6	6,1
Bundesministerium für Familie und Jugend	15,5	31,1	27,6
Bundesministerium für wissenschaftliche Forschung	1 250,9	1 650,1	1 894,9
Zivile Verteidigung	1,6	1,1	1,7
Allgemeine Finanzevrwaltung	158,5	174,8	190,3
Insgesamt	2 704,0	3 426,0	3 700,7
darunter für			
Forschung und Entwicklung für die Verteidigung (einschl. zivile)	802,7	1 022,2	984,6
Kernforschung und kerntechnische Entwicklung	590,7	707,2	787,4
Weltraumforschung, Luftfahrtforschung	177,3	268,4	324,3
Datenverarbeitung	–	30,6	37,7
Wissenschaftsausgaben in Prozenten der Gesamtausgaben des Bundes[b)]	3,7	4,3	4,6

a) Einschließlich der Mittel des ersten und zweiten Konjunktur- und Strukturprogrammes.

b) Gemäß Finanzbericht 1969 Seite 422/423.

Quelle: Jahresbericht der Bundesregierung 1968, S. 69.

Anhang 9

Wissenschaftsausgaben des Bundes[a] nach Empfängergruppen

Empfängergruppen	1966		1967[b]	
	Mill. DM	Prozent	Mill. DM	Prozent
1. Bundeseigene Forschungseinrichtungen	200,0	7,4	234,2	6,8
2. Sonstige Einrichtungen der Bundesverwaltung	2,7	0,1	3,0	0,1
3. Zuschüsse an Gebietskörperschaften	558,8	20,7	729,1	21,3
davon:				
a) Hochschulen und Kliniken	541,4	20,0	705,1	20,6
b) Forschungseinrichtungen der Länder	17,1	0,7	23,0	0,7
c) Forschungseinrichtungen der Gemeinden	0,3	0,0	1,0	0,0
4. Zuschüsse an Institutionen ohne Erwerbscharakter	628,2	23,2	758,2	22,1
5. Zuweisungen an Gesellschaften und Unternehmen der Wirtschaft	694,4	25,7	959,9	28,0
6. Zahlung an das Ausland[c]	436,0	16,1	537,0	15,7
davon:				
a) Mitgliedsbeiträge an internationale wissenschaftliche Organisationen	275,6	10,2	348,6	10,2
b) Sonstige Zahlungen für Forschung und Entwicklung	160,4	5,9	188,4	5,5
7. Studienförderung[d]	158,8	5,9	179,4	5,3
8. Übrige Empfänger	25,1	0,9	25,2	0,7
Insgesamt (Summe 1. bis 8.)	2 704,0	100,0	3 426,0	100,0

a) Unterschied gegenüber den Angaben im Bundesbericht Forschung II durch Änderung der Systematik und Bereinigung von Doppelzählungen.

b) Einschließlich des ersten und zweiten Konjunktur- und Strukturprogrammes.

c) 1966 ohne Devisenhilfe Großbritannien (Titel 3103 - 635 apl.).

d) Ohne Ausbildungsbeihilfen für Studierende nach dem LAG.

Abweichungen in den Summen durch Runden der Zahlen.

Quelle: Erhebungen des Bundesministeriums für wissenschaftliche Forschung.

Anhang 10

Entwicklung der Gesamtausgaben und der Wissenschaftsausgaben des Einzelplanes 31 (1963 bis 1968)

Jahr[a)]	Einzelplan 31		davon (Spalte 2) Kapitel				
			3102	3103	3104	3105	3106
	insgesam	darunter Wissenschaftsausgaben	Allgemeine wissenschaftliche Forschung	Atomkernenergieforschung	Weltraumforschung	Deutsches Historisches Institut Paris	Deutsches Historisches Institut Rom
	Millionen DM						
	1	2	3	4	5	6	7
1963	651,4	638,9	336,2	252,2	50,0	—	—
1964	855,6	839,3	376,9	321,1	141,1	0,2	—
1965	935,7	919,1	428,6	349,3	140,8	0,4	—
1966[b)]	1 305,5	1 250,9	610,2	463,2	177,1	0,5	—
1967[c)]	1 677,9	1 650,1	823,3	557,0	268,2	0,5	1,2
1968	1 922,3	1 894,9	921,5	647,2	324,3	0,7	1,3

a) Bis 1967 Ist, 1968 Soll.

b) Ohne Devisenhilfe Großbritannien (Titel 3103 - 635 apl.).

c) Einschließlich der Mittel des ersten und zweiten Konjunktur- und Strukturprogrammes.

Abweichungen in den Summen durch Runden der Zahlen.

Quelle: Jahresbericht der Bundesregierung 1968, S. 70.

Anhang 11: **Kernforschungszentren in der Bundesrepublik Deutschland**
Stand: Dezember 1968

Name		Gründung	Träger	Beschäftigte Ende 1968[b)]	Invest.- und Betriebskosten bis 1968[c)] Mio DM	Aufgaben
Gesellschaft für Kernforschung mbH Karlsruhe[d)]	GfK	1956	Bund Baden-Württemberg	3 185	875	Kernforschung Kerntechnik
Kernforschungsanlage Jülich GmbH[a)]	KFA	1956	Bund[a)] Nordrhein-Westfalen	3 220	840	Kernforschung Kerntechnik
Gesellschaft für Kernenergieverwertung in Schiffbau und Schiffahrt mbH Hamburg ...	GKSS	1956	Bund norddeusche Küstenländer	414	135	Kerntechnik (Schifsreaktoren)
Hahn-Meitner-Institut für Kernforschung Berlin ...	HMI	1957	Bund Berlin	366	100	Kernforschung (Physik, Chemie)
Deutsches Elektronen-Synchrotron Hamburg	DESY	1959	Bund Bundesländer	874	315	Kernforschung (Hochenergiephysik)
Institut für Plasmaphysik GmbH München-Garching ..	IPP	1960	Bund Bundesländer	953	135	Kernforschung (Plasmaphysik)
Gesellschaft für Strahlenforschung mbH Neuherberg	GSF	1964	Bund	614	85	Kernforschung (Biologie, Medizin)

a) Bis 31. 12. 1967 KFA Jülich des Landes Nordrhein-Westfalen e. V.; seit 1. 1. 1968 GmbH mit Bund. – b) Einschließlich Doktoranden, Diplomanden, Praktikanten, Lehrlinge usw. – c) Öffentliche Mittel, d. h. von Bund und Bundesländern; bis 1967 Ist, 1968 Soll, auf 5 Mio DM gerundet. – d) Ohne Geschäftsbereich Versuchsanlagen.

Quelle: Jahresbericht der Bundesregierung 1968, S. 71.

Anhang 12: **Leistungsreaktoren in der Bundesrepublik Deutschland**

Reaktortyp	Anlage und Standort	Leistung	Verwendungszweck	in Bau seit	kritisch
Leichtwasserreaktoren					
Siedewassertyp	Versuchsatomkraftwerk Kahl/Main (VAK)	15 MWe[a]	Versuchskraftwerk		1960
	Kernkraftwerk (RWE-Bayernwerk) Gundremmingen/Donau (KRB)	237 MWe	Demonstrationskraftwk.		1966
	Kernkraftwerk Lingen/Ems (KWL)	250 MWe[b]	Demonstrationskraftwk.		1968
	Kernkraftwerk Würgassen/Weser (KWW)	640 MWe	Kommerz. Großkraftwk.	1967	
Heißdampftyp	Heißdampfreaktor Großwelzheim/Main (HDR)	25 MWe	Versuchskraftwerk	1965	
Druckwassertyp	Kernkraftwerk Obrigheim/Neckar (KWO)	283 MWe	Demonstrationskraftwk.		1968
	Kernkraftwerk Stadersand/Elbe (KKS)	630 MWe	Kommerz. Großkraftwk.	1967	
	Fortschrittlicher Druckwasserreaktor des Kernenergieschiffes „Otto Hahn“ (FDR)	10 000 WPS[c]	Schiffsantriebreaktor		1968
Schwerwasserrekatoren					
Druckkesseltyp	Mehrzweckforschungsreaktor Karlsruhe (MZFR)	51 MWe	Versuchskraftwerk		1965
Druckröhrentyp	Kernkraftwerk Atucha/Argentinien	318 MWe	Kommerz. Großkraftwk.	1968	
	Kernkraftwerk Niederaichbach/Isar (KKN)	100 MWe	Versuchskraftwerk	1966	
Gasgekühlte Hochtemperaturreaktoren					
mit Dampfturbine	Hochtemperaturreaktor der Arbeitsgemeinschaft Versuchsreaktor Jülich GmbH (AVR)	15 MWe	Versuchskraftwerk		1966
mit Helium-Gasturbine	Kernkraftwerk Schleswig-Holstein Geesthacht/Elbe (KSH)	25 MWe	Versuchskraftwerk	1968	
Vorstufe zur Entwicklung von Schnellbrüterreaktoren	Kompakte Natriumgekühlte Kernreaktoranlage Karlsruhe (KNK)	20 MWe	Versuchskraftwerk	1966	

a) MWe = elektrische Megawatt. — b) davon 90 MWe durch ölgefeuerten Überhitzer. — c) WPS = Wellen-PS.
Quelle: Jahresbericht der Bundesregierung 1968, S. 72.

Anhang 13: **Forschungs- und Prüfreaktoren sowie kritische Anordnungen in der Bundesrepublik Deutschland**

Lfd. Nr.	Bezeichnung	Betreiber und Standort	Reaktortyp	therm. Leistg. (kW therm.)	in Betrieb (Umbau)	Verwendungszweck
1	FRM a)	Technische Hochschule München	Schwimmbad	4 000	1957 (1967)	Grundlagenforschung, Ausbildung
2	FRF	Universität Frankfurt/Main	homogene Lösung	50 - 100	1958	Grundlagenforschung, Ausbildung
3	BER b)	Hahn-Meitner-Institut für Kernforschung Berlin	homogene Lösung	50	1958	Grundlagenforschung
4	FRG-1	Gesellschaft für Kernenergieverwertung in Schiffbau und Schiffahrt mbH Geesthacht	Schwimmbad (gemeinsames Becken)	5 000	1958	Grundlagenforschung
5	FRG-2	Gesellschaft für Kernenergieverwertung in Schiffbau und Schiffahrt mbH Geesthacht	Schwimmbad (gemeinsames Becken)	15 000	1963 (1967)	Bestrahlungsuntersuchungen, Grundlagenforschung
6	SAR c)	Siemens AG München	Argonaut	1 - 10	1959	Reaktorphysikal. Untersuchungen
7	AEGPR-10 d)	Allgemeine Elektricitäts-Gesellschaft Großwelzheim	Argonaut	0,1	1961	Reaktorphysikal. Untersuchungen
8	FR-2	Gesellschaft für Kernforschung mbH Karlsruhe	Schwerwassertank	44 000	1961 (1966)	Grundlagenforschung, Bestrahlungsuntersuchg., Isotopenerzeugg.
9	FRJ-1 (MERlin)	Kernforschungsanlage Jülich GmbH	Schwimmbad	5 000	1962	Grundlagenforschung
10	FRJ-2 (DIDO)	Kernforschungsanlage Jülich GmbH	Schwerwassertank	15 000	1962 (1967)	Grundlagenforschung, Bestrahlungsuntersuchg., Isotopenerzeugg.
11	STARK e)	Gesellschaft für Kernforschung mbH Karlsruhe	modifizierter Argonaut	–	1963/1964	Reaktorphysikal. Untersuchungen
12	ANEX f)	Gesellschaft für Kernenergieverwertung in Schiffbau und Schiffahrt mbH Geesthacht	kritische Anordnung	–	1964	Reaktorphysikal. Untersuchungen
13	FRMZ	Universität Mainz	TRIGA II	100 stationär 250 00 bei Impulsbetrieb	1965	Grundlagenforschung
14	TRIGA-Heidelberg g)	Krebsforschungszentrum Heidelberg	TRIGA I	250	1966	medizinische Grundlagenforschung, Isotopenerzeugung
15	SNEAK h)	Gesellschaft für Kernforschung mbH Karlsruhe	schneller Plutonium Reaktor m. variablem Core	1	1966	Reaktorphysikal. Untersuchungen für schnelle Reaktoren
16	ADIBKA i)	Brown, Boveri/Krupp GmbH Jülich	homogene Lösung	0,01	1967	Brennelementuntersuchungen
17	AEGK j)	Allgemeine Elektricitäts-Gesellschaft Großwelzheim	kritische Anordnung	–	1967	Reaktorphysikal. Untersuchungen
18	FMRB k)	Physikalisch-Technische Bundesanstalt Braunschweig	Schwimmbad	1 000	1967	Meßtechnik
19	FRH	Medizinische Hochschule Hannover	TRIGA I	250	im Bau	Biologische und medizinische Grundlagenforschung
20	FRN	Gesellschaft für Strahlenforschung Neuherzberg	TRIGA III	1 000 stationär 2 000 000 bei Impulsbetrieb	im Bau	Biologische und medizinische Grundlagenforschung

a) Forschungsreaktor, Anfangsbuchstabe des Standorts. – b) Berliner Experimentierreaktor. – c) Siemens Argonautreaktor. – d) AEG Prüfreaktor. – e) Schnell-thermischer Argonautreaktor Karlsruhe. – f) Anordnung für Nullenergie-Experimente. – g) Training, Research, Isotope der General Atomic. – h) Schnelle Nullenergieanordnung Karlsruhe. – i) Abbrandmessungen differentieller Brennelemente mit kritischer Anordnung. – j) AEG kritische Anordnung. – k) Forschungs- und Meßreaktor Braunschweig.

Quelle: Jahresbericht der Bundesregierung 1968, S. 73.

Anhang 14

Graphische Darstellung der staatlichen Fördermittel für Kernforschung und kerntechnische Entwicklung in der Bundesrepublik Deutschland und des Baues und Betriebes von Kernkraftwerken in der Bundesrepublik Deutschland

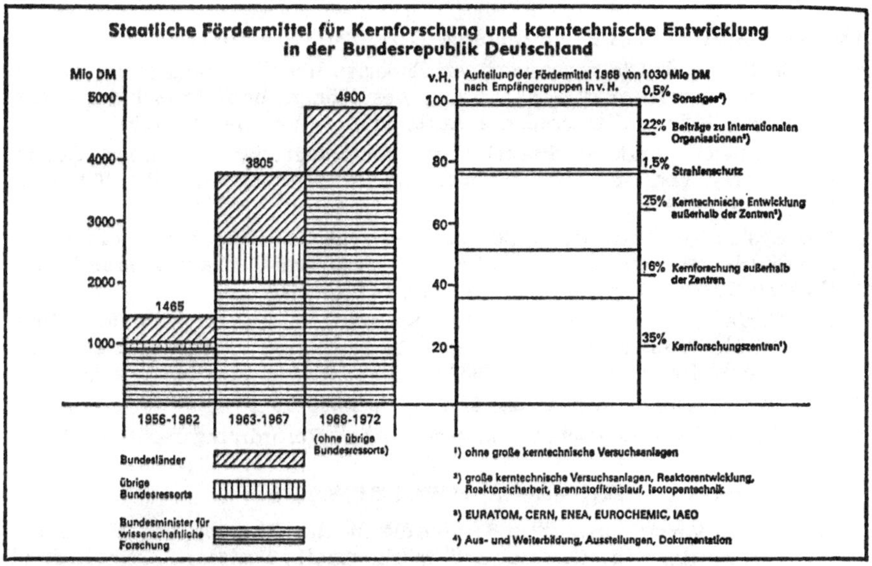

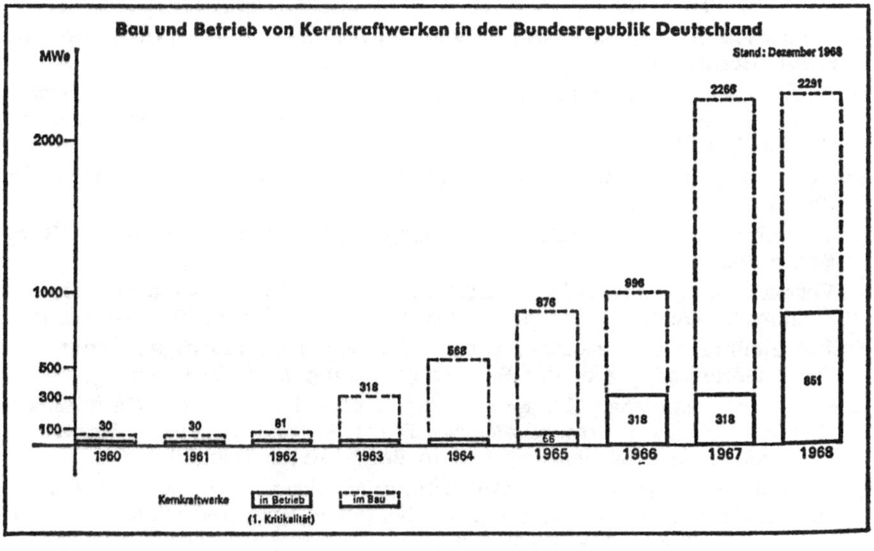

Quelle: Jahresbericht der Bundesregierung 1968. S. 74.

Literaturverzeichnis

Abelein, Manfred: Recht auf Bildung, DÖV 1967, S. 375

Anschütz, Gerhard: Die gegenwärtigen Theorien über den Begriff der gesetzgebenden Gewalt und den Umfang des Königlichen Verordnungsrechts nach preußischem Staatsrecht, 2. Aufl., Tübingen u. Leipzig 1901

— Reichsaufsicht und Reichsexekution, Handbuch des Deutschen Staatsrechts, hrsg. von Gerhard Anschütz und Richard Thoma, 1. Bd., Tübingen 1930, S. 363—380

— Das System der rechtlichen Beziehungen zwischen Reich und Ländern, in: Handbuch des deutschen Staatsrechts, hrsg. von Gerhard Anschütz und Richard Thoma, 1. Bd., Tübingen 1930, S. 295—300

— Die Verfassung des Deutschen Reiches vom 11. August 1919. Ein Kommentar für Wissenschaft und Praxis, 14. Aufl. 1933. Unveränderter Nachdruck, Bad Homburg v. d. H. 1960

Aristoteles: Nikomachische Ethik, 2. Aufl., Leipzig 1911

Arndt, Adolf: Über deutsches und preußisches Verordnungsrecht, AöR XV, S. 336

— Gesetzesrecht und Richterrecht, NJW 1963, S. 1273

Bachof, Otto: Verwaltungakt und innerdienstliche Weisung, in: Verfassung und Verwaltung in Theorie und Wirklichkeit. Festschrift für Laforet, München 1952, S. 285

— Diskussionsbeitrag zu „Die Organisationsgewalt", VVDStRL Heft 16, S. 264, Berlin 1958

Badura, Peter: Bewahrung und Veränderung demokratischer rechtsstaatlicher Verfassungsstruktur in den internationalen Gemeinschaften, in: VVDStRL Heft 23, S. 34, Berlin 1966

Becker, Erich: Stand und Aufgaben der Verwaltungswissenschaft, Festschrift für Friedrich Giese, Frankfurt 1953

— Verwaltung und Verwaltungsrechtsprechung, VVDStRL Heft 14, S. 96, Berlin 1956

— Vorwort zu: „Gemeinschaftsaufgaben zwischen Bund, Ländern und Gemeinden", Schriftenreihe der Hochschule Speyer, Bd. 11, S. 5, Berlin 1961

Becker, Hellmut und Alexander *Kluge:* Kulturpolitik und Ausgabenkontrolle, Zur Theorie und Praxis der Rechnungsprüfung, Frankfurt 1961

Bergedorfer Gespräche: Zu Fragen der freien industriellen Gesellschaft, Protokoll Nr. 23 (Wissenschaftliche Experten und politische Praxis — das Problem der Zusammenarbeit in der heutigen Demokratie)

Bettermann, Karl-August: Das Verwaltungsverfahren. Leitsätze zum Bericht auf der Tagung der Vereinigung der Deutschen Staatsrechtslehrer in Wien v. 8.—11. 10. 1958, DÖV 1958, S. 930

Bierling, Ernst Rudolf: Juristische Prinzipienlehre, Erster und zweiter Band, Freiburg i. Br. und Leipzig 1894

Blümel, Willi L.: Das Zusammentreffen von Planfeststellungen, DVBl. 1960, S. 697

Böckenförde, Ernst-Wolfgang: Gesetz und gesetzgebende Gewalt, Berlin 1958

— Die Organisationsgewalt im Bereich der Regierung. Eine Untersuchung zum Staatsrecht der Bundesrepublik Deutschland, Berlin 1964

Bonner Kommentar: Kommentar zum Bonner Grundgesetz; bearbeitet von Abraham u. a., Hamburg 1950 ff.

Bornhak, Conrad: Allgemeine Staatslehre, 2. Aufl., Berlin 1909

Brinkmann, Karl: Kommentar zum Grundgesetz, Bonn 1967

Brohm, Winfried: Rechtsschutz im Bauplanungsrecht, Stuttgart 1959

Bullinger, Martin: Vertrag und Verwaltungsakt, Stuttgart 1962

Bundesbericht Forschung I, Januar 1965

Bundesbericht Forschung II, Juli 1967

Bundeshaushaltsplan für das Rechnungsjahr 1968; Einzelplan 31, Geschäftsbereich des Bundesministers für wissenschaftliche Forschung

Bundesrecht und Bundesgesetzgebung: Bericht über die Weinheimer Tagung des Instituts zur Förderung öffentlicher Angelegenheiten in Frankfurt am Main am 22. und 23. 10. 1949, Ffm 1950

Burkhardt, Walter: Die Organisation der Rechtsgemeinschaft, 2. Aufl., Zürich 1944

Butenandt, Adolf: Probleme der Wissenschaftspolitik in Gegenwart und Zukunft, Vortrag vor dem Übersee-Club, Hamburg am 5. Oktober 1967

Cartellieri, Wolfgang: Bildungs- und Forschungspolitik für 1980, in: Planung I (hrsg. von Joseph H. Kaiser), Baden-Baden 1965

— Die Großforschung und der Staat. Gutachten über die zweckmäßige rechtliche und organisatorische Ausgestaltung der Institutionen für die Großforschung, Teil I, München 1967

Cartellieri, W., H. von Heppe, A. Hocker, A. Weber, Hrsg. Taschenbuch für Atomfragen 1968

Chr., E. A. (keine nähere Autorenangabe): Gesetz und Verordnung, in: Zeitschrift für Deutsches Staatsrecht und Deutsche Verfassungsgeschichte unter Mitwirkung von Albrecht v. Mohl, Waitz, Zachariä; hrsg. von L. H. Aegidi, 1. Bd., Berlin 1867

Denkschrift der Bayerischen Staatsregierung über die fortschreitende Aushöhlung der Eigenstaatlichkeit der Länder unter der Weimarer Verfassung, München 1926

Deutsche Forschungsgemeinschaft: Aufgaben und Finanzierung III, 1969—1971

Dernedde, C.: Der Bund und die Länder, DV 1949, S. 315

Droysen: Die Verhandlungen des Verfassungsausschusses der deutschen Nationalversammlung, I. Teil, Leipzig 1849

Dürig, Günter: Verfassung und Verwaltung im Wohlfahrtsstaat, Juristenzeitung 1953, S. 193

Ermacora, Felix: Die Organisationsgewalt, VVDStRL, Heft 16, S. 191, Berlin 1958

Euratom 1967: Zehnter Gesamtbericht, 1967

Euratom 1967: Dokumentation zum zehnten Gesamtbericht, 1967

Evers, Hans-Ulrich: Verwaltung und Schule, VVDStRL, Heft 23, S. 147, Berlin 1966

Fichtmüller, Carl Peter: Zulässigkeit ministerialfreien Raumes in der Bundesverwaltung, AöR Bd. 91, S. 297, Tübingen 1966

Ficker, Hans G.: Vertragliche Beziehungen zwischen Gesamtstaat und Einzelstaat im Deutschen Reich, Breslau 1926

Fischer-Menshausen: Die Länder im künftigen Finanzausgleich
1. Teil DÖV 1948, S. 10
2. Teil DÖV 1948, S. 57
3. Teil DÖV 1949, S. 401

— Die Abgrenzung der Finanzverantwortung zwischen Bund und Ländern, DÖV 1952, S. 673.

— Bemerkungen zum Aufsatz von Rietdorf: „„Die Finanzverantwortung des Bundes gegenüber den Gemeinden", DÖV 1953, S. 229

— Das Finanzverfassungsgesetz, DÖV 1956, S. 161

Fonk, Hans-Joachim: Zuständigkeit der Länder für den Erlaß von Rechtsvorschriften auf dem Gebiet des Strahlenschutzes, DÖV 1958, S. 20

Forsthoff, Ernst: Begriff und Wesen des sozialen Rechtsstaates, VVDStRL, Heft 12, S. 8, Berlin 1954

— Über Maßnahmegesetze, in: Gedächtnisschrift für Walter Jellinek, 2. Aufl., München 1955, S. 221

— Lehrbuch des Verwaltungsrechts, 1. Bd., Allgemeiner Teil, 9. Aufl., München und Berlin 1966

Freund, Elmar: Forschung — der dritte Faktor, eine Analyse mit Zahlen und Vergleichen (erschienen in der Reihe Zahl + Leben, hrsg. von Dr. Klaus Szameidat), Mainz 1966

Fuß, Ernst-Werner: Verwaltung und Schule, in: VVDStRL, Heft 23, S. 199, Berlin 1966

Füßlein: Mischverwaltung oder Mitverwaltung? DVBl. 1956, S. 1

— Der überregionale Verwaltungsakt, DVBl. 1951, S. 33

Geck: Die Stellung der Studenten in der Universität, VVDStRL 27, S. 143

Geiger, W.: Das Bund-Länder-Verhältnis in der Rechtsprechung des Bundesverfassungsgerichts, Bayerische Verwaltungsblätter, Heft 10, 1957 (n. F.), S. 301

— Mißverständnisse um den Föderalismus, Berlin 1962

Gerber, Hans: Genossenschaftliche Selbstverwaltung der Hochschulen, Deutsche Universitätszeitung 1954, S. 6

— Die Sozialstaatsklausel des Grundgesetzes, AöR Bd. 81, S. 1, Tübingen 1956

— Rechtsfragen der Planung im Hochschulwesen, Planung II (hrsg. von Joseph H. Kaiser), Baden-Baden 1966

Gerner, Erich: Zur Frage der „Mischverwaltung" im Verhältnis zwischen Bund und Ländern, Bayerische Verwaltungsblätter 1955, S. 193

Giacometti, Z.: Allgemeine Lehren des rechtsstaatlichen Verwaltungsrechts, 1. Bd., Zürich 1960

Giese, Friedrich: Grundgesetz für die Bundesrepublik Deutschland, 7. Aufl., neu bearbeitet von Egon Schunck, Ffm 1965

Götz, Volkmar: Recht der Wirtschaftssubventionen, München und Berlin 1966

Grawert, Rolf: Verwaltungsabkommen zwischen Bund und Ländern in der Bundesrepublik Deutschland, Berlin 1967

Grewe, Wilhelm: Das bundesstaatliche System des Grundgesetzes, DRZ 1949, S. 349

Groß, Gerhard: Der verfassungsrechtliche Gehalt des Grundsatzes der Bundestreue, DÖV 1961, S. 404

Groß, Rolf: Die verfassungsrechtliche Würdigung der Kooperationsformen bei Bund und Ländern, NJW 1967, S. 1001

— Kooperativer Föderalismus und Grundgesetz, DVBl. 1969, S. 93 u. S. 125

Haas, Diether: Bundesgesetze über Organisation und Verfahren der Landesbehörden, AöR 80, S. 81, Tübingen 1955/1956

— Ausschüsse in der Verwaltung, Verwaltungsarchiv, Zeitschrift für Verwaltungslehre, Verwaltungsrecht und Verwaltungspolitik, 49. Bd., Köln, Berlin 1958

Habermas, Jürgen: Technik und Wissenschaft als „Ideologie", Frankfurt a. M. 1968

Haegert, Wilhelm: Organe der Länder auf Bundesebene? NJW 1961, S. 1137

Haenel, Albert: Studien zum Deutschen Staatsrecht, Bd. II; Das Gesetz im formellen und materiellen Sinne, Leipzig 1888

— Deutsches Staatsrecht, 1. Bd., Die Grundlagen des deutschen Staates und der Reichsgewalt, Leipzig 1892

Hamann, Andreas: Zur Problematik des Subventionsrechts, DVBl. 1963, S. 486

— Die Bindung der staatlichen Organisationsgewalt an die Gesetzgebung, NJW 1956, S. 1

Havemann, Robert: Gelehrt sein genügt nicht. Gutachten im Streit um das politische Mandat, Die Zeit, 22. November 1968, S. 17

Heckel, Johannes: Einrichtung und rechtliche Bedeutung des Reichshaushaltsgesetzes, Handbuch des Deutschen Staatsrechts, Bd. II, S. 374, hrsg. von Gerhard Anschütz und Richard Thoma, Tübingen 1932

Heide, Hans-Jürgen von der: Zur Abgrenzung zwischen den Bundes-, den Länder- und den Kommunalfinanzen, DVBl. 1953, S. 289

Heim, Rudolf: Zum Problem der Beteiligung des Bundes an Verwaltungskosten, DÖV 1958, S. 566

Heinig, Kurt: Das Budget, 3 Bände, Tübingen 1951

Held, Kurt: Der autonome Verwaltungsstil der Länder und das Bundesratsveto nach Art. 84, Abs. 1 der Grundgesetzes, AöR Bd. 80, Tübingen 1955/1956

Heller, Hermann: Der Begriff des Gesetzes in der Reichsverfassung, VVDStRL Heft 4, S. 98, Berlin und Leipzig 1928

— Staatslehre, hrsg. von Gerhart Niemeyer, Leiden 1934

— Bemerkungen zur Staats- und rechtstheoretischen Problematik der Gegenwart, AöR, Bd. 55, S. 321, Tübingen 1929

Henle, Wilhelm: Glanz und Elend der Finanzreform, Bayerische Verwaltungsblätter, 1955, S. 225

— Die Förderung von Landesaufgaben aus Bundesmitteln, Schriftenreihe der Hochschule Speyer, Bd. 11, S. 63, Berlin 1961

— Finanzausgleich im Widerstreit, DÖV 1962, S. 201

— Finanzreform zwischen Föderalismus und Fiskalpolitik, DÖV 1966, S. 608

— Die Finanzreform und die Beschaffenheit des Staates, DÖV 1968, S. 396

Hennis, Wilhelm: Richtlinienkompetenz und Regierungstechnik, Recht und Staat, Heft 300/301, Tübingen 1964

Herzog, Roman: Bundes- und Landesstaatsgewalt im demokratischen Bundesstaat, DÖV 1962, S. 81

— Gesetzgeber und Verwaltung, VVDStRL, Bd. 24, S. 183, Berlin 1966

Hesse, Konrad: Der Rechtsstaat im Verfassungssystem des Grundgesetzes, in: Staatverfassung und Kirchenordnung, Festgabe für Rudolf Smend, Tübingen 1962, S. 71

— Der unitarische Bundesstaat, Karlsruhe 1962

Hettlage, Karl-Maria: Die Neuordnung der deutschen Finanzverfassung, Finanzarchiv, n. F., hrsg. von Hans Teschemacher, Bd. 14, S. 405, Tübingen 1953/54

— Die Finanzverfassung im Rahmen der Staatsverfassung, VVDStRL 14, S. 2, Berlin 1956

— Die verfassungsrechtlichen Grundlagen des neuen Finanzausgleichs, DVBl. 1953, S. 713

Hippel, Ernst von: Untersuchungen zum Problem des fehlerhaften Staatsakts, 2. Aufl., Heidelberg 1960

Hoegner, Wilhelm: Organisationsrecht und Budgetrecht, Bayerische Verwaltungsblätter 1956, S. 1

Hoepfner, W.: Zur Auslegung von Art. 72, 125 GG, MDR 1949, S. 654

Huber, Hans: Niedergang des Rechts und Krise des Rechtsstaates, in: Festgabe für Giacometti, Zürich 1953

Hüttl, Adolf: Kooperativer Föderalismus und Gemeinschaftsaufgaben, DVBl. 1967, S. 433

Imboden, Max: Das Gesetz als Garantie rechtsstaatlicher Verwaltung, Basel und Stuttgart 1954

— Der Plan als verwaltungsrechtliches Institut, VVDStRL, Heft 18, S. 113, Berlin 1960

Ipsen, Hans Peter: Öffentliche Subventionierung Privater, Berlin, Köln 1956

— Fragestellungen zu einem Recht der Wirtschaftsplanung, in: Planung I (hrsg. von J. H. Kaiser), Baden-Baden 1965

— Enteignung und Sozialisierung, VVDStRL, Heft 10, S. 74, Berlin 1952

— Rechtsfragen der Wirtschaftsplanung, in: Planung II (hrsg. von Joseph H. Kaiser), Baden-Baden 1966

— Diskussionsbeitrag zu „Die Organisationsgewalt“, VVDStRL, Heft 16, S. 257, Berlin 1958

— Verwaltung durch Subventionen, VVDStRL, Heft 25, S. 257, Berlin 1967

Kaiser, Joseph H.: Exposé einer pragmatischen Theorie der Planung, Einleitung zu Planung I (hrsg. von Joseph H. Kaiser), Baden-Baden 1965

— Der Plan als ein Institut des Rechtsstaates und der Marktwirtschaft. Umrisse eines Aktionsmodells, Einleitung zu Planung II (hrsg. von Joseph H. Kaiser), Baden-Baden 1966

— Bewahrung und Veränderung demokratischer und rechtsstaatlicher Verfassungsstruktur in den internationalen Gemeinschaften, VVDStRL, Heft 23, S. 1, Berlin 1966

— Staatliche Planung in Deutschland, in: Deutsche Landesreferate zum VII. Internationalen Kongreß für Rechtsvergleichung in Uppsala 1966, hrsg. von Ernst von Caemmerer und Konrad Zweigert, Berlin und Tübingen 1967

Kalkbrenner, Helmut: Zur Verfassungsmäßigkeit des Bundesforschungsministeriums, DVBl. 1964, S. 849

Katzenstein, Dietrich: Rechtliche Erscheinungsformen der Machtverschiebung zwischen Bund und Ländern seit 1949, DÖV 1958, S. 593

Kelsen, Hans: Allgemeine Staatslehre, Bad Homburg v. d. H., Berlin, Zürich 1966

Kern, Ernst August: Skizzen zur Methodik und zum System der Planung, in: Planung II (hrsg. von Joseph H. Kaiser), Baden-Baden 1966

Kipp, Heinrich: Der Wissenschaftsrat, Aufgaben und Rechtsstellung, DÖV 1958, S. 490

— Zum Problem der Förderung der Wissenschaften durch den Bund, DÖV 1956, S. 555

Klein, Franz: Gemeinschaftsaufgaben zur Bewältigung der Staatsaufgaben im föderativen Staatsaufbau, DÖV 1968, S, 153

Klein, Friedrich: Formale Probleme des Ausführungsgesetzes zu Art. 107 GG, DVBl. 1954, S. 37

— Von der föderativen zur stärker unitarischen Gestaltung des Finanzwesens in der Bundesrepublik Deutschland, Festschrift für Friedrich Giese, Ffm 1953, S. 61

— Verfassungsrechtliche Grenzen der Gemeinschaftsaufgaben, Schriftenreihe der Hochschule Speyer, Bd. 11, S. 125, Berlin 1961

Klein, Hans: Gedanken über neuere Entwicklungen im Hochschulrecht, AöR Bd. 90, S. 129, Tübingen 1965

Koellreutter, Otto: Deutsches Staatsrecht, Stuttgart und Köln 1953

Kölble, Josef: „Gemeinschaftsaufgaben" der Länder und ihre Grenzen, NJW 1962, S. 1081

— Die hoheitliche Verwaltung des Bundes und die Staatsgewalt der Länder, DÖV 1962, S. 661

— Verwaltungsabkommen zwischen Bund und Ländern, DÖV 1960, S. 650

— Gemeinschaftsaufgaben zwischen Bund und Ländern sowie zwischen den Ländern. Arten, Formen und Ziele, in: Schriftenreihe der Hochschule Speyer, Bd. 11, S. 17, Berlin 1961

— Bildungs- und Forschungsförderung als Aufgabe von Bund und Ländern, DÖV 1964, S. 592

— Erwiderung zu Stralenheim, Bildungs- und Forschungsförderung als Aufgabe von Bund und Ländern, DÖV 1965, S. 76

— Pläne im Bundesmaßstab oder auf bundesrechtlicher Grundlage, in: Planung I, hrsg. von Joseph H. Kaiser, Baden-Baden 1965, S. 91

— Finanzreform und Bundesstaatsprinzip, DÖV 1967, S. 1

Kopp, Hans, W.: Inhalt und Form der Gesetze als ein Problem der Rechtstheorie, Bd. I und II, Zürich 1958

Köttgen, Arnold: Das Verwaltungsverfahren als Gegenstand der Bundesgesetzgebung, DÖV 1952, S. 422

— Sachverantwortung als verfassungsrechtlicher Maßstab des Finanzausgleichs, DÖV 1953, S. 358

Köttgen, Arnold: Subventionen als Mittel der Verwaltung, DVBl. 1953, S. 485

— Verfassungskräftiger Finanzausgleich nach Art. 107 GG, DVBl. 1953, S. 681

— Die Freiheit der Wissenschaft und die Selbstverwaltung der Universität, in: Die Grundrechte, Handbuch der Theorie und Praxis der Grundrechte, hrsg. von Franz L. Neumann, Hans Carl Nipperdey, Ulrich Scheuner, Berlin 1954, Bd. II

— Föderalismus und Dezentralisation im deutschen Verfassungs- und Verwaltungsrecht, in: Deutsche Landesreferate zum IV. Internationalen Kongreß für Rechtsvergleichung in Paris 1954, hrsg. von Ernst Wolff, Düsseldorf 1955

— Der Einwand der Mischverwaltung und das Grundgesetz, DÖV 1955, S. 485

— Das Grundrecht der Deutschen Universität, Göttinger Rechtswissenschaftliche Studien, Bd. 26, Göttingen 1959

— Der Einfluß des Bundes auf die deutsche Verwaltung und die Organisation der bundeseigenen Verwaltung, Jahrbuch des öffentlichen Rechts der Gegenwart, n. F., Bd. 38, S. 67, Tübingen 1954

— Der Einfluß des Bundes auf die deutsche Verwaltung und die Organisation der bundeseigenen Verwaltung, Jahrbuch des öffentlichen Rechts der Gegenwart, n. F., Bd. 11, S. 173, Tübingen 1962

— Die Organisationsgewalt, VVDStRL, Heft 16, S. 154, Berlin 1958

— Fondsverwaltung in der Bundesrepublik, Stuttgart, Berlin, Köln, Mainz 1965

Konow, Gerhard: Kooperativer Föderalismus und Gemeinschaftsaufgaben, Bemerkungen zum Gutachten über die Finanzreform in der Bundesrepublik Deutschland, DÖV 1966, S. 368

Krapp, Franzjosef: Die verfassungsrechtliche Zulässigkeit gemeinsamer Ländereinrichtungen, hrsg. vom Sekretariat des Bundesrates, Bonn 1962

Kratzer, Jakob: Zustimmungsgesetze, AöR, Bd. 77, S. 266, Tübingen 1951/1952

— Über die Zuständigkeit zum Erlaß allgemeiner Verwaltungsvorschriften des Bundes, DÖV 1952, S. 230

— „Das Nähere regelt ein Bundesgesetz", DVBl. 1952, S. 431

Krause, Wolfgang: Die Verwaltung von Haushaltsmitteln des Bundes durch die Länder und Gemeinden, DÖV 1955, S. 278

Krüger, Herbert: Rechtsverordnung und Verwaltungsanweisung, in: Rechtsprobleme in Staat und Kirche, Festschrift für Rudolf Smend, Göttingen 1952, S. 211

— Verfassungsänderung und Verfassungsauslegung, DÖV 1961, S. 721

Krüger, Herbert: Allgemeine Staatslehre, Stuttgart, Berlin, Köln, Mainz 1966

Küchenhoff, Erich: Ungeschriebene Bundeszuständigkeiten und Verfassungsauslegung, DVBl. 1951, S. 585 und S. 617

— Ausdrückliches, stillschweigendes und ungeschriebenes Recht in der bundesstaatlichen Kompetenzverteilung, AöR, Bd. 82, S. 413

Küster, Otto: Probleme der Leistungsverwaltung, Berlin 1965

Jahrbuch des öffentlichen Rechts der Gegenwart, Bd. 1, Tübingen 1951, hrsg. von Gerhard Leibholz und Hermann von Mangoldt

Jahresbericht der Bundesregierung 1968, hrsg. vom Presse- und Informationsamt der Bundesregierung, Bonn 1969

Jellinek, Georg: Die Lehre von den Staatenverbindungen, Wien 1882

— Allgemeine Staatslehre, 2. Aufl., Berlin 1905

— System der subjektiven öffentlichen Rechte, 2. Aufl., Tübingen 1905

— Gesetz und Verordnung, Tübingen 1919

Jerusalem, Franz W.: Zentralismus und Föderalismus, in: Verfassung und Verwaltung, Festschrift für Laforet, S. 37, München 1952

Jesch, Dietrich: Die Bindung des Zivilrichters an Verwaltungsakte, Erlangen 1956

— Gesetz und Verwaltung, Tübingen 1961

Laband, Paul: Das Budgetrecht nach den Bestimmungen der freiheitlichen Verfassungs-Urkunde unter Berücksichtigung der Verfassung des norddeutschen Bundes, Berlin 1871

— Das Staatsrecht des Deutschen Reiches, 4. Aufl. in vier Bänden, Tübingen und Leipzig 1901, 5. Aufl. in vier Bänden, Tübigen 1911, unveränderter Nachdruck, Aalen 1964

Laforet, Wilhelm: Verwaltung und Ausführung der Gesetze nach dem Bonner Grundgesetz, DÖV 1949, S. 221

Lassar, Gerhard: Reichseigene Verwaltung unter der Weimarer Verfassung, Zwei Studien. Jahrbuch des öffentlichen Rechts der Gegenwart, Bd. XIV/1926, Tübingen

— Die verfassungsrechtliche Ordnung der Zuständigkeiten, Handbuch des Deutschen Staatsrechts, hrsg. von Gerhard Anschütz und Richard Thoma, Tübingen 1930, S. 301—311

— Gegenwärtiger Stand der Aufgabenverteilung zwischen Reich und Ländern, in: Handbuch des deutschen Staatsrechts, hrsg. von Gerhard Anschütz und Richard Thoma, 1. Bd., Tübingen 1930, S. 312—321

Legaz y Lacambra, Luis: Die Funktion des Rechts in der modernen Gesellschaft, Archiv für Rechts- und Sozialphilosophie, Bd. XLI (1954/55), S. 165

Leibholz, G., H. J. *Rinck*: Grundgesetz für die Bundesrepublik Deutschland. Kommentar an Hand der Rechtsprechung des Bundesverfassungsgerichts (unter Mitwirkung von K. Helberg), 2. Aufl., Köln-Marienburg, Köln 1966

Leissner, Walter: Betrachtungen zur Verfassungsauslegung, DÖV 1961, S. 641

— Schwächung der Landesparlamente durch grundgesetzlichen Föderalismus, DÖV 1968, S. 389

Lerche, Peter: Föderalismus als nationales Ordnungsprinzip, VVDStRL 21, S. 66, Berlin 1964

Lex, Hans Ritter von: Die Entwicklung des Verhältnisses von Bund und Ländern in der Bundesrepublik, in: Verfassung und Verwaltung, Festschrift für Laforet, S. 51, München 1952

Liebrecht, Heinz: Der kooperative Föderalismus, DVBl. 1967, S. 72

— Zur Rechtfertigung des Föderalismus heute und zu den Grenzen zulässiger Länderkooperationen, DVBl. 1969, S. 97

Ludwig, Rolf: Finanzverantwortung und Deckungsverantwortung, in: Städtetag, 1953, S. 141

Luhmann, Niklas: Grundrechte als Institution, Berlin 1965

Mallmann, Walter: Schranken nichthoheitlicher Verwaltung, VVDStRL, Heft 19, S. 165, Berlin 1961

Mangoldt, Hermann von und Friedrich *Klein:* Das Bonner Grundgesetz, 2. Aufl., Berlin und Frankfurt/Main,
Band I 1957
Band II 1964

Martitz, Ferdinand von: Über den constitutionellen Begriff des Gesetzes nach Deutschem Staatsrecht, Sonderdruck aus der Zeitschrift für die gesamte Staatswissenschaft, 36. Jg., Heft II, Tübingen 1880

Matz, Werner und Rudolf Werner *Füßlein:* Zur Entstehungsgeschichte des Grundgesetzes, AöR, Bd. 75, S. 346

Maunz, Theodor: Die Finanzverfassung im Rahmen der Staatsverfassung, VVDStRL, Heft 4, S. 37, Berlin 1956

— Die staatliche Verwaltung der Zuschüsse und Subventionen, Bayerische Verwaltungsblätter, 1962, S. 1

— Pflicht der Länder zur Uneinigkeit, NJW 1962, S. 1640

— Deutsches Staatsrecht, 15. Aufl., München, Berlin 1966

Maunz, Theodor und Günter *Dürig:* Grundgesetz, Kommentar, München und Berlin 1966

Mayer, Otto: Republikanischer und monarchischer Bundesstaat, Tübingen und Leipzig 1903, Bd. 18, S. 337—372

— Deutsches Verwaltungsrecht, 1. Bd., 3. Aufl., München und Leipzig 1924

Meinzold, Hans: Die Kulturpolitische Aktion zur Förderung der Wissenschaft in der Schau der Kulturverwaltung, Bayerische Verwaltungsblätter, Heft 3/1957 (n. E.), S. 73

Menger, Christian-Friedrich: Das Gesetz als Norm und Maßnahme, VVDStRL, Heft 15, S. 3, Berlin 1957

Menger, Christian-Friedrich und Hans-Uwe *Erichsen:* Höchstrichterliche Rechtsprechung zum Verwaltungsrecht, Verwaltungsarchiv, hrsg. von Kreutzer, Loschelder, Markull, Morstein Marx, Reuß, Ule, Werner, 57. Bd., S. 377, Köln, Berlin 1966

Merk, Wilhelm: Der Diskussionsbeitrag zu „Die Organisationsgewalt", VVDStRL, Heft 16, S. 251, Berlin 1958

Meyer, Georg: Der Begriff des Gesetzes und die rechtliche Natur des Staatshaushaltsetats, Zeitschrift für das Privat- und Öffentliche Recht in der Gegenwart, hrsg. v. Grünhut, 8. Bd., Wien 1881, zit. Grünhut Zs.

Meyers, Franz: Bund und Länder in der Verfassungswirklichkeit der Bundesrepublik, Vortrag, gehalten in der Verwaltungs- und Wirtschaftsakademie in Duisburg, abgedruckt in „Der Fernsehstreit vor dem Bundesverfassungsgericht", hrsg. v. Günter Zehner, Karlsruhe 1964, S. 203

Mittelfristiges Programm zur Förderung der Weltraumforschung (1967 bis 1971), Bad Godesberg 1967

Monz, Heinz: Das Verhältnis des Bund-Länder-Übereinkommens, Göttingen 1964

Müsebeck, Ernst: Das preußische Kultusministerium vor 100 Jahren, Stuttgart und Berlin 1918

Nawiasky, Hans: Der Bundesstaat als Rechtsbegriff, Tübingen 1920

— Allgemeine Staatslehre, 1. Teil, Grundlegung, Einsiedeln/Köln 1945

— Die Grundgedanken des Grundgesetzes für die Bundesrepublik Deutschland, Stuttgart und Köln 1956

Nawiasky, Hans: Die Verfassung des Freistaates Bayern vom 2. Dezember 1946, Ergänzungsband zum Handkommentar 1948, Nawiasky — Leusser unter Mitarbeit von Hans Lechner, München 1953 (zit. Nawiasky — Lechner)

Obermayer, Klaus: Der Plan als Verwaltungsrechtliches Institut, VVDStRL, Heft 18, S. 144, Berlin 1960

Pagel, Günther: Das neue Bundesverwaltungsamt, DÖV 1960, S. 259

Parlamentarischer Rat: Verhandlungen d. Hauptausschusses, Bonn 1948/1949

Pathe, Karl: Die Ausführung der Bundesgesetze, DVBl. 1951, S. 681

Patzig, Werner: Der „allgemeine Lastenverteilungsgrundsatz" des § 106, Abs. 4, Nr. 1 des Grundgesetzes, AöR, Bd. 86, Tübingen 1961

— Der kooperative Föderalismus, DVBl. 1966, S. 389

— Lehrbuch des Deutschen Staatsrechts, 4. Aufl., Leipzig 1895

Paulsen, Friedrich: Die akademische Lehrfreiheit und ihre Grenzen, Preußische Jahrbücher, Bd. 91 (1898), S. 515

Peters, Karl: Lehrbuch der Verwaltung, Berlin—Göttingen—Heidelberg 1945

Peters, Hans: Die Stellung des Bundes in der Kulturverwaltung nach dem Bonner Grundgesetz, in: Um Recht und Gerechtigkeit, Festgabe für Erich Kaufmann, Stuttgart und Köln 1950, S. 281

— Die Gewaltentrennung in moderner Sicht, Arbeitsgemeinschaft für Forschung des Landes Nordrhein-Westfalen, Geisteswissenschaften, Heft 25, Köln und Opladen 1954

— Entwicklungstendenzen der Demokratie in Deutschland seit 1949, in: Demokratie und Rechtsstaat, Festgabe für Giacometti, Zürich 1953

— Diskussionsbeitrag zu „Die Organisationsgewalt", VVDStRL, Heft 16, S. 247, Berlin 1958

— Verwaltung ohne politische Ermächtigung?, in: Verfassungsrecht und Verfassungswirklichkeit, Festschrift für Hans Huber, Bonn 1961, S. 206

Pfeifer, Helfried: Diskussionsbeitrag zu „Die Organisationsgewalt", VVDStRL, Heft 16, S. 255, Berlin 1958

Pfeiffer, Gerd: Selbstkoordinierung und Gemeinschaftseinrichtung der Länder, NJW 1962, S. 565

Pfuhl, Kurt: Das Königsteiner Staatsabkommen, Sonderdruck aus „Mitteilungen aus der Max-Planck-Gesellschaft", Heft 5 (1959), S. 285—294, hrsg. v. d. Generalverwaltung der Max-Planck-Gesellschaft, Göttingen

Popitz, Johannes: Der künftige Finanzausgleich zwischen Reich, Ländern und Gemeinden, Berlin 1932

Radbruch, Gustav: Rechtsphilosophie, hrsg. von Erik Wolf, 6. Aufl., Stuttgart 1963

Raiser, Ludwig: Die Universität im Staat. Schriften des Hofgeismarer Kreises, Heidelberg 1958

Rasch, E.: Die Behörde, Verwaltungsarchiv, hrsg. von Kreutzer, Loschelder, Markull, Reuß, Ule, Bd. 50, S. 1, Berlin 1959

Richter, Lutz: Die Organisationsgewalt, Verwaltungsreform und Rechtsstaat (Leipziger Antrittsvorlesung, 1926)

Ridder, Helmut: Von Ursachen und Folgen föderalistischer Mißverständnisse, Sonderdruck aus „Blätter für deutsche und internationale Politik", Heft 7/1962

Rietdorf, Fritz: Die Finanzverantwortung des Bundes gegenüber den Gemeinden, DÖV 1953, S. 225

Roellecke, Gerd: Wissenschaftsfreiheit als institutionelle Garantie? JZ 1969, S. 726

Roellenbleg, Rainer: Zwischengliedstaatliche Verträge und Institutionen, DÖV 1968, S. 225

Rohwer-Kahlmann, Harry: Verfassungsrechtliche Schranken der Zustimmungsgesetze, AöR, Bd. 79, S. 208, Tübingen 1953/54

Rupp, Hans Heinrich: Grundfragen der heutigen Verwaltungsrechtslehre, Tübingen 1965

— Zur Problematik öffentlich-rechtlicher Machtpotenzierung durch Funktionenkombination, NJW 1968, S. 569

— Die Stellung der Studenten in der Universität, VVDStRL 27, S. 127

Sarwey, o. V.: Allgemeines Verwaltungsrecht, Freiburg 1887

Schäfer, Hans: Die bundeseigene Verwaltung, DÖV 1958, S. 241

— Die Bundesauftragsverwaltung, DÖV 1960, S. 641

— Wie steht es um unsere bundesstaatliche Ordnung, NJW 1961, S. 1281

Scheuner, Ulrich: Diskussionsbeitrag zu „Verwaltung und Verwaltungsrechtsprechung", VVDStRL, Heft 14, S. 181, Berlin 1956

— Die neuere Entwicklung des Rechtsstaates in Deutschland, in: 100 Jahre deutsches Rechtsleben, Festschrift zum 100jährigen Bestehen des Deutschen Juristentages 1860—1960, hrsg. v. Ernst von Cämmerer, Ernst Friesenhahn und Richard Lange, Bd. II, S. 229—262, Karlsruhe 1960

— Das repräsentative Prinzip in der modernen Gesellschaft, in: Verfassungsrecht und Verfassungswirklichkeit, Festschrift für Hans Huber, Bonn 1961, S. 222

— Das Wesen des Staates und der Begriff des Politischen in der neueren Staatslehre, in: Staatsverfassung und Kirchenordnung, Festgabe für Rudolf Smend, Tübingen 1962, S. 225

— Struktur und Aufgabe des Bundesstaates in der Gegenwart, DÖV 1962, S. 641

— Bildungsplanung und ihre Rechtsgrundlagen, DÖV 1965, S. 541

— Verfassungsrechtliche Probleme einer zentralen rechtlichen Planung, in: Planung I (hrsg. v. Joseph H. Kaiser), Berlin, Baden-Baden 1965

— Das Gesetz als Auftrag der Verwaltung, DÖV 1969, S. 585

Schilling, Karl-Jürgen: Rechtsfragen der Fondswirtschaft, Bayerische Verwaltungsblätter 1962, S. 196

Schmidt, Walter A. E.: Die Freiheit der Wissenschaft, Diss. Kiel, Berlin 1929

Schmidt, Walter: Das Verhältnis von Bund und Ländern im demokratischen Bundesstaat des Grundgesetzes, AöR, Bd. 87, Heft 3, Tübingen 1962

Schmitt, Carl: Das Reichsgericht als Hüter der Verfassung (1929), Verfassungsrechtliche Aufsätze aus den Jahren 1924—1954, Berlin 1958, S. 63

— Verfassungslehre, Berlin 1954

Schneider, Hans: Körperschaftliche Verbundverwaltung, AöR, Bd. 83, S. 1, Tübingen 1958

— Über Einzelfallgesetze, in: Festschrift für Carl Schmitt, Berlin 1959

— Verträge zwischen Gliedstaaten im Bundesstaat, VVDStRL, Heft 19, S. 1, Berlin 1961

Schönfeld, Walther: Rechtsperson und Rechtsgut im Licht des Reichsgerichts, in: Die Reichsgerichtspraxis, Festschrift der jur. Fakultäten zum 50-jährigen Bestehen des Reichsgerichts, hrsg. v. Otto Schreiber, 2. Bd., Berlin und Leipzig 1929

Seeger: Referat z. Ziff. 2 der Tagesordnung der 102. Hochschulausschußsitzung „Flurbereinigung zwischen Bund und Ländern auf dem Gebiet der Wissenschaft und Forschung", gehalten am 1./2. 2. 1968, Maschinenschrift

Seligmann, Ernst: Der Begriff des Gesetzes im materiellen und formellen Sinn, Berlin und Leipzig 1886

Sellmann, Klaus-Albrecht: Der schlichte Parlamentsbeschluß, Schriften zum öff. Recht, Bd. 29, Berlin 1966

Seydel, Max von: Bayerisches Staatsrecht auf der Grundlage der 2. Aufl., neu bearbeitet von J. von Graßmann und Robert Piloty. Erster Band: Die Staatsverfassung, bearb. v. Robert Piloty, Tübingen 1913, Zweiter Band: Die Staatsverwaltung, bearb. v. J. v. Graßmann, Tübingen 1913

Sieburg, Friedrich Wilhelm: Finanzreform und Förderung der wissenschaftlichen Forschung, DÖV 1967, S. 774

Smend, Rudolf: Maßstäbe des parlamentarischen Wahlrechts in der deutschen Staatstheorie des 19. Jahrhunderts, Stuttgart 1912

— Das Recht der freien Meinungsäußerung, VVDStRL, Heft 4, S. 43, Berlin und Leipzig 1928

— Verfassung und Verfassungsrecht, München und Leipzig 1928

Spanner, Hans: Organisationsgewalt und Organisationsrecht, DÖV 1957, S. 640

— Zur Rechtskontrolle des bundesfreundlichen Verhaltens, DÖV 1961, S. 481

Staff, Ilse: Die Zulässigkeit von Studienbeschränkungen an deutschen Hochschulen, NJW 1967, S. 2234

— Das Hessische Hochschulgesetz, Kommentar, Neuwied und Berlin 1967

Stadler, Kurt: Die finanzverfassungsrechtliche Bedeutung des „Fernsehurteils", DÖV 1961, S. 453

Stein, Lorenz von: Geschichte der sozialen Bewegung in Frankreich von 1785 bis auf unsere Tage. Bd. II: Die industrielle Gesellschaft, der Sozialismus und Kommunismus Frankreichs v. 1830—1848, Darmstadt 1959

Stern, Klaus: Schlichte Verwaltungsäußerungen, Bayr. VBl. 1957, S. 44 und S. 86

— Rechtsfragen der öffentlichen Subventionierung Privater, JZ 1960, S. 518

Stralenheim, Freiherr von: Bildungs- und Forschungsförderung als Aufgabe von Bund und Ländern, Bemerkungen zum Aufsatz v. Kölble, in: DÖV 1964, S. 592 ff., DÖV 1965, S. 73

Sturm, Friedrich: Die Finanzverantwortung von Bund, Ländern und Gemeinden bei der Erfüllung räumlicher Aufgaben, DÖV 1968, S. 466

Thieme, Werner: Deutsches Hochschulrecht, Berlin—Köln 1956

Thoma, Richard: Der Polizeibefehl im Badischen Recht, Tübingen 1906

— Der Vorbehalt des Gesetzes im preußischen Verfassungsrecht, in: Festgabe für Otto Mayer, Tübingen 1916, S. 165

— Das Reich als Bundesstaat, in: Handbuch des deutschen Staatsrechts, hrsg. v. Gerhard Anschütz und Richard Thoma, 1. Bd., Tübingen 1930, S. 165—186

Thoma, Richard: Die Funktionen der Staatsgewalt, in: Handbuch des deutschen Staatsrechts, hrsg. v. Gerhard Anschütz und Richard Thoma, 2. Bd., Tübingen 1932, S. 108—159

Triepel, Heinrich: Die Kompetenzen des Bundesstaats und die geschriebene Verfassung. Aus den Staatsrechtlichen Abhandlungen, Festgabe für Paul Laband, 2. Bd., Tübingen 1908

— Die Reichsaufsicht, Untersuchungen zum Staatsrecht des Deutschen Reichs, Berlin 1917

— Föderalismus und Revision der Weimarer Verfassung, Zeitschrift für Politik, 1924, XIV. Bd., Heft 3, S. 193

Tröger-Gutachten: Gutachten über die Finanzreform in der Bundesrepublik Deutschland, 2. Aufl., Stuttgart, Köln, Berlin, Mainz 1966

Usteri, Martin: Theorie des Bundesstaates (Ein Beitrag zur allg. Staatslehre, ausgearbeitet am Beispiel der Schweizerischen Eidgenossenschaft), Zürich 1954

Verhandlungen der verfassungsgebenden Nationalversammlung. Stenographische Berichte, Berlin 1920

Vialon, Friedrich-Karl: Haushaltsrecht, 2. Aufl., Berlin, Frankfurt 1959

Vogel, Klaus: Gesetzgebung und Verwaltung, VVDStRL, Bd. 24, S. 125, Berlin 1966

Voigt, Alfred: Ungeschriebenes Verfassungsrecht, VVDStRL, Heft 10, S. 33, Berlin 1952

Wacke, Gerhard: Die Finanzverfassung, DÖV 1955, S. 577

Weber, Max: Grundriß der Sozialökonomik, III. Abteilung, Wirtschaft und Gesellschaft, 3. Aufl., 1. u. 2. Halbband, Tübingen 1947

Weber, Werner: Spannungen und Kräfte im westdeutschen Verfassungssystem, Stuttgart 1951

— Diskussionsbeitrag zu „Die Organisationsgewalt", VVDStRL, Heft 16, S. 240, Berlin 1958

Weltraumforschung in der Bundesrepublik. Memorandum der Deutschen Kommission für Weltraumforschung zur Lage und zu den Aufgaben der Weltraumforschung in den Jahren 1966 bis 1970 in der Bundesrepublik Deutschland, Bad Godesberg 1965

Wehrhahn, Herbert: Lehrfreiheit und Verfassungstreue, in: Recht und Staat, Bd. 183/184, S. 1, Tübingen 1955

— Das Gesetz als Norm und Maßnahme, VVDStRL, Heft 15, S. 35, Berlin 1957

Wenke, Hans: Die Kulturverwaltung im Verhältnis von Bund und Ländern, in: „Vom Bonner Grundgesetz zur gesamtdeutschen Verfassung", Festschrift zum 75. Geburtstag von Hans Nawiaski, hrsg. v. Theodor Maunz, München 1956

Wiethölter, Rudolf: Die Position des Wirtschaftsrechts im sozialen Rechtsstaat, in: Wirtschaftsordnung und Rechtsordnung, Festschrift für Franz Böhm, S. 41, Karlsruhe 1965

Windisch: Die völkerrechtliche Stellung der deutschen Einzelstaaten, Leipziger Diss. 1912

Wirtschaft und Statistik, Jahrgang 1967

Wissenschaftsrat: Empfehlungen des Wissenschaftsrates zum Ausbau der Wissenschaftliche Einrichtungen, Teil III, Forschungseinrichtungen, Bd.1, Bonn 1965

— Empfehlungen des Wissenschaftsrates zum Ausbau der wiss. Hochschulen Teil III, Forschungseinrichtungen, Bd. 3, Bonn 1965

— Empfehlungen des Wissenschaftsrates zur Neuordnung des Studiums an den wiss. Hochschulen, Tübingen 1966

— Empfehlungen des Wissenschaftsrates zum Aufbau der wiss. Hochschulen bis 1970, Bonn 1967

— Verzeichnis 1968 im Sinne der Verfahrensordnung für die Einrichtung und Finanzierung von Sonderforschungsbereichen, Bonn 1968

Wolff, Hans J.: Die Rechtsgestalt der Universität, Arbeitsgemeinschaft für Forschung des Landes Nordrhein-Westfalen, Heft 52, Köln und Opladen 1956

— Organschaft und Juristische Person, Untersuchungen zur Rechtstheorie und zum öffentlichen Recht. Erster Band: Juristische Person und Staatsperson, Berlin 1933; Zweiter Band: Theorie der Vertretung, Berlin 1933

— Verwaltungsrecht I, 7. Aufl., München 1968; Verwaltungsrecht II, 2. Aufl., München, Berlin 1967; Verwaltungsrecht III, München, Berlin 1966

Zacher, Hans F.: Verwaltung durch Subventionen, VVDStRL, Heft 25, S. 308, Berlin 1967

Zehner, Günter (Hrsg.): Der Fernsehstreit vor dem Bundesverfassungsgericht (Eine Dokumentation des Prozeßmaterials), 2. Bd., Karlsruhe 1964

Zierold, Kurt: Selbstverwaltungsorganisation der Wissenschaft in der Bundesrepublik, DÖV 1961, S. 686

Zinn, Georg August: Der Bund und die Länder, AöR, Bd. 75, S. 291, Tübingen 1949

— (Hrsg.): Der große Hessenplan — Ein neuer Weg in die Zukunft, Wiesbaden 1965

Personenregister

Sachregister